《眞相》系列(二十一)

「遠華案」黑幕

●盛　雪　著

明鏡出版社
www.mirrorbooks.com

Unveiling the Yuan Hua Case

First published in 2001 by Mirror Books

International Standard Book No. 962-8744-46-1
Written by Sheng Xue
Chief Coordinator Ho Pin
Cover by Xie Lingzhi

USA. Office: P. O. Box 366, Carle Place, NY11514-0366, U .S. A.
TEL:(516)338-6976 FAX: (516)338-6982
http://www.mirrorbooks.com/
E-mail: info@mirrorbooks.com

目錄

序言

恐怖與謊言統治的中國

●阮銘

不久前明鏡出版社出版了張良編著的《中國「六四」眞相》。江澤民爲此召開了一系列會議，政治局作出「六四永不翻案」的決議。江總書記還提醒政治局委員們：「六四如果平反，在座各位都要人頭落地！」

現在盛雪的新著《遠華案黑幕》出版了。《中國「六四」眞相》是十二年前的歷史紀錄；而《遠華案黑幕》是正在演出的現實的歷史，其震撼力當比歷史文件更強大。如果說《中國「六四」眞相》是一顆「紙上原子彈」，《遠華案黑幕》該是一顆「紙上氫彈」。不要小看紙張的威力，它們足以使得江澤民帝國精心建構的謊言堡壘炸爛。無怪乎，有人力圖阻止該書的出版，向作者提出以百萬美金購買本書「永不出版」的版權，而未能得逞。

「永不翻案」，「永不出版」，正是貌似龐然大物的中國獨裁者內心恐懼翻案、恐懼出版的反應。毛澤東把劉少奇「永遠開除出黨」，又說鄧小平文革中的認錯「永不翻案，靠不住吧？」結果劉少奇死後恢復了黨籍，鄧小平活著就翻了案。江澤民的「永不翻案」，又豈能靠得住？

《中國「六四」眞相》的出版，使圍繞六四屠殺的種種懸疑被破解，預示著「六四」一定會翻案。《遠華案黑幕》的出版，使遠華案背後的重重黑幕被揭開，預示著遠華案一定有眞相大白的一天。這兩本書告訴世界，遠華案的亂抓、亂判、亂殺，與六四天安門屠殺其實出於同一根源：一個靠恐怖與謊言統治的制度。這個制度需要不斷製造冤、假、錯案，製造「大案、要案」，以無辜者的血來恐嚇人民，以維護它的「穩定」。

遠華案主角賴昌星，是一位中國社會典型的悲劇性人物，他出身卑微、學歷低，但他頭腦聰明，會做生意，且平等待人，樂於捐獻。他由於自己的聰明才智創造出了經濟奇跡，又由於不甘默默無聞而成爲政治鬥爭的犧牲品。他的毛病在於太相信共產黨。他交了一批共產黨的朋友，這些朋友在共產黨內，也許屬於不太骯髒、沒有泯滅人性的一群；但他看不到這些人難免被共產黨內最骯髒、最泯滅了人性的一群吞噬。他還出錢爲中國安全部門收買台灣間諜，立過功，得過獎，以爲可以博得共產黨的信賴；結果國安部毫不吝惜地拋棄他、出賣他，並向加拿大政府否認賴昌星曾經爲國安部做過事。

賴昌星被欽點爲中國最大的走私案的主角，並不在於他有沒有走過私，犯過罪，而是恐怖與謊言的統治需要這樣一個角色，不幸，他被選中。以他響亮的名聲，以他廣泛的人脈，正是一個讓一些人可以大展拳腳的一個戰場，可以整一批人，抓一批人，殺一批人，藉以製造新一輪的恐怖與謊言，維護這個帝國的穩定。

當鄧小平尚在世，但健康已告不濟之時，一位元老出乎對江澤民的關切，詢問他對未來有何準備。江答曰：「我準備抓緊兩桿子，一手槍桿子，一手筆桿子。」此說源出於林彪。林彪在文革之初說：「槍桿子和筆桿子，奪取政權靠這兩桿子，鞏固政權也靠這兩桿子。」

槍桿子是軍事暴力，即製造恐怖的黨國機器；筆桿子是意識形態暴力，即製造謊言的黨國機器。江澤民政權就靠日夜開動這兩部黨國機器製造出來的恐怖和謊言「鞏固」著。大至製造六四冤案、法輪功冤案，小至秘密逮捕回中國探親的民運人士、異議人士、海外學者，無不屬於這兩架吃人機器的功能。

法輪功修煉者為陶冶性情、強身健體，提倡「眞、善、忍」，從未為害社會，而且世界各國都有。無論將其歸入宗教信仰，還是氣功團體，都實屬於國家無權干涉的私人領域。江澤民卻忽然心血來潮，拿起筆桿子，學毛澤東關於《紅樓夢研究》給政治局那封信的體式，也給政治局寫了一封信。於是法輪功就一變而成為當年的胡適，成為馬克思主義唯物論對資產階級唯心論鬥爭的對象了。筆桿子鬥不贏，法輪功再變而成為當年的胡風反革命集團，必須用槍桿子對付的「邪教」、「反動政治組織」了。

遠華案也一樣，它不過是適應了中國某種鬥爭形勢的需要。遠華案的起因是，某副軍長的一個賭棍兒子欠下八千多萬元賭債，向賴昌星伸手要一億。賴昌星沒有滿足這個小流氓的敲詐。小流氓看到，江澤民、朱鎔基要打走私，就寫狀子告賴昌星走私，並把他欠了錢的債主都一併告上，這樣他就可以賴帳了。狀子上還寫著：「敬愛的江澤民主席、朱鎔基總理：你們能做我們的後台，我們就什麼都敢大膽地寫。」中央正要抓「大案」，樹典型，來得正好，羅幹於是批示如下：

海關總署主查，中紀委協調。四·二〇

這也就是「四二〇專案組」的由來。後來遠華案越滾越大，人也越抓越多，一批批審判、判決、槍決，演變成「共產黨建國半世紀以來最大的走私案」。

文革時毛澤東會見他的美國朋友斯諾，說他自己是「和尚打傘，無髮（法）無天」。斯諾沒有聽懂，回去後寫成毛澤東說自己是個「打著把破傘雲遊四方的孤僧」。有人翻譯回中文時也照樣以訛傳訛。其實「和尚打傘」，豈止一個毛澤東？它深深植根於必須不斷製造恐怖與謊言以「鞏固」權力的共產中國制度之中。

江澤民這個「第三代核心」，雖然缺乏毛澤東、鄧小平的原創性，卻富於他特有的模仿性格，近年來更是刻意模仿毛澤東。他沒有毛澤東的文采和書法，偏要模仿毛澤東寫詩題字。他沒有毛澤東的理論根柢，偏要模仿毛澤東搞什麼「理論創新」，把那套乏味的老調子編進馬、列、毛、江哲學語錄。

江澤民的「和尚打傘」，在以不斷製造恐怖與謊言來鞏固權力的目標上，與毛澤東的「和尚打傘」並無不同。但在無法無天的手段上則有所不同。

第一，毛澤東的無法無天公開透明，向世界公然宣告。江澤民的無法無天僞裝隱蔽，向世界謊稱「以法治國」。

第二，毛澤東的無法無天，從大躍進到文化大革命，均假手「群眾運動」、「群眾鬥爭」，受害者與迫害者都是「群眾」。直到文革後追查兇手，只追到群眾中的替罪羔羊──所謂「造反派」、「三種人」身上。江澤民的無法無天，卻假手「法律」與「法庭」，更具欺騙性。

當年斯大林大審判，連布哈林那樣的大人物都在法庭上公開認罪，一時騙過世界上很多人，包括自由派知識人士。江澤民的「以法治國」，不過是斯大林在二十世紀三十年代騙過世人的故伎重演。本書沒有中國法庭審判遠華案的紀錄，但有加拿大政府到中國爲賴昌星難民案取證時詢問遠華案犯人的證詞，其中有的問答頗爲有趣，例如，加拿大移民官道克伍德和原公安部副部長李紀周的一段問答：

加拿大移民官問：你能講一下你被拘留的原因嗎？

李紀周答：我因爲觸犯了中華人民共和國的法律，是受賄罪。

問：可以跟我們講關於賴昌星的事嗎？

答：一九九四年底，我太太退休了在家裡。賴昌星那時到北京來說，如果我太太願意做生意，他可以提供幫助。我太太有個朋友想要一起做生意，開個飯店，需要繳定金，到處找人借錢沒有借到。我太太後來告訴我，說她跟賴昌星借了一百萬人民幣。

問：你知道她從賴昌星那裡拿到錢了？

答：對。

問：你覺得這錢，是賄賂的錢嗎？

答：從中國法律的角度講，應該算吧。因爲這個錢我沒有還給他嘛。

問：那麼你給賴昌星什麼好處了呢？

答：我沒有給他什麼好處。他沒有向我提出過什麼要求。

外界普遍認爲，李紀周恐怕難逃一死。李紀周自從九八年底被拘押已經三年多了，應該不會再爲在加拿大的賴昌星隱瞞什麼。而根據中國官方的報導，他的最大罪狀就是收受賴昌星的賄賂，協助其走私。如果沒有賴昌星逃到加拿大，在加拿大提出難民申請，加拿大移民部作爲賴昌星難民申請案的檢控方，需要到中國求證，以指控賴昌星不符合日内瓦公約難民的標準，那麼外界永遠也不會有機會看到李紀周這樣的口供。

在中華人民共和國刑法第三百八十五條中規定：國家工作人員利用職務上的便利，索取他人財物的，或者非法收受他人財物，爲他人謀取利益的，是受賄罪。也就是説，收受財物，並爲他人謀取利益時，才是「受賄罪」。

再反觀那些告狀的人，「四二〇專案組」的人，甚至中紀委的人，不但向涉案嫌疑人敲詐勒索，更是爲了邀功不擇手段，要置人於死地。有些腐敗的辦案者，充當工具，怕不能夠滿足上邊的整人要求，找不到足夠的證據，竟編造出聳人聽聞的「紅樓」、「白樓」酒池肉林之類。

經本書作者多方求證，純屬無中生有的捏造。

《遠華案黑幕》是一面鏡子，照出了今日中國社會極度的病態，極度的腐爛。在這樣一個體制下，打擊走私，不是打擊走私；反腐敗，也不可能是眞地反腐敗。而許許多多善良的中國人，就在這當中成了可憐的犧牲品，成了最高權力當局和其親屬、子女巧取豪奪、肆意瓜分中國人民財富的可悲的替死鬼。

剛剛在電腦網絡上看到一篇署名南微子的文章，現摘錄其中的一段：據中共內部《關於高級幹部家屬、子女工作、經濟情況》的報告披露：一萬五千多名地、廳級或以上高級幹部家屬、子女擁有的財產，達到二千五百億元人民幣——這還不包括他們在香港、海外的財產——平均每人擁有財產超過一千六百萬元人民幣！中央政策研究室有人指出，這還是不完全的、保守的統計數字，因爲每年另有多達數百億美元的中國資產，被偷偷非法調入美國、瑞士、加拿大等西方國家以及香港、澳門甚至台灣等地區。

江澤民帝國這幾年殺人殺紅了眼。這個由恐怖和謊言統治的國家每年假手法律和法庭殺掉的人，比全世界其餘國家殺掉的人統統加起來還要多。難道中國人眞是世界上最該殺、最劣等的野蠻民族嗎？

不。中國人是善良的、文明的。甚至是這個世界上最善良、最文明的民族。這個被通緝的「首惡罪犯」，雖然出身卑賤，卻能夠扶貧救難；雖然教育低下，卻做到樂善好施。他不善良嗎？他不文明嗎？最劣等、最野蠻的不是中國人，是這部製造恐怖和謊言，把善良、文明的中國人變成「罪犯」的黨國機器，和操縱這部機器的劊子手。

中國在剛剛過去兩個多月的「嚴打」中，又殺掉了一千多人。這些人當中有多少是「罪大惡極」、「死有餘辜」的罪犯呢？又有多少人成了這個政權「鞏固」穩定的犧牲品？中國缺少的不是嚴刑峻法，而是民主法制的制度。因爲在一個沒有法制民主的國家，非但老百姓的權利沒有保障，當權者一旦失去了權力，他們的基本人權也就沒有了保障，像這本書中所說的原公安部副部長李紀周的例子，他於九八年底被抓，於九九年底被正式逮捕，於二〇〇〇年底才被允許請律師，二〇〇一年三月份才被正式起訴。當然，從另外一方面看，也就不難理解爲什麼中國的最高領導人常常是死也不願放棄權力。這裡有一個道理：只要有一個人的權利沒有得到保障，那麼我們所有人的權利也就沒有保障，因爲這個人明天就有可能是你是我。

朱鎔基嫌遠華案還抓得不夠、殺得不夠，他爲了騙得加拿大政府引渡賴昌星，做出了兩點虛僞的保證：

一、保證賴昌星遣返回中國之後，中國的有關刑事法庭將不會根據他在遣返前所犯的罪行把他判處死刑；

二、中國是聯合國《反酷刑、虐待及非人道處罰公約》的簽約國。賴昌星被遣返回中國後的法庭調查期間，以及他如被定罪後在監獄服刑期間，他將不會受到酷刑虐待或其它不人道的對待或處罰。

朱鎔基騙得了誰？

第一、朱鎔基只保證對賴昌星「在遣返前」的罪行不判處死刑，這是明顯的漏洞，即不保證對「遣返後」的罪行不判死刑。請想想，賴昌星生活在大家看得見的自由天地裡，「四二〇專案組」尚且可以給他捏造出事實上不存在的種種罪名；一旦「遣返後」回到中國的絞肉機裡，在封閉的黑牢裡，什麼新鮮罪名不可以強加於孤立無援的賴昌星，而判之以死刑呢？更何況在中國的黑牢裡置犯人於死地的辦法多的是，像賴昌星這樣被中國政府定爲「重大走私案犯」、「情節特別嚴重」的人，必死無疑。

第二、中國政府簽署的聯合國公約多了，據中國政府自己吹牛說，是簽署最多人權公約的國家。但是，執行過一絲一毫沒有？不但沒有執行過一絲一毫，而且每時每刻都在反其道而行之，都在肆意踐踏人權，都在殺人和蓄意殺人。酷刑、虐待、非人道處罰，在中國的黑牢裡是家常便飯。不但獄卒、獄官可以酷刑、虐待、非人道處罰犯人，還常常唆使犯人虐待、殘害犯人。最近，光是修煉法輪功的無辜者，被虐殺的有多少？中國的黑牢，是黑暗的、野蠻的中國統治機器裡最黑暗、最野蠻的一部分。賴昌星一旦跨進去，就別想活著出來。共產黨越怕他，就越要趕緊殺了他。

《遠華案黑幕》是一本好書。作者突出的貢獻是對歷史事實的眞實紀錄。遠華案被指爲中共「建國以來最大的走私案」，賴昌星在中國官方的宣傳下，成爲「千夫所指」的惡棍。政府反腐敗、打走私又是人人叫好的做法。去挖掘這樣一個案子的黑幕，需要有一定的勇氣；爲這樣一個案子背後的事實說話，需要有足夠的正義感。這本書除了賴昌星的證言，作者對關鍵情節都進行了多方求證，令人信服。

這本書應當翻譯成各種文字，讓全世界都讀得到。因爲它可以幫助這個世界認識和了解今日中國的眞相。

早日終結統治著中國的恐怖與謊言。

給中國人以自由。

讓中國走向光明。

導讀

假如賴昌星說的是真的

● 時鑒

不瞞讀者諸君說，我剛剛讀了這部書稿的前十頁，就不敢相信我的眼睛所讀到的這些話了，這個被中國當局急切要引渡歸案的賴昌星，可真敢講！

難道這麼多身份集於他一身不就是天方夜譚？——小學三年級都沒唸完的福建晉江農民，身家數十億的遠華集團老板，香港永久居民，香港二十世紀傑出青年，福建人大代表，中國國家安全部榮立三等功的處級特工，海峽兩岸雙面間諜……當然，最後還有北京官方給他的頭銜：「中國最大的走私嫌犯」，和他自己拼了命爭取的頭銜：「加拿大政治難民」。

聽聽他歷數的這些人際交往，究竟有幾分可信度呢？

——結交的中國黨政軍警要人不計其數，上至中共中央政治局常委、全國人大常委會副委員長、國務委員、國防部長，下至福建省委書記、公安廳副廳長、廈門海關關長；據其自己統計，有交情的自江澤民、朱鎔基、羅幹、曾慶紅、吳儀等高官以降的秘書就達八十三人；既是中國公安部副部長李紀周的座上賓，又是台灣警備司令陳守山的身旁客；

——手眼通天，親友來北京了，撥一個電話，就能把中共第三代核心的專車開出來讓他們兜風過癮；聽說中央有新精神了，打一個招呼，就能讓國務院總理的秘書翻箱倒柜找出會議記錄；總參二部、三部、總政聯絡部「三個部長都跟我是好朋友」；

——中共政治局委員、鄧小平的牌友王漢斌幫他辦了中南海的車牌，能進釣魚台、人民大會堂，這輛車他不在北京時王漢斌坐，他去北京了他坐，王漢斌讓司機給他開車；

其他諸如讓董文華給羅幹遞材料，從鞏俐的丈夫黃和祥那裡進香煙，與澳門賭王何鴻燊合股開賭船，乃至與那些早已眾口騰喧的人物的交往，李鵬的公子李小勇啦、笑星姜昆啦、影星業富婆劉曉慶啦……

能相信嗎？信口開河，雲山霧罩，難道凡是名人，都與賴昌星有千絲萬縷的聯繫、直接間接的瓜葛？

信不信，我還是看下去，因爲它實在太有可讀性了。這畢竟是北京當局最不願意看到的、千方百計要阻止的事情：賴昌星開了口——在境外，通過本書作者，對公眾開了口。

北京當局其實不必杞人憂天，擔心這個家伙開口。有什麼可擔心的？讓他去侃他的「過五關斬六將」和「走麥城」、官場惡鬥眞相、軍情傾軋秘辛好了，海內海外有誰會傻到這個地步，眞的去相信他大侃特侃的這些「內幕」？還不如去相信好萊塢那些異想天開的間諜驚險片呢！

他說：江澤民的大秘書賈庭安得知有人舉報公安部副部長李紀周，便讓手下透露給賴昌星，賴便通知李到珠海見面，告訴他「有人要整你」；後來公安部長賈春旺接到一張紙條密報李「在汕頭賣官五十萬」，李紀周專案組的人也馬上密報給了賴；

他說，他為中國國安、軍情系統花了一千多萬搞情報，每月用自己的錢，給台灣那邊十六個地下特工發工資，其中「有個人他父親是總統府裡的」；

他說，他在香港回歸前夕，接受中國大陸國安部的任務，派車偷偷將香港入境處的四大箱文件運進大陸，這是國安部「做夢都沒有想到能夠眞地得到」的；

他說，台灣情報官員葉炳南經他牽線來到大陸，國安部人員為了邀功請賞，卻違背原來對葉與賴的承諾，將葉抓起來審問，挖出了向台灣密報中共導彈未裝彈頭的總後勤部軍械部部長劉連昆少將、邵正中大校，處以死刑；

他說，三十一軍副軍長的兒子朱牛牛先搞冒牌柯達膠卷廠，後來到澳門豪賭輸了幾千萬，把山東、福建的政府公款折了東牆補西牆，補不了了就以告狀相威脅，勒索賴昌星一億元，才引發了所謂「遠華走私案」；

他說，羅幹頭天批示海關和中紀委查他，他第二天就知道了，專案班子從哪些部門抽調人員，在北京郊區開一個星期秘密會議如何部署，後來調查受挫又如何改變策略，他都瞭如指掌；

他說，專案組是最腐敗的，成員之一、中紀委二室主任李XX到香港去查案，利用職權要「小姐」陪了十幾天，「刷卡就刷了四十萬港幣」，又間接向賴昌星要去五萬美金；另一成員、海關總署調查局的張XX去上海「一晚上睡了三個小姐」，海關官員小傅則拿了賴昌星三十萬；

他說……

我不用再列舉了。隨心所欲，天馬行空，越侃越離譜跑調，越侃越荒腔走板！

但是讀著讀著，心裡卻冒出一個問號：這個朱鎔基聲稱願以一千六百億美元外匯儲備為後盾，一定要弄回去的走私嫌犯，為什麼在命運懸於一線之際，還要花一百來個小時對一個記者說這些大話呢？

我不知道本書作者是如何讓賴昌星打開話匣子的，我寧願相信是如作者所說：「若非為申請難民以保命，他永遠不會講眞相」。細讀一下，賴昌星對於講什麼、怎麼講，都有精明的算計，看似胸無城府，口無遮攔，其實粗中有細，弦外有音，他的表白雖說漫無邊際，其實還是緊扣一根主線的，這就是：否認自己的走私經濟犯罪，想方設法地將自己的厄運歸於中共高層的政治鬥爭——不，毋寧說是權力拼搶：

在政治局，是朱鎔基因手下愛將朱小華被搞得家破人亡而悲憤莫名，便抓住「遠華案」想打下賈慶林，向江澤民發難；

在公安部，是部長賈春旺上任後想搞掉前任陶駟駒所信任提拔的副手李紀周，以便換上自己的心腹，苦於無法奏效，就揪住了李紀周與賴昌星的關係作為突破口；

在總參，是副總參謀長、江澤民最信任的熊光楷要整掉不買賬的軍情部長姬勝德，因為姬壞了江澤民挑戰老軍頭劉華清的大計，才非要把姬與賴拴在一起；

在中紀委，在海關，在福建……無不有類似的權力爭奪。在賴昌星說來，這些當權者爭相將政敵推入「遠華走私案」的爛泥潭，爲了一推進去就能讓他們沒頂，就必須把「遠華走私案」做成一個罪無可赦的鐵案，於是他賴昌星就成了權力鬥爭的代罪羊、犧牲品。

賴昌星圍繞這一總體思路，一方面大談特談自己的政治背景、高層的權力鬥爭，揭發他們大量的腐敗犯罪，一方面矢口否認自己走私，爲被當局判了死刑的莊如順、楊前線等人辯誣，說他們都是「好幹部」，絕未涉案；外界傳言政治局委員賈慶林在福建任職期間與賴昌星有牽扯，賈夫人林幼芳是遠華公司掛名董事，拿過賴昌星三千萬，但賴昌星卻澄清說絕無此事：「林幼芳不是我公司的董事」，「我跟她三分錢的關係也沒有」。

這就是這本書奇特價值的由來！

——北京稱賴昌星爲潛逃至加拿大的走私分子，是經濟犯罪，要引渡回國歸案；賴昌星則聲稱北京當局要抓他是緣於政治迫害，無關經濟，向加拿大申請政治庇護。從北京方面說，向加拿大提交各種証據和保証，讓加方相信此人是經濟犯罪分子，會得到公正審判，是把賴昌星弄回來的唯一辦法；而賴昌星留在加拿大的唯一方法，是向加國官方提交各種証詞，以証明中共黑幕重重，回國小命難保——就算朱鎔基鄭重向國際社會承諾不處死他管什麼用？他知道的事太多，恨他和怕他的人太多，鐵窗之中弄死個人滅口還不容易？犯人互毆、意外事故……國際社會屆時難道還會到中國監獄裡去查究個水落石出？

北京官方與賴昌星雙方都要向加拿大官方証明自己的說法，如此一角力，我們讀者才有了這個一窺黑幕的難得機會：賴昌星在加拿大與本書作者長談一百小時並允許錄音，交給她大量中國當局對在押犯人的審訊記錄影印件（都是中國官方爲引渡賴昌星而提供給加方的），以及加拿大官員在北京詢問李紀周等服刑要犯的錄像，等等。我們才雖不絕後、也算空前地，有了這麼豐富、這麼完整的第一手材料，去對比驗証雙方各執一詞之後的眞相，去推敲判斷「遠華案」的社會背景和眞正起因。

賴昌星對自己的極力洗刷當然是破綻百出，無法令人信服的。他怎麼可能洗刷得乾淨！？接受採訪一百個小時，他不可能不在牛皮下露出馬腳。他砸大錢送大禮，大規模全方位結交高官、秘書，怎麼會不要求回報？他給廈門市副市長藍甫兩百萬，給廈門海關關長楊前線一套別墅、凌志四〇〇型轎車和虎皮，給李紀周家人好幾筆巨款，讓賈春旺之子小方來自己賭船賭錢，輸了自己給他掏，贏了讓他拿走，「三百來萬應該有了」……賴昌星再怎麼說自己是規矩生意人，沒有進口權不可能走私，但是他與政府公司合作，假手他人走私牟取暴利，蛛絲馬跡也是掩蓋不了的。

我不敢相信他對自己及這個中國大舞台的記述描繪。

假如賴昌星說的是眞的，中國的官場豈不是爛透了，爛穿了，正像《紅樓夢》中柳湘蓮所說的：「就是門口一對石頭獅子乾淨罷了」？政界、軍界、司法界……無處不黑，無人不貪，即或有「兩袖清風」，也并非因其「一身正氣」，而只因身屬「清水衙門」；官場上下不是爭權奪利，就是醉生夢死，陷入結構性、制度性、整體性、根本性的腐敗，以權攬錢，以錢通權，以權買色，以色換錢，任何一例曝光，在其他國家都足以引發地震，導致內閣換班、總統下台甚至自殺以謝罪天下，而在中國，卻從福建到陝西，當事人安之若素，旁觀者視若無睹，紅道、黃道乃至灰道全攪成一團，比黑道更黑上百倍千倍！

假如賴昌星說的是眞的，豈不是從「太子黨」、夫人到七大姑八大姨，乃至秘書、司機，凡跟權力沾邊者，天下烏鴉一般黑，「洪洞縣中無好人」，無一不暴露出貪婪嘴臉，無一不是中國肌體上的毒瘤？紅色貴族肯降尊紆貴跟一個滿口方言、土得掉渣的鄉巴佬稱兄道弟，不就是因爲他有大把大把的美元、港幣麼；更有甚者，高官們深謀遠慮，一邊堅守崗位以最後的瘋狂撈錢，一邊將老婆子女遠送海外——公安部副部長的女兒辦理投資移民去了美國，總參軍事情報部長的老婆孩子都是「美國公民」……耗子爭相離開，不正是船即將沉沒的信號？

假如賴昌星說的是眞的，中南海對行政體系豈不是喪失了控制力？既然最高層「掛羊頭賣狗肉」，下面幹嘛不「有奶就是娘」？各單位勾心鬥角、邀功爭寵，讓賴昌星這樣的人如魚得水——「四二〇專案組」已經圍將上來，中紀委、國安部內部居然還有人隨時向他通風報信，專案組一舉一動都在其掌握之中。查一個賴昌星是如此，其它均可類推，當局發出任何號召倡議，須布任何黨紀國法，越堂而皇之，越成爲笑柄，只有大開殺戒，才能勉強貫徹政令。當局在「不反腐敗失民心，反腐敗失官心」的怪圈中無法解脫，基本上喪失了所有維繫官員向心力的手段——不讓這些官員撈外快，他們幹嘛要留在崗位上賣命呢？

假如賴昌星說的是眞的，當局連年「反腐敗」「搞三講」之類的準運動，豈不都邊際效應遞減爲零？一陣陣刮風只讓那些會看風使舵的官員「好風憑藉力，送我上青雲」，更可怕的是

「辦專案造成冤案，反腐敗導致腐敗」：成立「專案組」，搞一元化領導下的「公檢法聯合辦案」，勢必先入爲主認定審查對象有問題，勢必逼供信，捕風捉影，羅織罪名，侵犯人權，草菅人命，所謂「嚴打」，所謂「從重從快」，只意味著對法治的大破壞；而「專案組」成員自身正義在胸，權力在手，君臨一切，有恃無恐，不腐敗才怪！

假如賴昌星說的是眞的，老百姓豈不是被泯滅了任何希望？輿論被控制得鐵桶似的，對遠華案的報導須由國務院新聞辦公室審稿統一口徑，「紀實文學」也只能照官方要求編造，民眾既不知道外面講了些什麼，也不知道上面幹了些什麼。瞞和騙的媒體造就瞞和騙的民眾，如果說過去的朝代再腐敗也只限於官場，當今腐敗已經變成了全民的日常生活方式，滲透到社會每一寸角落。所有的人都知道這個世道病入膏肓，所有的人都感到了末日將臨，才全民一條心，拼了命地預支明天的歡樂——「我死後哪怕洪水滔天」！

這個狡猾的、頑強的、貪婪的賴昌星，假如他所說的是眞的，那確實太駭人了，我無論如何不敢相信！

讀者敢不敢相信呢？現在就請你自己讀一讀吧。

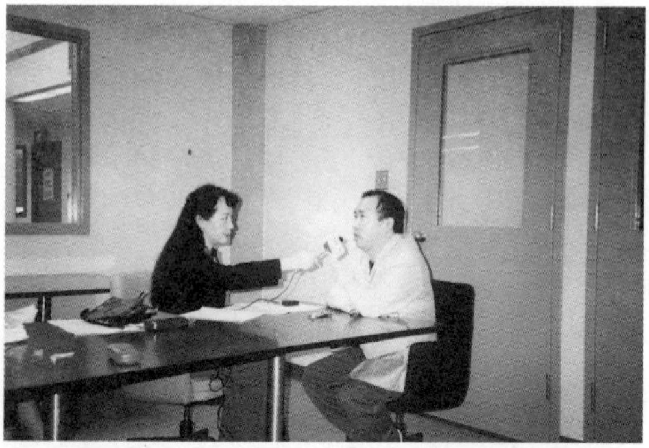

2001 年 2 月 2 日至 4 日本書作者第
一次赴溫哥華，在獄中採訪賴昌星

2001 年 2 月 23 日至 26 日本書作者
第二次赴溫哥華，在獄中採訪賴昌星

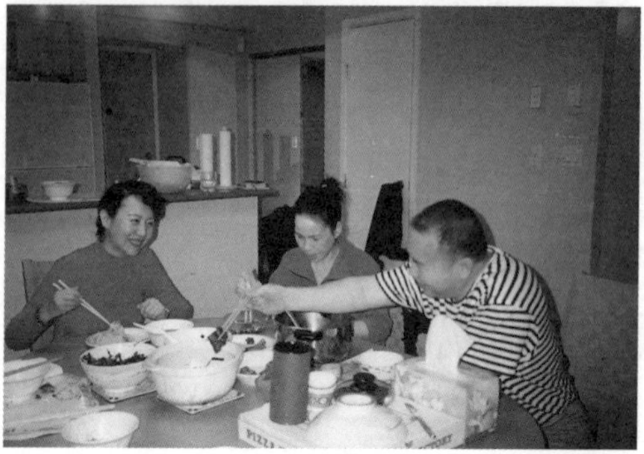

2001 年 3 月 17 日至 20 日本書作者
第三次到溫哥華，在家中採訪賴昌星

一 「遠華案」幕後的三巨頭較量

若非爲保命，他永遠也不會講出這些驚人的眞相

二〇〇一年二月二十四號是個星期六。上午十點差十分，我乘坐出租車從租住的酒店，來到位於溫哥華市中心，靠近中國城的溫哥華男子監獄。

進門處，已經有兩個人在等候，應該也是來探監的。我向接待處說明來意，按規定登記好了姓名、職業，和被訪人姓名。十點五分的樣子，可以准許探監的人進去了，幾個人把身上帶的各樣東西都存放在監獄提供的儲藏箱裡，然後魚貫而入。我因爲是來採訪的，所以需要帶著工作用的工具，微型磁碟錄音機、話筒、筆記本、相機等。獄方對我的檢查很客氣，也很鬆。

獄警帶領大家進入第一道門，再用監測棒在每個人身上劃拉了一遍，然後才進入第二道門，前一道門在大家身後「匡噹」一聲關上了，再等著進下一道門。身後「匡當」的那一聲巨響，讓人真實地感受到是在監獄裡。這也許是來自電影的影響吧。

獄警把我帶到一個小會客室，讓我等一下。我詢問在給賴昌星照相時，有沒有什麼規定？獄警立即向上邊請示，告訴我，只可以在會客室裡邊拍照，不能照到監獄裡的任何設施。我坐下來拿出錄音設備，做準備工作。會客室其實是半間房子，非常狹小，只有兩米長、一米

寬。因爲這樣的會客室中間是一面大玻璃，玻璃對面是完全一模一樣的另一半。探視的客人和被探視人是分別在會客室的兩邊用電話通話的。因爲我的採訪要錄音，所以獄方安排我們使用會客室的同一邊。

賴昌星穿著紅色的囚衣，笑呵呵地從身後的一道門裡走出來，由一個大個子獄警陪同。我想，他的個子大概還沒有我高吧？（後來我在他家裡和他比過一次，我們一樣高，都是一米六二）。我站起來和他打招呼，他也十分友好地和我打招呼，之後坐下來說：「我昨天晚上想了很久，都睡不著，今天好跟你談。」這是我第二次來到溫哥華的這所監獄採訪他，我想，他也許希望我來跟他談談。這個曾經叱吒風雲的人，這個非常健談、非常好動、非常愛交朋友的人，對於獄中的生活一定感到太寂寞了。

二月二日，在這同一所監獄中，當我對他做第一次採訪時，我曾想：「遠華案」背後一定有一些更加精彩的故事。

這次一開始，賴昌星就指著手上的幾份判決書說：太冤枉了，太冤枉了。這些人當中有的我都不認識，爲「遠華案」死，不冤枉嗎？

賴昌星拿著的，是剛剛在前一天被中國政府執行死刑的幾個人的判決書。

在溫哥華市中心的這所監獄裡的一間狹小的會客室裡，賴昌星回憶著兩年前完全不同的生活方式，和即將面對的難民聆訊，時而興致勃勃，時而憂心忡忡。

就在前一天，也就是二月二十三日，中國處決了七名因「遠華走私案」被判死刑的案犯。

江澤民早要結案，朱鎔基咬住不放

震驚中外的「中國廈門遠華走私案」，被稱爲是中共自一九四九年建國以來的「第一大走私案」。據報導，「遠華案」涉案走私漏稅金額達八百三十億元人民幣。被撤職、查辦、逮捕、判刑的涉案官員近千人，其中有省、部級幹部多人。因此案被判死刑的人，已有二十餘人。而「遠華案」專案組的辦案人員，前後約有三千餘人。

從多倫多赴溫哥華採訪前，賴昌星從溫哥華的監獄裡打電話給我，說到激動處，他在電話裡大聲喊：「遠華案」是冤案，是一起特大冤案，是中國權力鬥爭的代罪羔羊。

有關「遠華案」，外界一直有各種各樣的說法，而中國官方對此的報導，除了審判結論以外，沒有什麼其他的消息。於是，我們的談話就從傳說開始。

問：最近有個說法，說中央要儘快結束「遠華案」。

賴：這已經好幾次了，不是第一次。當時江澤民也下過一張文，意思就是要盡快結案。我怎麼知道的呢？「四二〇」專案組（專門查處「遠華案」的專案組，因羅幹一九九九年四月二十日批示而得名）有個組長，也是個腐敗的幹部，他跟一個香港人有生意做的。他那時就把這個底，單獨告訴了香港我的那個朋友，那個人就傳話過來說：已經下了文件，事情不能超過二〇〇〇年二月份，二月之前就要結束什麼什麼的。我也一直認爲這個事很快就會完的，我本來是想出來躲幾個月。

問：爲什麼結不了案呢？

賴：他們是幾個派在鬥嘛。現在江澤民絕對是不想搞這個事的，他的手下都告訴我了。他們說：老闆很煩，要早點結束，不然對外影響不好。「四二〇」專案組的組長何勇是懷疑現在的北京市委書記賈慶林和我有事。應該是上邊有人要他這樣搞的。其實這裡邊主要是朱鎔基對江澤民有意見，再說，打走私是他搞出來的。這個我要慢慢給你講。

問：你說，你常常帶人到北京的釣魚台、中南海，你怎麼做得到呢？

賴：我有一部車挂的是甲〇一-二二〇〇的牌。我這部車的事講出去就會有人找麻煩了。

問：你這部車車牌的事，專案組恐怕早已經知道了吧？

賴：他們不可能知道這車是我的。

問：怎麼會呢？這麼久了。

賴：不應該知道，或者我再去找人瞭解一下。

問：你都帶些什麼人到那些地方去？

賴：我有時有一些香港的客人來大陸和我做生意嘛，我就請他們到釣魚台去了，或者到大會堂去請他們客嘍。我跟那邊的人都很熟了，我要請客就打電話先訂。這些地方當然都是一般人進不去的，有時客人來，我就領他們到中南海走走，因爲我的車牌是中南海的，那邊的人都認識。還有，就是一些朋友的太太到北京來了，我就帶她們進去這些地方。這些地方不是什麼人都可以進的。

問：你的車牌是怎麼辦的？

賴：是王漢斌（中國人大常委會前任副委員長）的。王漢斌和他老婆彭佩雲（中國人大常委會現任副委員長）都是這種車牌嘛。有時我在北京時車不夠用就打電話，要誰的車來，誰的車就來。

問：那麼車是你的還是王漢斌的？

賴：車是我的，牌是王漢斌借我的，如果這事說出去，他們就會找這部車。我有兩部車在北京那邊，一部挂北京市公安局的牌x九號，一部就是甲〇一-二二〇〇的。

問：現在這部車在哪裡？

賴：還在我的手裡，當時我在時就給我用，我不在時就他用。這種車牌要夠級別才有的，在北京不管哪裡只要見到這種車牌就放行，不管誰坐。

問：聽說你的司機有軍方背景？

賴：對，孔克凡是部隊的人，通常由部隊的人給我開車，我一到北京，王漢斌就叫他的司機給我開車。

問：王漢斌現在的情況怎麼樣？

賴：王漢斌現在瘦很多，但現在沒人敢找他，因爲他和江澤民的關係很好，王漢斌是鄧小平的死黨，跟鄧小平一起打橋牌，跟鄧跟了一、二十年，資格老，沒有人敢動他。當時江澤民在上海當書記，到北京要見鄧小平也要通過王漢斌，沒有王漢斌他見不到鄧小平的，所以江澤民對王漢斌一直很客氣。平時就算是有事要彙報，王漢斌如果打電話給江澤民說：我過去，我有事和你談談。江澤民就要說：我過來，你不用跑路了。就是那麼客氣的。喬石是委員長，王漢斌是副委員長，開會時王漢斌都敢頂他，他對喬石說：你懂就懂，不懂就不要裝懂。王漢斌是福建人，是我老鄉。

問：你和王漢斌是什麼時候認識的？

賴：我也想不起來了，因為其實很多關係我都不會留意的。再說他畢竟是家鄉人嘛，平時也愛說幾句家鄉話。我自己的生意一直做得很好，見到些什麼人我也不會很高興。但有時一互相交談，人家會覺得我好，我也覺得他這個人隨便，不用客氣的，然後就是經常來往了。

問：王漢斌這個人怎麼樣，「遠華案」是否牽涉到他？

賴：王老這個人很親切的，我覺得很好的，他們家都很窮的。我和他是很好的朋友，沒有金錢上的往來。王老的脾氣也不好，他們兩公婆加起來比江澤民的官還大，彭佩雲是國務委員，王漢斌是政治局委員，加起來還不大嘛？王漢斌是我老鄉，他人真的是很好的，我也不會給他找麻煩的。

問：遲浩田（中共中央軍委副主席、國防部長）你覺得算熟嗎？

賴：我覺得不算熟。

問：什麼樣的關係？

賴：是這樣的，我跟遲浩田的秘書熟，「天泉山莊」就是遲浩田寫的，原字還挂在紅樓我的辦公室裡面嘛。

問：算是題詞？

賴：也不是我求他寫的，因爲我對字不感興趣。

問：「天泉」是紅樓的名字嗎？

賴：紅樓沒有名字，「天泉」是遲浩田給我在廈門海濱別墅題的字。一百多棟，是蓋好了用來賣的。

問：既然你跟遲浩田沒有什麼交情，那他爲什麼會給你題詞呢？

賴：他原來的一個手下叫梁棟（涉案，被判死刑，緩期兩年執行）的，在廈門對外供應總公司作總經理。我也跟他到遲浩田家裡去過，那天他不在家，我沒有等，就先走了。梁棟跟他關係很好的。梁棟就找他，叫他給寫幾個字。我在海邊蓋的那些別墅很好看的，依山靠水，旁邊一塊大青石，字就刻在青石上。遲浩田後來通過他的秘書小x跟我說，他要在江蘇修建一個什麼戰爭紀念碑，需要五十萬。說叫我捐個五十萬，我就捐了五十萬給他嘍。

問：你自己認爲你和誰的關係最過硬？

賴：都還可以，都還可以嘍。有一張以前的照片，本來挂在我紅樓的辦公室裡的，七個人，劉華清（前中共中央軍委副主席、中共中央政治局常委）、李嵐清（現任中國國務院常務副總理、中共中央政治局常委）、李鐵映（現任中共政治局委員）、王漢斌、阿沛·阿旺晉美（中國人大副委員長）、劉江

(原農業部部長)等等，在釣魚台照的，挂在辦公室，如果可以找到人，就可以找著這張照片。我要出來就可以找到。我一出來，這些人肯定與我聯繫，如果我不死，他們就會轉變。我現在才四十幾歲，說不定過幾年我又做起來，有可能的。當時他們很多事都是靠我的，當時「遠華」的牌子很紅的，過了廈門橋，很多人都講我們是廈門遠華公司的，別人就不會動他。其實那都不是我公司的。

問：在北京期間你和誰比較熟，來往比較多？

賴：在北京我和很多人熟，我到哪裡都可以的。有時趕上開常委會，如果剛好我那天沒什麼事，就過去走走，看看常委平時什麼樣子嘍。有時朋友想坐江澤民的車轉一轉，我就叫江澤民的司機把車開出來。毛澤東的房子不是不對外，不讓人進去嘛，那我們也可以進去，看看、轉轉嘍。

問：你和江澤民本人有什麼接觸嗎？

賴：沒有。我如果有話就通過人跟他說。通過秘書跟他說。

問：你跟他的秘書很熟嗎？他有幾個秘書？

賴：五個。我熟悉三個。一個賈庭安(江澤民辦公室主任)，是替他搞文件的。一個小A，年輕的，長得很帥，是警衛。另外還有一個小B，是看家的。這三個我都很熟。不然當初我怎麼知道他們要動李紀周了。我跟李紀周說，他都不相信。別人聽不到的，我能聽到。這裡邊小B跟江澤民很久了。江澤民在上海當書記時，因爲他是政治局委員，政治局委員每個人在北京都有一個司機，他們到北京開會時才用這個司機。小B是在北京機動，江澤民到北京時，都是小B陪他，給他當司機。八九年那一年，鄧小平叫江澤民到北京去，江當時不知道是什麼事，還有點緊張。他是坐專機到北京的，「六四」時很緊張嘛。他很擔心自己會不會出了什麼事，當時，中共中央警衛局局長派小B到機場接他，江澤民看到是小B接他，就放心了。到了北京他才知道，他要當第一把手了。

局長後來對江澤民說，要給他安排一個好司機。江澤民說：不用再安排了，我就要小B。因爲他知道，如果是局長安排的司機，一定跟局長關係很好，不可靠，等於是局長的線人。小B當時是機動的，還沒有完全是局長的人，還可以靠過來。

問：江澤民挺鬼的。

賴：江是個很有心計的人麼。這樣小B就跟他了。上一次要換屆的時候，有一次他問小B：「你想不想走？」小B說：「你是不是不想用我了？」江說：「不是，我是怕耽誤了你的前途。如果你想走，我就安排一個副市級的幹部位子給你。」小B說：「只要你願意用我一天，我就願意跟你。」江澤民就說：「那好吧，就這樣。」當時江澤民的老婆王冶坪的媽媽，也就是江的丈母娘，九十幾歲了，這才死了兩、三年麼，一直都是小B照顧。家裡不管什麼大大小小的事情都是交給小B去管的，包括私事，出去買東西什麼的。

一九九六年，有件事，當時是在台灣選舉前，兩邊情況挺緊張的。台灣那邊也是一直在說江澤民什麼什麼的。我當時生意做得很好，許甘露（原公安部出入境管理局局長）給我出了一個點子，叫我給軍委捐點錢。他是出於好心，我自己想不到。我就去跟小B說，跟他談了半個多小時。我說，我出個兩百萬，這是我的一點好心。小B就回去和江澤民講，江澤民跟小B說：不用了。他叫我留著錢好好做生意，還說謝謝我。他本來也知道我是小B的好朋友。我想，他知道有我這個人就行了。

問：後來和小B的交往怎麼樣？

賴：後來幾年我經常去他家的。

問：經常去小B家嗎？

賴：就是江澤民家，我就經常去江澤民家了。他的家在中南海裡，是一個大房子，很大。他住一邊，警衛和秘書什麼的住另一邊。一般他都在中南海住。有一段時間，他家裡在裝修，就在釣魚台住了一段時間。好像九七、九八都在釣魚台住。他不在的時候，小B在，我隨時都可以進去。他在我也可以進，但不是直接進。

問：你都從他那裡知道些什麼事？

賴：江澤民的事秘書當然什麼都要知道嘍。賈庭安是他的大秘書嘛，我經常和他聊聊嘍。那一年鄧小平不是在生病嗎，七個常委要去看他，但是又怕讓記者知道。記者一直在追蹤鄧小平的消息，他們不敢讓外邊知道鄧小平要死了，很緊張。所以，幾個常委有的坐大巴，有的坐公車，化妝從中南海出去，這些警衛都知道，都是他們告訴我的。當時那一天我也在北京。鄧小平有個警衛是個正軍級的，那個警衛也跟我很好，鄧小平那邊我當時都經常進去的。

很多人的秘書都是跟我很好的。朱鎔基的秘書也是跟我很好的。

問：朱鎔基的哪個秘書跟你熟？

賴：朱鎔基我知道有兩個秘書，他們都跟我不錯的。一個大秘書李偉，機要秘書。一個小秘書小C，是警衛秘書和生活秘書。我想知道的文件，只要我問，他們就給我查。我到中南海的時候，李偉也會出來陪我坐坐，如果有的事情我從李偉那裡拿不到，小C就會幫我查。他當班的時候我去找他，說看一看文件什麼的，他什麼都幫我查。

問：你希望從朱鎔基的秘書那裡得到什麼呢？

賴：沒有什麼特別的。就是他要有什麼講話嘍，有什麼計劃、政策要上，要有什麼動作嘍，有的講話在經濟上可能有什麼影響，會影響股票的，我就先知道了。這些消息有時很重要的麼。

問：看來你可以比別人先掌握中國的經濟動向。

賴：這就要看你這個人有沒有這個頭腦嘍。

問：你跟江澤民的這兩個秘書聊天的時候，他們有沒有透露過江澤民自己是不是真的想退，還是不想退？

賴：我現在是沒有去打聽了，但只要問他們就會告訴我，他們絕對相信我。我現在還在打聽他的事。我想叫人拿一份《亞洲周刊》交給他們老闆看看的。

問：你想讓江澤民看到《亞洲周刊》？

賴：對，你上次檢採訪過之後，《亞洲周刊》的記者就來了，他可以我我說家鄉話，他寫了報導，還可以，只有一兩個地方錯。我想讓中央的人看到。我現在還有一個朋友常跟我聯繫，是住在北京的，還有胡錦濤的秘書，還有另外幾個人可以聯繫。我只要找人約他們，他們就會出來。我要問什麼，他們也會告訴我這個朋友。小B說：老闆對這件事也不喜歡他們這樣搞，想要早點結束，不然在國際上影響也不好。江老闆是有這句話的。

問：那是誰非要搞下去？

賴：那就是何勇（中央紀律檢查委員會副書記、四二〇專案組組長）想出名嘍。

問：但是下面再想出名，上面不想搞，這個問題也搞不下去。

賴：按照大老闆的意思，早就想結案了，可一直結不了。當然，上邊也有上邊的想法嘍。我看主要是朱鎔基對江澤民有意見。還有，打擊走私是他搞出來的，當然要有點成績。

問：所以他是想搞到底的？

賴：因爲只有搞出事情來才有效果嘛，搞出了個什麼、什麼大走私案，這是他立功的成績呀。

問：可是朱鎔基表示要退呀？他要那些成績還有什麼用呢？

賴：他不能放手，一個是賈慶林（中共中央政治局委員、原福建省委書記、現任北京市市委書記）的事，因爲賈是江澤民的人，他怕賈慶林接他的班吧。假如賈慶林不是江澤民的人，朱鎔基就不必要這樣搞了。我看朱鎔基是想把賈慶林搞出來事情後，好用他自己的人接他的班。這些事要聽他們常務委員會怎麼開，我不可能打聽不到的。

問：你跟中國第二號人物李鵬的關係怎麼樣，你跟李鵬熟悉嗎？

賴：我跟李鵬沒有什麼來往的，我不是太喜歡他這樣的人。

問：什麼意思？

賴：他是有自己的想法了，但是，他看到朱鎔基在搞，他就先不說話。

問：李鵬跟「遠華案」有什麼關係呢？

賴：當初江澤民把「北京幫」的陳希同搞下去，李鵬就盯著北京市委書記這個位子，想給羅幹，結果還是江澤民堅持調了賈慶林過來。這樣，李鵬也就不滿意江澤民嘍。這次有人說，管政法的尉健行要退下來了，他年紀也大了麼。這樣，尉健行的這個位子，可能還是要由羅幹和賈慶林來爭。我看這次李鵬也是想要賈慶林下來的。

問：關於你走私的事情，專案組的人跟你怎麼說？

賴：像我做這種生意，他要說我是走私，就是走私了；他說我是著名的企業家，那就是好的企業家嘍。怎麼說都可以的了。對不對？他們就說，我們國家不能允許這些腐敗的官員嘍，讓我一定要配合嘍。

問：他們有沒有明確說過，到底是要把什麼人挖出來，說過嗎？

賴：沒有。

問：從來沒有？

賴：從來沒有，他不說，但我想象中就是要弄賈。

問：是衝著賈慶林的？

賴：嗯，因爲我企業做得很好的時候，那個時候賈慶林在福建那邊當省委書記嘛。而且專案組在我公司裡又拿到他的照片。他們看到賈慶林在我公司也拍過照片什麼的，那肯定就是跟我有關了，他們就是要抓我回去，我一說出他來，他就完了嘛。很明顯就是這一點。我跟報紙也說過，我跟賈慶林認識，他到過廈門，也到過我公司，也跟我照過像。因爲這些都在「四二〇」手裡嘛。但是說他每次來廈門都到我公司來，這句話就有詐了。我只是說，到過，不是說每次都來我這裡。我跟他太太根本就不熟，也跟賈慶林沒有生意上的來往，根本沒有這回事。

問：外界有一種說法，賈慶林的太太林幼芳原來曾經是「遠華」公司的挂名董事，林幼芳曾經拿過你三千萬，這件事賈慶林也知情？

賴：林幼芳不是我公司的董事，什麼也不是。我跟她三分錢的關係也沒有，哪有什麼三千萬？當時我都是靠自己的，我跟她根本不熟。

問：「遠華案」出來後，中央爲了替她洗清和「遠華」的關係，還特別安排了有背景的「鳳凰衛視」給她做採訪，她說，她根本不知道廈門有個遠華公司，人們都覺得她有點「此地無銀三百兩」。

賴：「鳳凰衛視」的節目我知道，不知道她爲什麼那麼說。

朱鎔基爲朱小華報一箭之仇

朱鎔基上台伊始，培養了四大智囊加實幹型人才，他們是：原光大集團董事長、中國人民銀行副行長朱小華；中國原證券會副主席、現任體改辦副主任李劍閣；原貴州省副省長、現任財政部副部長婁繼偉；原中國建設銀行行長、現任中國證券會主席周小川。然而，朱鎔基最爲器重的頭號大將朱小華，卻被江澤民親自批示逮捕。朱小華被捕到現在已經兩年了，並沒有查出什麼嚴重的事情來，但是朱小華卻已經家破人亡。朱小華的太太於二〇〇〇年的聖誕節在美國上吊自殺；女兒在北京得了神經病。

有人說，朱鎔基咽不下這口怨氣，因此瘋狂報復。

據說，朱小華出事是因爲他在出任光大集團董事長之後盲目擴張，仗著背後有朱鎔基這個總理大人撐腰，一上任就大刀闊斧地蠻幹，他也不管是什麼樣的公司的股份，只要有朋友推薦都入股，結果是買了一大堆不良資產，給中國造成二、三十個億的經濟損失。其次，朱小華在就任中國人民銀行副行長之前，任職國家外匯管理局局長的時候，從中協調，貸了兩筆款給福建一個叫劉錫永的商人，總金額達一點二億美元。有人懷疑他個人收了好處。後來，朱小華的光大集團又借給劉錫永八億元人民幣，結果這筆錢劉錫永無法償還。

據說，朱鎔基整頓腐敗、打擊走私，觸痛了不少貪官污吏，於是許多人懷恨在心，恨不得朱鎔基早點死了。而朱小華的事，就是痛恨朱鎔基的人繞過中紀委，瞞著朱鎔基，通過李鵬的內線，將材料直接送交了江澤民。江澤民看完了材料後批示道：「這八個億到底是不是國有資產，如果是，我認爲此人應該抓起來」。並在批示後邊註明：請通知鎔基同志。朱鎔基拿到批示一看，三分鐘沒講話，最後說：看來小華可能是有問題，但是，他是不是真有問題要搞清楚，我沒意見。

外界知道，朱小華是朱鎔基的一個重點培養對象，朱鎔基與他情同父子。當年是朱鎔基把他直接從上海市人民銀行的一個處級幹部，派到香港新華社任經濟部的副部長。然後又調回來任上海人民銀行的副行長，接著直接調到中國外匯管理局當局長，接下來是中國人民銀行的副行長，後來又接手了光大集團，任董事長。九九年的七月份被「雙規」（即被要求在規定時間、規定地點交待問題）。他從香港坐飛機回北京，一下飛機就被武警帶走了，直到現在。然而，專案組對朱小華的審查，一直沒有查出什麼真正的問題。但是，中央不會承認自己在朱小華的問題上錯了。所以有人說，朱小華沒事也要找出些事情來，因爲不是針對他，而是針對朱鎔基。

朱小華的太太和女兒在他被「雙規」前幾天去了美國。朱小華的太太在丈夫被「雙規」一年多以後，也就是在二〇〇〇年的聖誕節在美國自殺了。女兒回到北京，但已經神經失常。有人說，其實朱小華是朱鎔基的犧牲品，朱鎔基也曾在一些公開場合爲朱小華抱不平。

在處理朱小華的事件上，朱鎔基憋了一口怨氣，始終沒有機會發出來。「遠華案」扯出了賈慶林是個太好的機會，這樣終於有機會讓江澤民嚐一嚐這種滋味了。

你給賈慶林搬梯子，我把賈慶林當靶子

問：要弄賈慶林，就弄出個一千多人涉案的「遠華案」嗎？

賴：你聽不懂嗎？當初江澤民他們用「反腐敗」，搞倒了陳希同的「北京幫」之後，就有好幾個人看著北京市委書記的位子了。李鵬想讓羅幹上，也有人想讓別人上嘛。江澤民硬是把賈慶林調到北京去的嘛，他也是政治局委員了嘛。現在就是別人看你把陳希同搞下去啦，結果自己挑了一個更腐敗的。別人就會說，你自己找的人，還不如打倒的那一個。這樣別人就是要給江澤民不好看了。

問：有人是衝著江澤民來的？

賴：當然要從我這個事開刀，不然怎麼弄？一直不放過我這個事的，就是朱鎔基，他不是不放過我，他是不放過賈慶林嘛。如果我能回去說：賈慶林跟我有生意上的往來，他太太拿了我多少多少錢，那賈慶林不就得名正言順地下台了，還有什麼可說的？現在就是還拿不到我這句話嘛。

問：所以朱鎔基就堅決要引渡你回國受審？

賴：只要我回國了，就行了，我不說，他也可以說我說了，他們審案就是這樣審的，我知道得很清楚。我自已認爲，朱鎔基對賈慶林是不會好的嘛，李鵬也不會喜歡讓賈慶林妨礙他提他的人上來嘛。對不對？老朱是說過要退了。如果要是退了，江的意思就是要讓賈慶林出來頂老朱這個位置了嘛。有些人就這樣說了：朱要退，肯定也要換成他自己的人。可能江澤民和朱鎔基他們本來就是私下有問題，和遠華這件事過不去的就是朱鎔基。

問：你是說他們一層一層都是通過何勇在動手。

賴：對，對。整個這個事也算是朱鎔基搞出來的，因爲他表面上說要打走私嘛。

問：你認爲朱鎔基只是要借著這件事來搬倒賈慶林，還是說朱鎔基確實要打走私？

賴：打走私？沒有呀。我記得他有一次在一個緊急會議上說，老帳不能查。意思就是說打走私要完了嘛。這個緊急會議的文件本身我是曾經看到過的。這是朱鎔基自己說的話，他說：老帳不能查。就是要趕快停止嘛。

問：老帳不能查，這是什麼時候的事？

賴：就是他一開始說什麼要打走私，打了有一年多，然後經濟受影響很厲害，下降很厲害，就召開緊急會議，他在會上說的。

問：你是否記得大概是哪一年？

賴：那可能就是九八年。他就說老帳不能翻的，叫他們趕快停止。我想這個文件你可以找到的。

問：可是他說這話的時候，還沒有「遠華案」呢？不代表不能查「遠華案」呀？

賴：那個時候那個寫舉報信的朱牛牛已經開始告了。

問：他那個時候說的話也不能代表他後來對「遠華案」的態度呀。現在朱鎔基對遠華案的態度可是誰都知道的。

賴：啊，是呀。

問：所以說朱鎔基可能是確實相信他們報上來的材料。他一方面是要打走私，一方面是要搞倒賈慶林。

賴：對，對。他就是這樣，要借著這個事搞倒賈慶林的。賈慶林要是沒有到北京，就不會有這些事了。

問：現在「遠華案」涉案人員達到一千多人了，而且有這麼多人被判死刑，你認爲這個案子會怎麼下去呢？

與中央領導的八十三個秘書有交情

賴：他們就是搞配套、胡來，這裡很多人都是很冤枉的。要是像他們這樣搞法，我看誰也脫不了干系。在監獄裡我沒事的時候算了一下，我認識八十三個秘書。這些人中我只是有用的才跟你說，尉健行（中共中央政治局常委、中共中央紀律檢查委員會書記）底下的人我就不算了。

問：這麼大的秘書群，你是怎麼算出來的？

賴：以前我去拜年呀，過春節送小禮物呀。我這樣算了一下，那是幾年前的八十三個，小的就不算，我只說現在有用的，像曾慶紅（前中共中央辦公廳主任、現任中共中央政治局候補委員、中共中央組織部部長），他有什麼報告，我就去問他的大秘書，他會全告訴我的。像江澤民的賈庭安和小B，朱鎔基這邊兩個都還可以嘍，我去中南海的時候李偉也出來接待的。還有一些小的像警衛局搞接待的那一種，有些事情如果我從李偉那裡弄不到，但可以從小C那裡幫我查到。還有比如羅幹（中共中央政治局委員、書記處書記）的D秘書在當班的時候，也可以到裡面幫我找文件；吳儀（中國國務委員）的E秘書，這個人也不錯，也是什麼都可以講的。你說這些人關鍵不關鍵？

問：這些情況「四二〇」專案組知道嗎？

賴：這些他們知道不知道都無所謂，反正他們是只動他們能動的人。「四二〇」他們都知道這些事的，但只要是政治局的都不動，部級以下的都動，部級以上的不動，包括秘書。秘書本身不大，但他們的老闆大，「四二〇」也怕得罪呀。

問：有人說，江澤民和王漢斌的秘書都被「雙規」了。他們兩個從你這裡拿了三千萬，江澤民的秘書兼司機小B拿了八百萬，王漢斌的秘書拿了兩千二百萬，是這樣嗎？

賴：沒有這樣的事，沒有的。他們好像是被叫去問過話，後來不知道怎麼樣了。

問：是不是「四二〇」專案組手裡有很多你和別人拍的照片，他們按照片抓人？

賴：他們就是這樣的，官大的就不抓，官小的就抓。

問：他們手裡都有什麼人和你在一起的照片？

賴：很多人，像那七個人就不會動嘍。有一些人的孩子他們有問到過，問到過李嵐清、鄒家華、傅全有他們的兒子。

問：李嵐清的兒子跟你什麼關係？

賴：李嵐清的兒子是跟我一起做生意的。他底下的公司在香港和我們一起做股票。就是錢的往來嘍，是正常的、有借有還的那種，不是行賄。

問：是公司業務上的往來？

賴：這個人在外面跟我沒有什麼聯繫，所以很多人不知道他是李嵐清的兒子。我有跟他在廈門合照的照片，在「四二〇」的手上。他有時到我那裡去休假，也有可能有人認識。在我見過的所有老闆的兒子中，就數他最好。

問：怎麼好？

賴：真的是幹實事的人，很聰明能幹的。他跟董文華（總政歌舞團演員、中國著名歌唱家）關係也很好。董文華也是我的好朋友，所以我們經常在一起。像賈春旺（中國公安部部長）的兒子就不一樣，他到我的賭船上，輸了就輸我的錢，贏了就拿走，起碼也有幾百萬吧。這些我都告訴了「四二〇」，他們都不敢動。

問：也有一些人你是作爲朋友交往的吧？

賴：我的朋友很多，軍隊裡的朋友也很多，姬部長（姬勝德，原中國人民解放軍總參二部部長）就不用說了。還有張震（前中共中央軍委副主席）、劉華清，這些都不用說了，我都太熟了。他們現在都退下去了，我也不用說了。

問：你是怎麼跟他們熟悉起來的呢？

賴：這個熟法兒不一樣。因爲有些關係並不是中間有人介紹來、介紹去的，有的人自己就找我來了，比如王兆國（中共中央統戰部長、全國政協副主席）就跟我很熟了。當時我紅的時候，他們什麼都說可以，什麼都保證。現在都縮起來了，誰也不敢說話了。還有鄒家華（前中國國務院副總理）、傅全有（中國人民解放軍總參謀長）的兒子在我出事的時候，才剛剛離開廈門，我走的時候才離開。

問：你從江澤民的秘書那裡能得到什麼呢？

賴：我自己的想法是，在北京認識了這些人後，政府方面會給我方便，在中國做事不都是憑藉這些嗎？不然我再有本事，再有頭腦也沒用的。但我不會明顯地去向任何人要求什麼，我沒有給這些人出過任何難題，我只是希望能優先和方便。就像，你是做生意的，我也是做生意的，別人知道我後面有很多硬關係，當然和我做生意。我並不是說，你是當官的，我來找你，你要批一個批文給我，我並沒有這樣做呀。像那些香港的商人看我有那麼多關係，就會來求我和他們做事，但我不會去求那些官員爲我做違法的事，我不會對不起國家的。

問：現在你怎麼想呢？

賴：現在？還什麼國家不國家的，我現在根本不再考慮什麼國家不國家，只是考慮朋友的問題。還有什麼鬼國家，那個國家有什麼用。

問：你的有些朋友可能不是幫了你，而是害了你。

賴：他們對我講義氣的，我也要對他們講義氣。我只是想讓大家明白這個道理，我要不是認識那麼多朋友，我早就被抓回去了，還有這種機會來加拿大申請難民嗎？

問：當然多一些朋友確實是好事。

賴：是呀，那時候，他們自己會找我。就像，我想要一塊地，別人拿不到我可以拿到。

問：交往這些關係爲了做事鋪路？

賴：像我在廈門，花了好幾千萬搞了一個足球隊，叫「遠華隊」，搞得很好的，然後廈門政府給了我一塊地。其實我跟福建省委副書記石兆彬從來沒有什麼。這還是他們求我要這塊地的，這事大家心中都有數，我搞足球隊爲廈門爭了光，足球隊要花很多錢，這塊地也要一個懂的人來經營，我們沒有一分錢的往來，越有業務關係的，越不會有金錢的往來，我很注意的。

問：你跟那些秘書交往想得到什麼呢？

賴：這些秘書也沒有什麼嘍，只是向他們打聽他們的頭去哪裡，好跟他們親近親近嘍。

問：那些秘書你如果不給他們好處他們憑什麼幫你這個忙？

賴：我就是給一點點嘍。

問：那你給現金嗎？

賴：一點點，請他們吃飯他們就高興了，送一些小東西給他們，衣服啊，皮包啊，手錶。有時給他們的太太們帶一些東西。給一、兩萬塊錢讓他們瀟灑去嘍。

問：這樣你就跟他們成了朋友？

賴：當然找他們的人也很多，但他們也要看對象，一般跟我接觸的人都信任我。我的習慣就是不會出賣朋友，他們有這種感覺，這就是我的生意為什麼做得這麼大。

問：你跟賈慶林的秘書陳廣根、譚維克熟不熟？

賴：陳廣根我熟，原來我在香港要搞上市的時候，跟他談過幾次。他原來是負責中富的一家公司，我想買過來，但已經被九州集團收購了，我就找陳廣根去問這個公司的底。譚維克原來是漳州的一個副書記，從那裡調上來的。譚維克現在是北京市委副秘書長，政研室主任。他這個人很好的，很老實，也很會寫文章。

中國獨一無二的百萬美金防彈轎車

問：所以，你認為，實際上是你在中國和這些人物的關係幫了你的忙，賺了錢？

賴：是啊，就說我的那部「奔馳六〇〇」型防彈轎車，那輛車值一百多萬美金，全中國也只有一輛。我掛的車牌是「甲A一八八」，這種車牌在國家領導人之後，但是在總參各軍兵種司令之前。我的車哪裡都可以去的。中國的防彈車都是長型的，三排門。我的那部是短的，兩排門。這部車是在香港回歸前，香港特別向德國訂製的十部車之一。其中，香港政府買了四部，做爲香港回歸交接儀式中，中英兩國元首乘坐的轎車。我當時在做轉口汽車的生意，在那邊的名氣也很大。他們要我買下這部車。如果我做走私，我就直接做走私過來，幹嘛我要交稅？這車我在深圳海關交了二百萬的稅。這部車的防彈玻璃有十釐米厚，子彈根本打不透，連火箭筒也穿不透的。車裡配了衛星電話，全球定位，還有一整套的警報系統什麼的。人坐在裡面可以聽到外面三十米外的說話聲，我在裡面說話，外面聽不到。這部車重五噸，你同時在四個角放炸彈都沒事，炸不壞。

當時買這部車要辦個手續，我公司的人要市政府按照規定的手續辦，一兩個小時就辦出來了。如果你不熟悉這種關係，肯定要等很久了。不管是市裡，還是省裡，還是在北京，他們都會給我面子。但是我不會去做那些違法的事，重慶我要買地，在北京也要買。後來有一場官司氣死我了，在北京買地，他們叫我一個禮拜付定金，我就付了五百萬，說好牌照一個月給我，可是過了一年也沒給我，後來我就跟他們打官司。我沒有通過賈慶林、王漢斌這些關係，我自己打，不讓任何一個頭頭爲難，這官司我知道我會贏。最後我真的贏了，可是他們說這裡要搬遷，損失了五百四十萬，要我先給他們五百四十萬的賠償，然後再拿回我的五百萬，你說這是不是太不講理了？

問：你在這些秘書當中，你比較喜歡的是那些人？

賴：這裡面我最喜歡的就是小B，他人很好的。

求見朱鎔基，他在睡午覺

問：你跟朱鎔基的秘書熟到什麼程度？能給他遞話嗎？

賴：李偉這個人做法跟別人不一樣，不是那麼義氣。那個小C我覺得還可以，但現在沒人能見到他，以前遞話應該是可以。

問：以前你跟他的秘書交往到多深的程度？

賴：很深。他陪老闆到廈門，基本上天天都到我公司去坐，就有很多傳說，說朱鎔基到我公司嘍。

問：你跟朱鎔基從來沒有打過交道？

賴：他來廈門時，我去了「悅華賓館」，當時他睡了，我就和他兩個秘書聊，當時球隊正在比賽，「悅華賓館」裡面都是運動員，一個大連球隊，一個上海申花隊。

問：什麼時候？

賴：九八年正月。我記得朱鎔基住「悅華賓館」的一號別墅。但他正好在睡午覺，就沒有碰到。李偉和小C就住在他隔壁，朱鎔基住的是總統套房，我在那邊坐了一中午就走了。我也沒有一定想見他。

問：你每次去北京都住哪裡？

賴：王府飯店。

問：這些秘書找你來玩，都有誰來？

賴：都有。

問：會不會碰到一起？

賴：會。

問：他們彼此也無所謂？

賴：這些領導人並不喜歡他們底下這些人碰到一起的。這些秘書倒還都合得來，但他們的老闆都不喜歡他們這樣。

問：如果江澤民的秘書和朱鎔基的秘書碰到一起怎麼辦？

賴：分開，我會分開，但他們也還合得來。

問：你覺得朱鎔基自己是很清廉嗎？

賴：我沒有去想過這些事，我覺得他做事太過分了。好像他想怎麼樣就怎麼樣，也不管人家死活。你知道他一開始打走私，有多少工廠停產？就是原材料太貴了，大家都買不起。朱鎔基就覺得不對頭，開了一個緊急會議，下文停止。這份文件我親自看到的，我對這些東西很注意的，我一看，就馬上開緊急會議，傳達朱鎔基的文件。不久就又來了。

問：你要花很多時間和這些人打交道？

賴：我在北京混了幾年呢。
問：吳儀的秘書有什麼用呢？
賴：反正有用沒用也是這樣嘍。春節時就有一百多個(秘書)在廈門。不過我的好朋友很少要錢的，要錢的就跟我走不近。
問：到過年時，你都會去給誰拜年？
賴：北京的這些都是我自己去嘍。廈門的就是手下人去打點。平時我每個月都去北京。像李紀周、姬勝德就是他們來看我了，一起吃飯。

攻賈保賈，「遠華案」上拉鋸戰

中國政府於一九九九年四月二十號，立案調查「廈門遠華走私案」，到目前爲止，歷時兩年多，案子越查越大，捕人越來越多，而走私卻是越走越兇了。前不久，有報導說，中國又出現了涉案金額達上千億元的「潮汕大案」。

而「遠華案」到底是不是像賴昌星所說，是中國權力鬥爭的代罪羔羊呢？是不是江澤民和朱鎔基之間爭權奪利而開闢的一個戰場呢？。

針對「遠華案」，江澤民、李鵬、朱鎔基確實出現了截然不同的態度，這一態度從媒體的報導上就可以清楚地看出來。

事實上，在調查遠華集團董事長、遠華案首要嫌疑人賴昌星之前很長時間，有關部門就開始了對原公安部副部長李紀周的調查。公安部的領導班子是李鵬任總理時的班底，所以那時江澤民態度堅決，但是，李鵬一直沒有什麼明確的態度。後來，整治的矛頭涉及軍隊，因爲軍隊一直不服江澤民，所以江澤民也不手軟，特別是查到了原軍委副主席劉華清的女兒、兒媳婦，以及總參情報部部長姬勝德的頭上，江澤民決定拿他們開刀，起到「敲山震虎」的作用。但是，到了後來，案情牽扯到了江澤民的心腹賈慶林身上，江澤民就不得不叫急剎車了。因爲「遠華案」首要嫌疑人賴昌星在福建發達的幾年，正是賈慶林在福建任省長、福建省委書記的時間。可是，這個時候車已經剎不住了，於是一個一個的高官作爲替死鬼被拉出來，最明顯的例子就是二〇〇〇年十二月，福建省省委書記陳明義被免職，由國務院人事部長宋德福接替。但是，有消息稱，在對於「遠華案」的一系列調查中，專案組並未發現陳明義本人或者其親屬、屬下有涉案行爲。所以任何人都看得出來，陳明義是替賈慶林頂下了政治責任。接下來，十二月三十號，福建省委副書記石兆彬被「雙規」。而這之前，福建省的整個官場已經基本上都被端了。

自從調查「遠華案」的矛頭指向了賈慶林之後，江澤民再也沒有就「遠華案」公開發表過任何強硬的言論了。江澤民於二〇〇〇年十一月十四日，出席深圳特區建立二十周年活動，會見中國五個特區的負責人時，特意當著其它四個特區的負責人的面，對當時的廈門市委書記洪永世說：「廈門不要氣餒，要總結經驗教訓，要很好地教育幹部，要振作精神」。當然，誰都看得出來這種表態是什麼意思。在此之後，江澤民再也沒有對「遠華案」做過任何表態。甚至在加拿大公佈了逮捕賴昌星的消息後，江澤民也沒有任何表示。當時，港台的媒體對這種現象普遍表現出了不理解。

據知情者披露，在廈門「遠華案」被揭露以後，中共黨內外輿論紛紛要求追究原福建省負責人、現任政治局委員、北京市市委書記賈慶林的領導責任。江澤民當然清楚這之中的利害關係，當初他以「反腐」爲藉口，拿下了陳希同，把賈慶林換上來。到頭來，他親自扶上來的這個賈慶林，卻和被搞下去的陳希同是一路貨色。所以，賈慶林是保得住也得保，保不住也得保。在這種情況下，爲了避免賈慶林落馬，危及自己的地位和權威，江澤民一度帶著賈慶林在國內四處視察，讓賈頻頻露面，爲其闢謠。江澤民不但頻頻公開與賈慶林一起亮相，而且在一次政治局會議上講：「過去我保過溫家寶(指一九八九年趙紫陽下台後，當時溫家寶因爲和趙紫陽關係密切而遭調查，江澤民出面保下了溫家寶)，今天，我要保賈慶林，他黨性強，能與中央保持一致，是好同志。」同樣是政治局委員、北京市長，陳希同因爲腐敗被打翻在地，賈慶林卻可以照樣「穩坐釣魚台」。

據報導，江澤民曾公開提出對「賈慶林同志」的問題要「一批、二幫、三保」，還強調：要看賈慶林的一貫表現，在政治上和中央是否保持一致，要防止把事件擴大化，造成惡劣的連鎖反應。

江澤民還指令中央政法委書記羅幹，代表中央政治局向中紀委「遠華案四二〇專案組」

下達了四條精神：(一)凡涉及、牽連到中央部委主要領導、中央委員、政治局委員的，要另作調查，不得公開；(二)要嚴格區別爲首作案集團的主角、骨幹，和貪利、失足幹部的不同性質；(三)要嚴格區別有犯罪勾結、對罪犯包庇的幹部，和因警惕性差、工作失責的幹部的不同性質；(四)凡定案、定性公佈遠華案詳情，要經中紀委審核，並經政治局決定。

二〇〇〇年八月三十日，根據江澤民的上述指令，中宣部、新聞辦發出通知：「對福建省廈門遠華案案情審理的報導，必須由中央新聞辦審稿，作統一報導，不搞『小道』消息，及非正常渠道消息，不准搞借題發揮，不准以不正常手段取得消息外傳，不准轉載海外、外國傳媒的有關報導，不准未經批准在網站發佈有關遠華案的新聞。」同時，中國大陸網站的「防火墻」已經將除了《文匯報》、《大公報》、《商報》和鳳凰衛視四個網站以外的所有香港媒體的網站，以及台灣和海外中文媒體網站全部封堵，以防止有關新聞流入內地，影響穩定。

中宣部的要求還重申，除了官方媒體主辦的網站和北京「千龍網」、上海「東方網」等經過國家有關部門批准的網站以外的任何網站，均不准自行採用和發佈有關新聞。通知指出，對違反宣傳紀律的媒體將嚴肅處理，根據新公佈的警告制度對有關媒體予以處分，並追究擅自發佈消息者的個人責任。嚴重者將被永遠取消從事新聞工作的資格，各媒體不得錄用。

而與此相反，中國總理朱鎔基對「遠華案」的態度卻是越來越強硬。從最初設立專案組，到推動深入撤查，都是一馬當先。

二〇〇〇年十一月二十三日，當「遠華案」首要嫌疑人賴昌星在加拿大被皇家騎警以違反移民條例爲由逮捕時，正在新加坡出席東盟會議的朱鎔基立即發表措辭強硬的表態。他在回答記者有關賴昌星落網的提問時說：「(遠華案)無論涉及誰，我們都要把他一查到底，都要把他追查出來。」朱鎔基在被追問到，賴昌星落網會不會使得「遠華案」的調查工作受到更大阻力時說：「沒有任何困難，不會碰到任何阻力。如果有阻力，我們也要打破這個阻力。」

朱鎔基三月八號在人民大會堂會見港區人大代表時，有記者問：「賴昌星被遣返機會不大，會不會影響公務員打擊貪污的士氣？」朱鎔基隨即回答說：「你認爲機會不大，我認爲機會很大。」朱鎔基進一步表示，知道賴昌星很有錢，有能力動用大量的金錢，請很好的律師爲自己辯護，甚至把案件一直拖下去，一直拖到可以取得政治庇護。不過他強調說，中國有一千六百多億美元的外匯儲備，可以和賴昌星把官司打下去，一定可以把賴昌星引渡回國受審。

當時，剛剛從溫哥華的監獄裡改爲回到家裡軟禁的賴昌星對筆者說：朱鎔基這樣說是不對的。中國有一千六百多億的外匯儲備，但那是國家的錢，你不能說隨你喜歡就拿來和我打官司。當時，在加拿大出版的《星島日報》甚至以《賴昌星嘲笑朱鎔基天真》爲題發了一條消息。

朱鎔基以前在一次打擊走私的會議上說：「我絕不會爲任何一個走私案件說情，我絕對不怕得罪人，不管是什麼人。」他甚至表示：(打擊走私)絕對不講情面，江澤民講，如果牽涉到他，也要查，那我們黨內還有誰不能查？如果牽涉到我，你們也來查。」

朱鎔基當初就任總理一職時，確曾語出驚人地說過：「不管前面是地雷陣，還是萬丈深淵，我都會勇往直前，義無反顧，鞠躬盡瘁，死而後已。」還說「我打算準備好一百口棺材，其中九十九口留給貪官，一口留給自己」。何其壯烈！

在朱鎔基的九十九口棺材中，應該有賈慶林一口吧。

在這場較量中，李鵬一直默不作聲。他是否是在坐山觀虎鬥呢？

在江澤民上台之初，原來的元老們對這個上海奶油小生根本不買賬。但是很快就出了個「長城集資案」，當時由國家工商管理局及各個有關部門成立專案組，在全國二十二個省設立分組進行徹查，結果顯示出李鵬的妻子朱琳涉案。當時雖然只是把公司總裁沈太福判處了死刑，國家科委副主任李效時判處無期徒刑，但沒有動朱琳，可是，李鵬的威信已經掃地。

在這場激烈的權力鬥爭之中，中國司法部部長高昌禮也黯然離職。據報導，高昌禮離職是因爲他以江澤民沒有指示爲由，拒絕在中國向加拿大要求引渡賴昌星回國受審的文件上簽字。報導指稱，高昌禮明確表示，沒有江澤民的指示，他不會在有關文件上簽字，這一態度引起了朱鎔基的震怒。

中共處理「遠華案」兩年之後，案情越牽越廣，辦案者騎虎難下、欲罷不能。而「遠華案」的首要嫌疑人賴昌星，已經向加拿大申請政治庇護，他的難民申請案不管最後結局如何，都還需要大概幾年的時間。這時，也許中國政府已經該把精力投入到其他的涉案上千億元的更大案子當中去了吧。

中國制度性的貪污腐敗，和政策性的走私活動會就此停止嗎？

賴昌星在家接受軟禁

賴昌星在家接受軟禁

賴太太在家操持家務

賴昌星是位廚藝好手

賴昌星在炒米粉

賴氏夫婦在家軟禁期間無事可做，只有在廚房裡打發時間

原來是夫唱婦隨，現在是婦唱夫隨

二 撲朔迷離的權力鬥爭之網

賴：在最初決定調查這個案子的時候，專案組組長何勇說，這個案子和湛江那個走私案子是不一樣的，這個案子是另外一回事。這是他們開秘密會議時說的，他們說：湛江案好比是一串葡萄，從這串葡萄的上面一抓，整串就可以拿上來。而我這個案子卻不一樣，背景很複雜。他們知道我經常在中南海，釣魚台進出，和軍方關係也很好，說處理這個案子一定要小心。

問：這個比喻還挺有意思的。

賴：他們原先的計劃是三個月搞完「遠華案」，他們說：我們三個月就可搞定，最多不會超過三個月。

問：他說你這個案子不同，就是說是你這個案子背景會更複雜。

賴：對。

問：人際關係更複雜。

賴：到底我後台老闆是誰，他不清楚，所以要很小心，行動要絕密，要先摸底。我有兩張照片在我的辦公室裡，一張是因爲許甘露（原公安部出入境管理局局長，已因遠華案被捕）那天到北京去報到，這裡有我、許甘露、李紀周（原公安部副部長，因遠華案被捕）、楊前線（原廈門海關關長，因遠華案被判死刑），我們在人民大會堂照的，就是這張照片的人全被抓了。另外一張，有我、李嵐清、李鐵映、王漢斌、阿沛・阿旺晉美、劉華清、劉江，這六個人全沒動，你看吧，官小的就動，個個都動，沒有一個不抓的。這就是他們要知道的底。

劉華清是江澤民的心腹之患

「四二〇」專案組於一九九九年四月二十日設立後，直到一九九九年十月二十七日，才由福建省廈門海關走私調查分局發出對賴昌星的逮捕證。這之中專案組也許確實有難言的苦衷。在賴昌星的關係網中，有軍隊的許多高級將領，這是不是專案組猶豫的因素呢？賴昌星說過，原中央軍委副主席劉華清、張震都是他熟得不能再熟了的朋友，而且，現任軍委副主席遲浩田也爲賴昌星題過詞。

問：你和劉華清的關係是怎麼建立起來的？

賴：我跟他女兒和女婿的關係都很好嘍。

問：和他的哪一個女兒的關係是很好的？

賴：劉華清的女兒曉莉，劉曉莉。我和她老公也很熟了，他老公叫徐念沙，在海軍的一家公司做。我當時在這家海軍的公司有做轉口生意，這家公司就叫「嵩海公司」嘛。總經理是盧嘉錫的兒子。盧嘉錫是原人大副委員長，副總理這一級。因爲這是一家海軍的公司，當時軍隊做生意都做得很大嘛，都有國家照顧的，所以就有這種權力可以做轉口生意的。所以他們就跟我合作做轉口生意。這家海軍公司也跟我做過一些生意嘍，因爲他們有這種權力。

問：你跟劉華淸本人關係怎麼樣？

賴：我覺得他喜歡有人跟他說話，我常常陪他聊聊天什麼的，但是我覺得他都沒有什麼話講了，我覺得他歲數也很大了。再說國家的事情我也不會去跟他怎麼談。我並不是喜歡隨便跟人家說「我認識誰，我認識誰」的那一種人。我跟人家打交道都是一對一。我跟這個人做事，就是跟這個人做事，我不會去說我認識誰呀。我懂得那種人的心理，有人會因此嫉妒呀什麼的，而且上邊官場的關係那麼複雜，要是我跟你說誰誰好，說不定你跟他不好，怎麼辦？除非有人問我。我跟劉華淸的關係是很普通的好朋友，我也沒有佔過他的什麼便宜，或叫他幫過我什麼忙；他也沒有拿過我什麼好處，我也沒送過他什麼。

問：那麼劉華淸的問題是什麼呢？這次出事這麼嚴重，他的女兒劉超英、兒媳婦鄭莉都被抓了？

賴：哎！在中國官再大，一退下來了，就什麼都完了嘛。誰能怎麼樣呢？所以說中國最讓人害怕的就是這樣。

問：那麼你認爲，江澤民對劉華淸下手，是否是想藉此在軍中樹立威信？

賴：當然有了，怎麼沒有。他就是一直想找到事情嘛。

問：劉華淸的女兒劉超英的美國政治獻金案到底是怎麼回事？

賴：我跟劉超英不熟。我是跟劉華清的另一個女兒熟，老二，叫劉曉莉。曉莉人在美國，還沒有拿到綠卡，還在等著拿綠卡。劉超英是在國內的，是主持「幾辦」「幾辦」的，好像是「十七辦」吧？

問：是不是所謂的「廣州市人民政府第十七辦公室」，也就是情報系統在當地的一個部門？

賴：是吧。

問：劉超英捲入美國的政治獻金案的背景是什麼呢？

賴：我也不清楚。反正她分分鐘都是可以去美國的。現在克林頓也下台了，也沒有人追這個事了。

問：那麼劉華清，或者說他女兒劉超英的事和你的案子有什麼關係嗎？

賴：現在反正不管是要抓誰，都要挂到「遠華案」來就可以抓了。「遠華案」搞起來就是爲了這個嗎。不過很明顯可以看出來，只要比他們小的都抓，比他大的就不會動。退下來的就抓，在位子上的就不會動。動不了本人的，就動家裡人嘍。

問：所以有人傳言，曾慶紅曾經在下面說：你反對江主席，咱們奈何不了你，但是把你兒媳、老婆、子女抓起來是綽綽有餘。

鄧小平在八九年「六四」天安門事件後，安排江澤民擔任中共中央總書記、軍委主席時，擔心江澤民與軍隊毫無淵源，因而特地安排劉華清、張震兩員老將出任軍委副主席，爲江澤民保駕，以穩定軍心。江澤民在翅膀逐漸變硬了之後，開始在軍中培植自己的勢力，破格提拔了一批中青年將領。不久，江澤民改變了以往不問軍事的習慣，更多的直接插手軍中的事務。劉華清、張震曾經多次聲稱，要由懂軍事的人領導軍隊。以此來表達對江澤民插手軍隊的不滿。甚至有人說，劉華清在政治局會議上經常指著江澤民的鼻子叫，因爲他覺得他是鄧小平安排下來的，擺老資格。而江澤民礙於鄧小平的旨意，始終未作任何表示。中共十五大以後，張震宣佈退休，鄧小平也已經去世。同時，經過一段時間的精心佈置，江澤民在軍中的勢力也已經日益強大。這時候，江澤民意識到該是管一管劉華清的時候了。劉華清的女兒劉超英(總參情報部五局上校副局長)捲入美國的政治獻金醜聞，終於給了他一個機會，可以先從劉華清這個老將軍開刀了。這樣做一是鎮一鎮軍中不服他的權威的力量，再者，要刹一刹軍隊走私的狂風。

有人說，劉超英在美國政治獻金案中捐獻的錢，是由賴昌星提供的。但是，賴昌星予以否認。

軍情部內鬥，姬勝德出局

賴昌星和軍中元老的關係是不簡單的，但是，賴昌星和軍情系統的關係更是不同尋常。

這是賴昌星自己也不避諱的。賴昌星說，原總參情報部部長姬勝德和他是無話不談的朋友，那麼賴昌星也就成爲姬勝德案的一個重要證人了。

問：你跟姬勝德是很密切的朋友嗎？

賴：他這樣的人是應該會看人的，他也是要看是什麼人才來往的。我猜他也是看我人可靠，是不會出賣朋友，出事情會反咬一口的那一種人嘛。我們是有機會見面就一定會見面的那種朋友，不管我在北京、深圳、廈門，還是在香港，只要他到那裡，知道我在，就一定會和我見面嘍。我們見過的面是數不清了。

問：你跟姬勝德是一種什麼樣的關係呢？

賴：很好，是什麼話都可以談的。

問：你認爲他的結局會怎麼樣？

賴：共產黨這種做法根本沒有人能夠猜到的，根本沒有道理可講的。要是可以猜到他會怎麼做，他們做的事要是可以講出道理，那我想是不會抓姬勝德的。畢竟他還是軍方的特務頭子。他做的事情也是做得夠多的了，但是有人要搞他。

問：你說是誰要搞姬勝德呢？

賴：姬勝德的事，據我知道就是熊光楷這邊有問題。

問：也就是說是中國人民解放軍總參謀部副總參謀長熊光楷要動他，爲什麼呢？

賴：姬勝德爲什麼出事呢？有兩個原因：第一個原因，就是和熊光楷有矛盾。熊光楷當總參二部的部長時，姬勝德是副部長。後來熊光楷提升當了副總參謀長，姬勝德還是立過功的。也就是姬勝德情報工作做得好，上邊對這一塊滿意，熊光凱就佔了便宜。

問：這麼說，熊光楷和姬勝德不應該勢不兩立呀？

賴：熊光楷剛當上副總長時，他們關係還不錯。但是，因爲熊光楷當過二部部長，原來二部的處長和副處長跟他都很熟，他當副總長又是分管情報，就直接指揮下面了。越過了姬勝德，這樣姬勝德就很不滿意嘍。姬勝德爲這個發過脾氣，還給熊光楷抓到過。可是熊光楷有時做得也過分，事情本來是姬勝德做的事情，熊光楷就拿去上面彙報，還不帶姬勝德去，姬勝德當然心裡就很不舒服了。這些事情我都知道，姬勝德也告訴過我，我知道他們的「過節」很厲害了。再有就是，熊光楷這個人的人品很差，心胸很小，是個典型的小人嘍。他就跟姬勝德過不去，兩個人的關係就越來越差。姬勝德要什麼人，他就不批，他要往二部放什麼人，姬勝德也不要了。

問：但是姬勝德的這個位置是很特別的，軍情頭子不是一般的人呀，怎麼能想動就動了呢？誰有這樣的本事能動他？

賴：那就是江澤民嘛，大家都知道熊光楷是江澤民的人嘛。姬勝德是個不太聽話的人，江澤民應該一直都不喜歡他。再有就是江澤民聽了熊光楷的彙報，因爲那時他們的關係已經很僵了，還有別的一些事，有些事我也不是很清楚了。

問：那麼他的事情和你及「遠華案」是怎麼扯上的呢？

賴：他們也知道姬勝德是我的朋友，姬勝德也為我的事替我說過話。就是要看怎麼樣才能夠動得了他，就是要動他就要挂在我身上才可以動，不然怎麼動？說遠華案是什麼建國以來最大的走私案，說我拉攏幹部下水什麼什麼嘍。

姬勝德料想不到，他這個中共老一代革命家姬鵬飛的後代，中國軍情部門的頭子，現在會在共產黨的黑牢裡。

姬勝德的倒台據說有這麼幾個原因：首先，早在陳希同案件中，因為陳希同的兒子陳小同和李鵬的二兒子李小勇是酒肉朋友，一起做過不少壞事。看到事情可能要牽扯到李小勇，解放軍副總參謀長熊光楷為了拍馬屁，就出面要調李小勇到總參二部。但是，遭到了總參二部部長姬勝德的堅決反對。此事，姬勝德得罪了李鵬。其次，前幾年查出的據說是涉案三百億元的「湛江」特大走私案，其中的走私犯都是從總參二部拿到的香港單程證，並借用總參軍情部的名義進行走私活動。當時，朱鎔基正在大張旗鼓地打擊走私，他們這種行徑顯然是不把這個總理放在眼裡。此事，姬勝德惹惱了朱鎔基。另外，劉華清女兒劉超英的美國政治獻金案，本來讓江澤民抓到了劉華清的把柄，想藉此整頓軍方。但是，由於劉華清和姬勝德關係密切，姬勝德就主動站出來說，劉超英的政治獻金是他安排的，是中國軍事情報的需要。這樣江澤民沒有話可說了。此事，姬勝德觸怒了江澤民。因為，這樣一來，姬勝德不但妨礙了江澤民藉整劉華清進一步整頓軍中老一派勢力的計劃，也表明了姬勝德膽敢公然挑戰江澤民的權威。

然而，這一切，都是無法明說的。所以，事情到了這一步，就需要賴昌星這個中共「建國以來最大的走私犯」，這個和姬勝德無話不說的老朋友的口供，使得姬勝德的案子能夠圓滿落幕。

公安部爭權，李紀周落馬

賴昌星的另外一個無話不說的好朋友，是在賴昌星被追捕之前就已經失去人身自由了的前公安部副部長李紀周。李紀周的案子被揭出的時候，令很多人吃驚，李紀周在公安部裡是專門負責打擊走私的，他是全國打擊走私領導小組副組長，轉眼之間成了中國「建國以來最大的走私案」「遠華案」的案犯，而李紀周的案子是否有什麼隱情呢？

中新社二〇〇一年二月二十七日報導：中央紀委、監察部今天召開新聞發佈會通報，李紀周身爲公安部副部長、全國打擊走私領導小組副組長，擔負著同走私等犯罪活動作鬥爭的重要職責，但他卻濫用職權，謀取私利，嚴重妨害公安機關的正常執法活動，其違紀違法行爲情節嚴重，極大地損害黨和政府在人民群眾中的威望，造成了惡劣的政治和社會影響。經黨中央、國務院批准，中央紀委、監察部決定開除李紀周黨籍、公職，並移送司法機關依法追究其刑事責任。

另據報導，北京市第一中級人民法院今天公開開庭審理了公安部原副部長李紀周涉嫌受賄一案。檢察機關指控，李紀周在擔任公安部部長助理和副部長期間，多次收受賴昌星等人的鉅額賄賂，並利用職權，非法干預執法部門對有關重大走私犯罪活動的查處。法庭將依據事實和法律進行評議後，擇期作出一審判決。

據指出，北京市中級檢察院的起訴書僅以受賄罪指控李紀周，並沒有外間傳聞已久的包庇走私等罪名，在受賄罪指控中，起訴書指李紀周自一九九一年以來，多次收受賄賂，包括廈門遠華走私集團首犯賴昌星的五十萬美金及若干人民幣，還有走私分子梁耀華、李莎娜等人數百萬元人民幣的賄賂，合共總値九百多萬元人民幣。

然而，賴昌星說，李紀周是遭人陷害，是因爲有人在背後要搞掉他，才讓他有今天的結局的。

問：報導一直說你跟李紀周的關係很好，是這樣嗎？

賴：我跟李紀周是很好的、什麼都可以講的那種朋友。他這個人也是很好的，我們是談得來，來往也比較多嘍。我跟李紀周交往那麼久，我保證李紀周是不會找人要錢的那種人，否則，我也不會跟他那麼好。如果是有金錢交易的那種人，跟我是合不來的。他們講的那些事很多是沒有的。這裡邊只有兩件事是事實：一是，他的女兒在美國要辦投資移民，需要一些錢。李紀周老婆跟我說，我匯了五十萬美金給她，作爲一個公司的註冊資金。但是，這說好了是借的。時間還沒有到期，所以還沒有退回來。我想她是會還給我的。另外就是，他老婆和人家合夥開一家公司，是卡拉OK還是什麼，他老婆的那個朋友就來找我，說是要借錢，我想大概李紀周的老婆不好意思自己跟我說吧，我就借給她了，一百萬人民幣嘍。這都是說好了向我借的，要還的。

問：那麼爲什麼要動李紀周呢？誰非要動他不可？

賴：最主要就是賈春旺嘍。當時還有另外一件事很奇怪，說是公安部接到一張告狀的紙，紙條上邊說李紀周賣官，拿了五十萬。賈春旺從調到公安部當部長的時候，就想要動一動李紀周了。李紀周那時分管的工作，都是好的東西，都是太好的東西。賈春旺他正想把李紀周趁機搞掉。而且，這裡邊還有那個「四二〇」專案組的一個負責人，原來公安部副部長牟新生，也是和李紀周死對頭的。李紀周以前一直是陶駟駒給提拔起來的。但是，陶駟駒已經下台了麼。那賈春旺來了就嫉妒李紀周分管的項目，李紀周兼管的是交通、出入境、邊防、辦公廳，等等很多東西。反正他管的這五項都很好的，所以賈春旺就嫉妒他，一直想換上自己的人。在這時，賈春旺就說收到這張紙條。

問：賈春旺想趁著這個機會換上自已的人。

賴：對，對。說這個紙條是監察部的人收到，然後交給賈春旺的。

問：這是誰報上去的？你剛剛說的那張紙條是通過什麼人送上去的？

賴：不知道。紙條就是監察部的收到了，然後告訴許甘露，許甘露是我的好兄弟。監察部的這個人就拿了這張紙條給許甘露看，說：你看，有人說，李紀周賣官五十萬，在汕頭。

問：到底是什麼人舉報了這個事情？你不是說告狀也要上邊有一定的關係才能送上去麼？

賴：是呀。不過這個事情我也不知道，只有上邊的人知道。

問：只知道是有人「密報」了。

賴：對，密報。只聽說監察部拿到了這張紙條，就交給部長看了。那張紙條應該是寫著部長收，是寄給部長的，但是，是由監察部送上去的。始終我對這個事也有懷疑，說李紀周賣官五十萬，根本就沒有這個事，是什麼人要這樣做呢？是不是真有人寫了這張紙條，我也很懷疑。

問：你為什麼懷疑呢？

賴：賈春旺那個人的頭腦是很過關的，很夠用的。他是幹公安的，你知道，再說大陸的官就是這樣的嘛。他要是想壞誰，想動腦子搞什麼人，隨便動一下就可以了，大陸的官確實就是這樣的。在大陸很多時候是憑一張紙條就可以調整你嘍。對嗎？就是這樣嘍。

問：這張紙條什麼人看見過？你認識的什麼人看見過，跟你講過這張紙條是怎麼寫的？

賴：就寫的他賣官五十萬。

問：只是說李紀周賣官五十萬，就這麼寫的？

賴：就是這樣的。然後賈春旺就又把這張紙條拿給監察部。

問：賈春旺把這個紙條拿去的意思就是讓他們辦嘍。

賴：對呀，就是要讓他們辦了。叫他們簽名，然後就轉去了中紀委了。監察部的這個人和許甘露是好朋友，在轉上去之前就給許甘露看了。許甘露是我的好朋友，就都告訴我嘍。我就知道該怎麼去操作嘍。他們然後就把材料送給了中紀委，中紀委沒有幾天就把李紀周抓起來了。當時，他的秘書張強也被抓起來關了三個月，但是現在在珠海當常務副書記了，因爲他自己找了一些關係，同時也跟辦案的這個人交上了朋友。當時那個時候，本來因爲一直抓不到李紀周的女朋友李莎娜，沒有證據，就一直不能動他，就在這個時候正好就有了這個事情，他們就不用等嘍。

問：你剛才說，你懷疑這張紙條的來歷，就是說，你認爲可能是有人安排自已的人遞上個紙條上去？

賴：我就是一直對這個有懷疑呀。我想，很可能是賈春旺的點子搞的，這樣他就可以動李紀周了嘛。

問：你是說，在這個節骨眼上，因爲動不了李紀周，就自己找個人密報一下。

賴：反正就這樣弄起來了。這五十萬的事是絕對沒有這種事，說李紀周貪污四百萬，又是沒有這種事，兩個事情都沒有，真的是沒有的。所以就一直還是定不了李紀周的案子。李紀周的案子前前後後我都非常清楚，包括什麼時候抓他老婆，什麼時候要抓他的女朋友李莎娜，什麼時候審到哪裡，什麼什麼，我一直一淸二楚。

問：內幕情況你真知道不少呀？

賴：現在看，中國當官的真是黑暗呀，誰誰誰，都是這樣，太可怕了。就說那個陶駟駒，本來跟李紀周關係是很好的，李紀周也是他提上來的，也一直都沒有什麼事。後來他要退下去了，要下台了，他們的關係就開始不好了。陶駟駒這個人比較聽老婆的話，他老婆社會關係特別複雜，她是公安部外聯辦的主任。他老婆來找李紀周，要李紀周給批幾個香港單程證，李紀周看到不合手續，就叫她按照正常的手續辦。陶駟駒的老婆就很不高興了，覺得，你李紀周還不是我老公提上來的，我老公還沒有完全退下來，你就不認人了。就跟陶駟駒說了，陶駟駒就恨李紀周了。

問：陶駟駒有沒有涉及李紀周的案子？

賴：具體的不知道。在他們開始整李紀周的時候，曾經查過我，到福建省安全廳來打聽我的事情，調我公司的資料，但那個事情沒有搞成。我是公安部調查李紀周案件中要找的四十五個人中的第一個。總之，李紀周後來和陶搞得很糟，他也整陶駟駒的材料。

李紀周這個賴昌星的老朋友應該是不希望賴昌星被引渡回國去受審的。但是李紀周是已經在監獄裡的人了，賴昌星和「遠華案」即使牽連上他，現在也只是一個量刑輕重的問題了。那麼，那些還沒有被動到的人呢？

關於賴昌星如果回國受審，北京官場上流傳著兩種說法：一是有人說，如果賴昌星回國，至少要牽扯兩個黨和國家領導人。而且公安部抓捕組的很多人都被人給收買了，這些人見到賴昌星就一槍幹掉他，然後到哪個國家改名換姓隱居下來，等著拿一百萬美金吧。另一個說法是，如果賴昌星下午的飛機押回北京，晚上就會有一個政治局的委員自殺。

我就這個說法問賴昌星，他卻說：「自殺的應該不是賈慶林，自殺的應該另有其人。」

政治局某個成員的紅人照常走私？

然而，正當圍繞「遠華案」的鬥爭進行得如火如荼之時，在中國大陸到底還有多少和「遠華案」背景相同、手法相似的鬥爭還沒有正式拉開帷幕呢？

有知情人士向作者透露，最近幾年中國大陸有幾個著名的大走私犯，卻是不同的命運和處境。這其中，有的被關進了黑牢，有的逃亡海外，有的還是：私照走，領導照陪，好日子照過。

從新聞中可以看到的是，除了「遠華案」首要嫌疑犯賴昌星目前正在加拿大逃亡之外，潛逃失蹤的還有大走私犯許明良、姚志勝，目前仍然不知在那個國家，兩個人都是香港居民身份，全國政協委員。一個叫楊改清的大走私犯，原來是河南人，據說已經被捕，但外界少有報導。另外一個叫秦錦釗的，據說已經把事情擺平了，上邊不再追究，這當中李鵬的二公子李小勇幫了很大的忙。李小勇在新加坡、香港的共五、六套房子，全是秦錦釗送的。

問到賴昌星和李小勇的關係，賴昌星就只是承認他在大概九三年時，送過李小勇一個五十幾寸的電視機，賴昌星說：這種電視機在那個時候是很少的，有錢都很難買到的。

另外一個做香煙走私生意的人叫何陽，這個人因爲跟政治局某個成員關係特殊，各方面一直沒法動他，何陽以前也是總參情報部姬部長的愛將。據說何陽是山東人，原來是濟南軍區的一個中校。他的走私基地主要在香港，是通過香港把香煙走私進來。這個人在香港很牛氣，號稱是中央軍委在香港的「代言人」。他仗著自己具有軍情背景，又是姬勝德的愛將，走私有恃無恐，並把走私賺到的一億多元錢，投入到澳門放高利貸。是很多常到澳門賭場上瀟灑的中國大陸高官的債主。由此，中國官場許多人更加不敢得罪他，生怕自己的腐敗、貪污行蹤暴露。

據說這個人很會討人喜歡，專門討好國家領導人的家屬，知情者介紹說，何陽經常給曾慶紅的母親鄧六金打電話，老太太當年是參加中共長征的二十七名女紅軍戰士之一，現在已經是八十九歲的老人。何陽明知道電話是被竊聽的，他就是要讓人知道他和老太太熟到什麼程度。而且他還每個禮拜去陪曾慶紅的母親打兩、三次麻將，曾慶紅的小孩向外人說起何陽，會說：何陽是我奶奶的好朋友。何陽一有時間就陪著鄧六金老太太，這樣的人還怎麼抓？這也是保護自己的一種方式吧。

賴昌星證實，何陽確是姬勝德的部下，也是姬勝德的老關係了，並且和姬勝德一起到廈門找過他。姬勝德倒楣後，何陽之所以沒有受到任何牽連，還有一個原因，那就是，何陽的走私生意中，有很多背景強硬的人參與，其中包括王兆國（中共中央統戰部部長、政協副主席）的兒子，小名阿胖。阿胖只有二十來歲，很胖，有兩百多斤。在何陽的的事情中參與很深。另外，何陽的的姐姐是中紀委的官員，也等於是裡邊有自己人。

我於三月十八日在賴昌星家中，給他做採訪的時候，他透露，中國很多人還欠他的錢，現在看到他出了事，就都躲著他，不肯還錢。這裡面就包括何陽的哥哥。

賴：何陽是在中國做ｘｘ牌香煙的總代理，他哥哥還欠我一百萬人民幣呢，是他當時做香煙時需要交定金，向我借的錢，拿走了就不說話了。今天早上我還打電話給他。上一次，我打電話給他，他還接過我的電話。我沒有直接說，我找他是要他還錢，我說，我現在經濟很困難，能不能先幫我一下？他說，可以呀。我後來再打過去，他的電話就一直不開了，到現在已經有一個多月了。今天早上我又試了一下，打通了，但他一聽是我的聲音就掛掉了。我趕緊通知一個香港的朋友打過去，他就又關機了。

問：你認爲爲什麼沒有人動何陽呢？

賴：一個就是他姐姐在中紀委，怎麼也是有作用的。還有他自己的關係也很多，他原來在北京掛的車牌也是公安的牌，是十九號的，但是他掛的牌不是局級的，我掛的牌是局級的，是當時的公安局局長張良基給我掛的。

賴昌星承認，何陽(音)的靠山的確不少。如果有一天，那裡的權力鬥爭不平衡，他也就是自己現在的下場。賴並介紹說，何陽的主要靠山是ｘｘｘ，而ｘｘｘ在香港的家人ｘｘｘ，就要求賴昌星把他的女朋友安插在遠華公司工作。「遠華案」爆發後，原遠華公司的員工不知多少人受到牽連，而ｘｘｘ的這位女朋友並沒有受到任何影響。

在權力中心有靠山，的確是一個既賺錢、又保命的好辦法。

就像當年另一位曾經被「雙規」過二十一個月的特殊人物，專案組發現，他竟然能夠給七個政治局常委親自登門拜年，專案組都傻了。這位特殊人物最後通過了「雙規」的關。

賴昌星被關押的溫哥華市中心監獄

賴昌星笑呵呵地走出來見記者

賴昌星：判死刑的人當中，有的人我都不認識，他們爲「遠華案」而死，你說冤不冤！

星夜出逃：好險！

全中國的生意都是這樣做的，憑什麼說我走私

“我二十多年的家業，全沒了。”

“他們爲了當官，就不管別人死活。”

細數所熟悉的 83 個中國領導人秘書

獄中生活難熬

賴昌星：今天的局面，是我雙手雙腳拚出來的

賴昌星：中南海、釣魚台、人民大會堂，
我都是經常帶人進去的

三 大款如何變成國安部特工

國家安全部對不起我

問：你一直說，中國國家安全部對不起你，你當面也會罵他們，這是怎麼回事？

賴：那時候「四二〇」已經來查我了，查了一段時間，但其實查不下去，也查不出什麼，爲這個事。我就一直很煩麼。我就叫國安部他們去阻止，叫「四二〇」不要這樣查了，這樣查下去會對我的情報工作和生意有影響。我想，對於安全部的人來說，這樣去說是很簡單的事麼。他們回答我說，他們已經在寫報告了，等部長回來簽了字就馬上送上去了。可是報告一直沒有往上送。後來「四二〇」越查越厲害，事情也就搞得越來越誇張了。最後搞得國安他們都怕了，個個都不敢送報告了。後來他們又來跟我說：應該要「四二〇」的人來找我們才對呀，這樣我們就可以順便把報告交給他們。如果是我們國安主動去找他們「四二〇」解釋這個事情，好像不太好。這樣一來，這個事就一直拖、一直拖了。到後來我知道他們是有意拖了，我看沒有什麼希望了。就這樣，他們答應的事都沒辦。

這個事他們平時都是對我拍胸脯的，他們說：只要你毒品不做，槍支不做，殺人的事不做，其他的什麼事我們都幫得上。走私算得上什麼？國家利益第一。這是他們說的。當面我罵他們「王八蛋」。

我爲中國情報工作花了一千多萬呢！

中國的軍情部門

中國人民解放軍總參謀部在早期戰爭年代，只是一個單純的軍事指揮機構。而當時的軍事情報機構，是在中央軍委之下設有總情報部，同時，在總參謀部之下也設有一個主管情報的二級部門。隨著中共軍事建制的不斷調整，所有的軍事部門都歸入了總參謀部、總政治部和總後勤部，即所謂的三總部。軍事情報機構也都編入總參二部、三部、和總政治部的聯絡部之下。

所以說，中國人民解放軍總參二部、三部和總政聯絡部都屬軍隊情報系統。總參二部被外界俗稱爲「總參情報部」，是因爲總參二部主要負責搜集軍事情報，包括三部分功能：一是向外國派遣以各種身份爲掩護的搜集軍事情報的特務；二是從外國的公開出版物上分析軍事情報；三是向駐外使館派出武官。

總參三部的主要任務是進行偵聽。也就是通過設在各邊境和沿海地區的無數「監聽站」，進行電子情報的截收工作。

需要說明的是，現在總參二部也好，三部也好，都不僅僅從事軍事情報的工作了。比如，總參三部目前有十三萬大軍負責監聽所有國際長途電話。據說，所有的國際長途電話都是監聽並錄音的，只是在錄音設備上預先輸入一些特別的詞彙，例如一些中國領導人的名字、一些敏感的事件名稱、以及一些隱諱的詞語，當錄音機感應到這些詞彙時，就會自動跳起來，這時監聽人員就會立即對這個電話進行跟蹤監聽檢查。有關六四、法輪功等名稱是肯定會讓錄音機的鍵子自動跳起來的。而且這個部門也同時截收海外的傳真。賴昌星證實，當他還在福建廈門做生意時，他在情報口工作的朋友，就曾經拿著從上海截收的，他的朋友從海外發來的有關生意事情的傳真給他看。

中華人民共和國駐各國大使館的武官都是由總參二部派，不是由外交部或國防部派。武官是軍職的，級別最高的是駐美國的武官，正軍級，軍銜是少將。住其他國家的武官有些是正軍，有些是副軍，但是駐多數國家的武官，都是正師級，也就是大校。

現任解放軍總參謀部副總參謀長的熊光楷，原來曾任總參二部的副部長、部長。姬勝德於一九九五年接任部長職位。在九九年，由於被指牽扯遠華特大走私案而被調離部長一職，被調到軍事學院下面的一個部制定軍事條例，當副部長，實際上是降了半級，隨後不久就被正式逮捕。

姬勝德升任總參二部部長的時候，也正是賴昌星生意蓬勃發展的時候。總參二部有五個局：廣州局、北京局、天津局、上海局、瀋陽局。而這些局都是以駐這個城市的某某辦公室的名義出現。比如說廣州局，就是廣州市人民政府第幾辦公室。北京局就叫北京市人民政府第幾辦公室。就在二〇〇〇年十一月，北京這個辦公室的正、副局長，正、副政委全給撤了，因爲這些人是姬勝德的部下。現在二部北京局的局長姓郭，原來是駐俄羅斯的武官。

總參二部的職責是對外搜集情報，從地域上看，全世界除了中國以外都歸總參二部管，可是地方上的事情總參二部有時也會介入。

在此之外，中國人民解放軍七大軍區(廣州、蘭州、南京、成都、濟南、北京、瀋陽)又各自有七個情報部，但級別不高，屬正師級。而總參二部是正軍級。所以姬勝德是少將，是正軍級。熊光楷當上副總長之後提爲上將。軍隊情報系統的業務有些交叉。例如，在對外派人方面，特別是在派駐香港方面。但一般來說，港澳以外的地區，例如派到加拿大、美國的軍情人員，肯定是總參二部派的，而不是軍區情報部派的。

另外，總參二部研究機構的對外公開名稱是「國際戰略研究學會」。所以凡是戰略研究協會的專家學者，都是總參二部的軍官。比如說在陳水扁上台以後，台海局勢緊張期間，經常發表針對台灣講話的一位年輕的學者辛旗，這就是總參二部的一個秀才。總參二部的情報水平比國家安全部高很多，因爲它從紅軍時代一直延續到現在，因而，有中國的ＣＩＡ(美國中央情報局)之稱。

三種情報人員：密工、商幹、掛靠

自從中國軍隊開始搞第三產業以來，軍隊的走私就越走越大。吸引了社會上的許多人以有軍方背景爲榮，更希望以有軍情背景爲靠山。爲什麼有那麼多的人可以自稱是總參二部的人呢？因爲總參二部的情報人員基本上有三種人：密工、商幹、掛靠。第一種人是總參二部的專職間諜，是在編制內的，這種人在圈子裡被叫做「密工」，這一類人基本上是受過專業培訓的職業間諜。而國安部和公安部的這類人則都叫「密幹」，也是在公安或者國安內部編制裡的。

第二種人是半在編的，在圈子裡被稱爲「商幹」，說他們是「半在編」，就是因爲這些人的名字上了情報部的電腦，但是人員並沒有進入軍情系統的行政編制。

中共情治系統在社會上的關係，我們只用軍情系統來舉幾個例子：比如一個叫張鵬的，在廣東出事了。不管是打人了，搶劫了，還是開地下妓院了，只要沒有死人，公安來抓張鵬的時候，張鵬就可以說：你不能動我，我是搞情報的，某某的人。另外，如果張鵬出境時，超過中華人民共和國外匯管理局關於中國公民到香港時祇能帶六千港幣的規定，隨身帶了六十萬港幣而被海關抓住的話，張鵬又會告訴海關的人，你不能動我，我是情報口的，是某某的人。這時海關就可能會打個電話到有關部門去問。而因爲張鵬的名字是上了情報口電腦的，那邊一查就說：張鵬是我們的人。這樣確認了之後，海關這時就只能放人、放錢。

其實在第二種人裡邊，又可以分兩類：一類是比較接近於「密工」的，是既上了軍情電腦名單，也正式發了軍裝的。並且，在名義上還有一份工資，軍委是認賬的。如果這個人確實是因爲搞情報工作犧牲了，那麼這筆錢會交給這個人的家屬。可能平時這份工資並沒有領，但是國家會替這個人存著。

另一類人其實並不做情報，也可以說這類人進軍情部門純粹是爲了平時能夠靠二部的關係作買賣賺很多錢。因爲，誰都知道，中國軍情部門有所謂的免檢章，有貨物進口免檢的絕對特權。這種人如果和軍情的關係過硬，可以賺很多錢。這時，這個人就可以拿出一部分所得，捐給國家，支援中國的軍事情報工作，也算是互惠。

第三種人被稱爲「掛靠」，社會上這種人最多。而這些人當中的絕大部分人是掛靠於軍情在地方上對外的一些辦公室下邊的。比如說：廣州軍區情報部在地方上的身份是「廣東省人民政府第五辦公室」，負責人分主任和政委。原來五辦的政委叫傅軍，級別相當於廣州軍區情報部的副部長，他原來是廣州軍區人事處的處長。

而這些辦公室的下邊又設有很多處，比如：廣州軍區情報部在廣東省的辦公室「五辦」，它下面又有五、六個處，每個處都有處長、副處長。

而當年中央軍委副主席張萬年對情報口的十六字方針的最後四個字就是：商情兩旺，這也叫以商養情。

由於掛靠上軍情部門，等於是在政治上加了保險，並且有經濟上的巨大利潤。這樣社會上一些做生意的人就會利用情報人員的特殊背景在社會上活動。所以一時間這類的辦公室在地方上越來越多。

據說當初李長春接管廣東的時候，給江澤民打過一個報告說：廣東省有二十二個「辦公室」，全是軍、警、憲、特。比如說，「一辦」和「三辦」是省公安廳的，「二辦」是「港澳工委」的，「四辦」是總參二部的，「五辦」是廣州軍區情報部的，而「保利集團」是「十六辦」，劉華清的女兒劉超英是「十七辦」，劉華清的兒媳婦鄭莉是「二十二辦」。

在香港回歸前後，港澳工委下面掛靠了很多人，因為港澳工委分管香港的情報。尤其是當時為了保證香港的順利回歸，保證香港的穩定，中國政府曾派了大批的特工人員潛伏在香港。舉個例子：在香港的親共黨派某組織當中，除了主席之外，其他的所有頭頭都是共產黨員。香港的一家主要電視傳媒的老闆就是由總參二部派出的特務；另一家知名的電視傳媒的第一大股東已經是中國國家安全部，不過是以「XX公司」的名義出現的。這裡補充說明一點，後來，在一九九八年七月二十二日，江澤民下令軍隊和商業脫鉤，但是不包括軍情部門在海外的公司。

筆者在採訪賴昌星的過程中，遇到了一個曾經在部隊文工團工作，後來又在香港生活過幾年的朋友。他告訴筆者，他移居香港後，見到了自己以前在部隊認識的一個戰友，這位戰友也已經拿到香港的居留權了。他是早些時候帶著任務被派到香港的，這個戰友在香港的任務就是，到各大商場、酒樓、酒店、電影院等地聽人「聊天兒」，搜集香港社會上的反共情報，和香港社會潛在的不穩定因素的材料。

所以，中國情報圈內有句話：如果中央把安排在香港的地下共產黨員的名單公佈出來，起碼有一半以上的香港人要移民海外。

屬於「掛靠」的第三種人往往就是在社會上的一些生意人，而這種人在廣東、福建等地區就更多。比如說某個個體戶，他跟「五辦」的某個處長熟，就跟這個處長說願意給這個處長做事，這個處長如果看上了這個人，就說，好吧，你是我們的人啦。然後會發給這個人「廣東省人民政府第五辦公室」的工作證。不明就裡的人，就以爲這個人是廣東省政府的工作人員。而他實際上是在社會上搞情報的人。這種人在整個情報系統裡是地位最低的，但也是在社會上最能唬人的。因爲如果是真的「密工」，或者是「商幹」的話，本人並不願意暴露自己的身份。往往就是這種爲情報口做事的第三種人，喜歡到處去說自己是總參二部的。但實際上，這種人的名字並不在電腦上。這個人維繫和情報口的關係就是靠搞定某個辦公室的處長或其他頭目。然後，就可以打著情報人員的招牌去做買賣，做成買賣後，這個人通常會給這個處長一些回扣。如果這個處長把這部分錢上交了，那麼總參二部就替這個人出個公文，證明一下。

再舉個例子，比如說，有一個叫王鵬的，要帶六十萬美元出關，如果這個王鵬是「密工」或「商幹」，那麼王鵬就會順利出關，不會有什麼麻煩。但如果王鵬只是屬於「掛靠」，在情報部門的電腦上沒有王鵬的名字，那麼這時候，所謂「幾辦」、「幾辦」的身份就不夠用了。這時候，就需要由廣州軍區出一個公函，說王鵬帶的這六十萬美金是替他們帶的，是到境外搞情報工作的需要。那麼這六十萬美金就可以順利過關了。但是這樣做，要事先和情報口打好招呼，說好分給對方多少。還有一種情況，如果王鵬想在深圳開一家桑拿浴室，營業中有賣淫的成分，公安發現了要來抓王鵬。遇到這種種情況，王鵬就要先和「五辦」說好，答應把賺到的錢分出百分之三十的紅利給廣東「五辦」。這樣，「五辦」就會在公安來抓王鵬的時候，以情報部的名義出一份文件，說這個桑拿浴室是他們工作的一個點，是情報部門設的。然而，這樣的人的命運往往都掌握在那個處長的手裡。對於這種掛靠關係的人，處長不用向主任報，自己進行管理。這就是爲什麼有那麼多福建、廣東、廣西出來混的個體戶，都拿著個「幾辦」的工作證。

而且，一個「五辦」的處長，就有批一張到香港的單程證的權利。但這裡有一點要說明，香港的單程證不是由情報部發，而是由公安系統發，這是國家的法律。但情報部門有需要的時候，可以給公安出個公文，說這裡有幾個人，我們要派他們去香港工作等等。公安就一定會發給這些人單程證。

第三種人往往在社會上吹噓自己是總參二部搞情報的，或者是國安的，但實際上，這種人是沒有什麼保障的，如果負責他的那個處長換了的話，新的處長可以不承認這種關係，除非前任處長向後任處長介紹這個關係比較有用，說這個人每年替我們賺多少錢，弄了多少情報，對我們很有用，你要繼續支持他等等，這個人才會被留下來繼續使用。

中國國家安全部情報系統

中國國家安全部實際上是於一九八三年才設立的。

早在延安時期，中共的情治單位叫做中共中央社會部。當時的社會部就負責向中共高層提供情報和資訊，並有人根據當時的國際局勢定期撰寫研究分析文章。中共建政後，它改爲中共中央調查部，中調部負責向駐外使領館派出特工人員，專門負責所在國的情報搜集工作。當時的中調部八局，負責情報的分析和研究工作，對外稱爲「中國現代國際關係研究所」。它也就是現在的中國國家安全部八局的前身。後來由於中調部在「文革」中捲入派系鬥爭，打亂了陣營，嚴重影響了工作，使得中調部一度被取消，改由總參二部接管。到了「文化大革命」中期，中調部才又逐漸恢復了原有的建制。七十年代末，鄧小平復出，開始進行中共情治機構的改革，派往海外的特工人員，也由以前從中調部派往各駐外使領館，改爲以記者、商人、學者等身份作掩護到海外工作。

一九八三年，中共中央政治局秘書長、公安部長劉復之向政治局請示，要求改組中調部，計劃是由中調部的全部和公安部的反間諜機構合併成爲「國家安全部」。中央政治局批准了這一設想，於是，國家安全部正式設立，當時的公安部副部長淩雲出任第一任國家安全部部長。

後來由於在一九八五年發生了國安部的一位姓俞的處長叛逃美國的事件，淩雲由此被撤職，由賈春旺出任中國國家安全部部長一職。賈春旺在這個職位上呆到九八年，三月轉任公安部部長。

中國公安部情報系統

同中國國家安全部的情報系統相比，中國公安部的情報系統資格要老得多。自從一九四九年中共建國開始，中國人民解放軍在接收各地政權時，所設立的軍管會，就是各地公安機關的前身，軍管會在當時的一項最主要任務，就是肅清潛伏下來的國民黨特務，以及各種反抗中共政權的勢力。隨著共產黨政權的初步建立，軍管會中的治安機構也改名爲各地的公安廳(局)。在中央政府裡，則設立了公安部，統管各省(市)的公安廳(局)。各省(市)的公安廳(局)再分管所屬地區及市的公安局。第一任公安部長是羅瑞卿。原軍管會中肅清敵特分子，及內部保衛的任務，成爲公安部設立以後的主要任務，因此各省(市)的公安廳(局)都把分管這部分工作的部門列爲第一處。當時稱爲敵偵處。在公安部裡則是第一局，也就是敵偵局。這就是公安部情報系統的最初機構。

敵偵處的主要職責並不負責對外搜集情報，只是負責肅清內部的敵人，偵聽、監測、追蹤、搜捕任何被派到中國大陸的間諜特務。同時，也負責調查、偵破任何反抗當局的地下勢力。例如，在朝鮮戰爭時期，中共在全國範圍內發動的肅清反革命份子的運動，就主要是由這個部門執行的。

敵偵處後來發展的規模越來越大。在多數省市，敵偵處又按照分工逐步分成兩個處，甚至三個處。一九八三年，中國決定設立國家安全部，敵偵處的一大部分和中調部合併，組成了國家安全部。但是，各地的公安廳(局)仍然保留著原敵偵處的建制，並又逐步地恢復發展，到九十年代，已經形成與國家安全部並列的又一大情報系統。這個系統在職責上，和國家安全部實際上是重疊的。也向海外派出專職或兼職的的情報人員，但搜集情報的重點仍然在於海外敵對勢力向中國滲透方面。

實際上，國安、公安兩大系統主管情報的部門，互不買賬，經常發生扯皮事件。

賴昌星和中國軍情、公安、國安等系統的關係錯綜複雜。他既是總參二部部長姬勝德的哥兒們，也是公安部副部長李紀周無話不談的密友，他還是國安部的兼職特工。他自己說，他為中共情報工作先後花費了上千萬元。

從福建賴姓商人變成西安蔡姓兒子

問：你是怎麼決定到香港去的呢？

賴：當時我們福建省公安廳的一個副廳長說，你的生意做得那麼好，外交能力那麼好，頭腦那麼過關，你不應該在這裡，應該到香港去發展。他是搞外聯的。

問：現在這個副廳長在哪裡？

賴：他現在是福建省最高法院院長。

問：你認爲這個人爲什麼會向你這樣建議？

賴：當然是出於好心了。在我當時接觸的人裡，可能人家都認爲我比較會做事。我有這種感覺嘍。

問：他是公安廳的，又是搞外聯的，他有沒有說過，他認爲你在什麼地方可以幫他們？

賴：有呀，他說過的，他想我到香港發展，就等於他們在香港有了一個點，他們來來往往到香港做事就方便了。

問：當時他有沒有跟你具體交待過，讓你到香港具體負責什麼工作？

賴：他沒有跟我說過讓我具體負責什麼工作，只說了這個意思，我明白他這個意思。

問：那就是說，他希望把你放到香港去，給他們工作提供方便？

賴：對，我相信他們一直在考慮把我弄出去。到了香港之後，我這邊的工廠、生意什麼什麼就都留給我弟弟他們去管了。

問：你怎麼到香港去的？

賴：這種辦香港單程的手續，大陸的人都應該知道的。

問：你覺得這些手續在中國大陸的人都應該明白。可是，中國大陸的一般老百姓並不知道。

賴：可是這個事不好說。我不想說。

問：我知道你的香港單程證是從陝西省辦出去的。我不明白，給你提建議的人，是福建省公安廳的，那麼爲什麼不從當地給你辦出去呢？

賴：建議是他建議的，但不是他直接給我弄的。他是要在那邊給我弄，我沒有讓他弄。

問：他本來是想要給你辦，但是你自己決定從別的地方去辦？

賴：嗯，我要自己弄。正好八九年五月二十號，我在北京，我就在北京公安部，正好我也看到那些學生在那裡遊行嘛。劉復之的女兒劉鴻林（音），就是負責外聯辦的，當時她就要給我弄來香港。劉復之是最高檢察院的檢察長。

問：她也要幫你辦？

賴：她確實本來也要幫我，但是我自己弄得比她快。

問：你簡單講一講這個過程好嗎？是怎麼辦出去的？

賴：就是我的戶口都沒有留在福建了，已經遷到陝西去了。

問：我還是不太明白：在福建當地提出來讓你去香港的這個人，又是公安口的，跟你又熟悉，那麼你如果在當地辦，不是更方便、更快？

賴：但他一直沒辦法辦到。他是在大概八七、八八年左右最初提過。

問：那後來你自己是怎麼辦的？

賴：後來我是從陝西辦的。也是通過朋友幫我辦的，他叫我把戶口遷過去，我就遷過去，然後手續辦到哪裡我也不管，他叫我簽名我就簽名。

問：你能說是誰幫你辦的嗎？

賴；找不到，沒辦法找，具體的人我也不知道了。

問：等於在那邊的朋友找人具體做的。

賴：對，但我知道我的證件是合法的。

問：你是說，你在國內辦理香港單程證的所有手續，確實是以合法的方式辦的。

賴：對呀，當時填寫的那個表是可以調出來看的，如果不是合理合法，這種表我怎麼能拿到呢？

問：中國政府現在說你是以非法手段取得去香港的單程證，你拿什麼證據說明你是合法取得的？

賴：我是按他們的規定正式申請的。不然他不會批准我的，是不是？

問：你在這當中都履行了什麼手續？

賴：按他們規定的辦嘍。這個事已經那麼長時間了，有十年了，我怎麼能記得那麼清楚？我只記得他拿那張表來，他拿來給我讓簽名，我就簽了。就是這樣。

問：也有另外一種可能，比如說你是通過賄賂某一個官員，然後這個官員幫你辦的手續？

賴：沒有。

問：那你能解釋嗎？你能用具體事實解釋嗎？比如說：我的手續就是某年某月某日通過什麼部門申請的，履行了什麼手續後怎麼拿到的。

賴：沒有，那個人就拿表來叫我填，我就填。讓我簽名我就簽名。就這樣。

問：你說你沒賄賂任何官員的話，他憑什麼這樣做？

賴：咳！因爲我過去香港是要給一個姓蔡的做事。他們給我在香港找到一個姓蔡的，他們就幫我辦去照顧他的。假如說我給他做「兒子」，就要姓蔡，姓蔡照顧姓蔡的父母才有這種條件申請過去香港。

問：所以你的姓曾經是蔡，叫蔡昌星，就是這麼來的？

賴：對，就姓了蔡。到了香港一年多之後，我名字又改過來了。

問：那麼就是說，在香港的那個人幫了你，有人替你做了擔保，然後這邊申請的手續上也找人疏通了。

賴：我的證件是合法的，我是通過正當的手續辦的，所有的手續都是按要求走。合法不合法也是他們的管理上的問題。是不是？

問：你的意思是說，反正證件本身是真的？

賴：對呀，手續都是正規的。而且只要我人是真的就可以了。像那個公安廳的那個叫洪水樹（音）的，他出來到了香港就叫洪錦忠。他是公安廳派出來的，也是爲了搞情報工作換的名字。爲什麼他可以使用，而我不可以使用呢？

問：這個人還在香港？他原來是哪裡的？

賴：還在，叫洪水樹，在公安廳，他的級別是副廳級。他原來是福建省富元（音）公司的老總，後來他派出去到香港，就把他名字換掉了，現在叫洪錦忠。最近來香港這麼多人，你看哪一個不是一樣的辦法辦過來。這不是一樣的道理嗎？

問：聽說自從九七香港要回歸之前，中國大陸政府就利用單程證派很多人到香港去，你所知道的是這樣嗎？

賴：我認識的起碼幾十個。

問：在這幾十個人裡邊，你能舉幾個例子嗎？

賴：可以。比如一個叫吳海玄(音)的，他還是全國政協委員，政府正要抓他，跑了，他原來是福建石獅的。另外一個叫姚志勝，原來也是石獅的，後來到了香港，現在也跑了，不知道在哪裡。還有許明良嘍，這樣的太多了，我知道的至少有五十個以上。這些人都是跟軍情、國安、公安呀什麼的有關的。政府他們的這種指標是公開正常賣錢的。

香港單程證奧妙無窮

帶著對賴昌星到底是如何辦妥香港單程證的疑問，筆者找了一些人瞭解，一個自己曾經給至少五個人辦理過單程證的朋友，向我介紹了他所知道的情況。

中國大陸情報單位是怎麼樣活用赴港單程證的呢？可以說是：八仙過海，各顯其能。

先看看公安的做法。有人要在山西省辦理一個單程證去香港，但是這個人是北京人，那麼就把這個人的北京戶口拿來，從山西省某某縣，某某鄉，某某村的基層派出所就開始做假。本人拿一張照片就行了，隨便叫什麼名字。這個派出所就會假設這個人是和香港人結婚了，就爲這個人做一套文件，說他是和香港什麼人結婚，其實在香港的這個人是不存在的。但不管這些文件是真是假，總之，要確保一路上去都有人簽字、蓋章就行了，一直到山西省公安廳管出入境的六處。雖然說從下到上都是假的，但是，因爲一路上都有人簽字、蓋章，所以上邊是不用看材料的，報上來省廳就簽字了。也就是說，通過公安辦理赴港單程證，不論是在哪個省，不管是新疆的還是東北的，只要在一個省的公安系統從基層到省級，一幫人都能夠買通，花個百八十萬把這條簽字、蓋章的線連起來就行了。大部分人在辦理單程證時把名字改了。這種例子數不勝數，如賴昌星就改名爲爲蔡昌星。

情報部門如果需要香港的單程證，就根本沒有任何地域的限制了。每個省公安廳，包括北京市公安局，都有個情報科長，是專門負責和軍情部門聯繫的。如果總參二部需要爲什麼人辦理香港單程證，只要二部出具一張公文，說明某某人，因爲工作關係，我們要派他到香港。至於說，軍情部門爲什麼事派人到香港去，公安部門是無權過問的。但是，在排期上，還是由地方公安廳說了算。這裡除了副省級以上的城市，別的城市的單程證都要到省公安廳統一出。軍情需要的單程證的排期一般都在兩三個月就完成全部手續了，到時候，北京公安局的情報科長就會給二部打電話通知證件辦理好了。要求對方帶著公文、驗件、還有局裡一把手的簽字過來取。這時，當事人也會收到北京公安局的一封信，通知當事人單程證已經批了，要求當事人去辦理注銷國內戶口的手續。但一般這種情況下，這個單程證不會立即發下來，當事人會被要求去北京見局長，局長要交待任務，所交待的任務無非是一些行話。比如說：張鵬，你到香港要多爲黨搞點情報，多介紹一些商人和形形色色的人給我們認識。但張鵬到香港之後，是否真的做這些事，就全看自己的打算了。

由軍情部門辦理的香港單程證，大部分人都改了名字。

軍情口辦理的香港單程證，有幾種情況：第一種，軍情工作需要，要安排人到香港長期駐守、工作。

第二種，是爲社會上的一些商人辦的，總參二部已經收了錢。這種錢沒譜，有的人需要港商的身份，而軍情部門也認爲這個人將來有利用價値，收費就是象徵性的。也有的人要花到四百萬，六百萬的。「湛江特大走私案」被揭露出來之後發現，其中的大走私頭子的香港單程證都是由總參二部批示辦理的。

另一種是照顧關係不收錢，比如說，一些中央領導人的家屬、子女等。

中國人大委員長李鵬的二公子李小勇的香港單程證，就是有人原珠海市市長、現廣東省委常委、全國人大常委梁廣大，要拍武警總隊的馬屁，使用行政指令讓珠海市公安局撥了四十個名額給武警，一起辦妥的。武警本身是沒有權批單程的。李小勇在香港的名字叫朱峰。他今年就可以拿到「三顆星」成爲香港永久居民，申請香港特區護照。另外如，王兆國的兒子，戴相龍的女婿，一大批人都是總參二部給辦的。

據知情人士估計，中國領導人的家屬、子女中，超過百分之八十以上，都持有香港單程證。

再有一種做法是，將辦理香港單程證的這筆費用打在項目裡。比如說：張鵬是廣東省某市房地產開發公司的老總，總參二部的人給張鵬全家辦三個單程證，要按行規，一個單程證要收費一百萬到一百三十萬之間。但是，二部先不收張鵬這筆錢，而是由廣東「五辦」出面成立一個項目公司。張鵬明明知道有一塊地值兩千萬，但是，張鵬只要一千萬就把這塊地賣給「五辦」剛剛成立的這個公司，「五辦」的公司一轉手就可以把這塊地倒出去，就淨賺了一千萬。所以，雖然張鵬個人沒有出錢，但是對方得到了更多的利益。這之中只是犧牲了國家利益，這是廣東最常用的做法，叫做項目換單程。

這裡要補充一點，中共的另一個特務機關「總政聯絡部」也有權辦理香港的單程證。總政聯絡部下設三個局，一局、二局、三局。總政聯絡部主要負責對台情報，葉劍英的二兒子葉選寧七十年代末八十年代初就當了總政聯絡部的部長，而鄧小平的女兒鄧榕實際上是在編的總政聯絡部的研究員，對外是中國人民對外友好協會的副會長。爲什麼聯絡部負責對台情報的呢？因爲葉家一直就主要負責中國的對台灣事務。八十年代葉選寧已經參與負責對台政策，他是少將，現在退下來是人大常委，他對外的名字叫岳峰。新上來的總政聯絡部部長叫梁洪昌，原來是總政副秘書長，九八年接任的。

中國大陸赴香港單程證的規定，是八十年代中英協定之後出台的。原來是每天批出七十五個，到了八十年代末，九十年代初，改爲每天一百五十個。據知情人士估計，在所有赴港單程證中，大概有百分之十五到百分之二十是被中國各個情報機構佔用了。

目前，中國政府已經開始整頓這一現象。現在只剩下兩個特別渠道可以繼續佔用單程證，一是總參二部，二是總政聯絡部。各地方軍區情報部批單程的權力已經被收回。

初出茅廬貼近了台灣警備司令

問：你最初開始搞情報工作是什麼時候？

賴：我開始走上這條路是從福建省軍區開始的。另外，我和公安廳在廈門外聯辦也有業務。後來我認識了一個安全部的主任，也和安全局和安全廳都有業務往來了。當時我想和安全部在地方的機構搞好關係，那時，部隊的關係我已經很熟悉了。

問：你在中國情報系統的線索真複雜呀。

賴：開始是福建軍區的一個朋友，是個姓王的副司令。那時他是廈門警備區的參謀長，在省軍分區搞情報的，看我在福建做生意做得很好，是一級企業家，就想到要用我了。我也確實一直做得很好。我從九一年就開始給部隊做事，但我和姬勝德認識應該是到了九五年左右。我記得，那時有一個姓孫的，我們叫他孫處長，他就來找我了。

問：什麼處的？

賴：福建軍區情報處的，叫我要幫他們做事情。

問：這個孫處長先找你的。

賴：是，他找上我，他說，他看我生意上做得好，在社會上關係好，正好有這個能力，能幫他們。

問：他通過什麼人，或者是什麼樣的機會認識你的？

賴：是通過莊如順認識的。

問：等於朋友之間見面認識的。

賴：那時我在福建很出名了，大家都知道我企業做得好，社會上關係也好，他們知道我能夠爲他們做事。他們一直都想用我的。

那時候，我辦了到香港的單程證，就去了香港。剛到香港不久，我正好認識了一個在香港的台灣人。這個人姓蔡，原來是晉江人，他在香港是給台灣工作的特務。那時，正好台灣的警備總司令，叫陳守山，也是晉江人，也算是我老鄉嘍，他正好要到香港來旅遊。聽說陳守山曾經競爭台灣行政院院長，但沒有爭上。這個人到了香港，是由姓蔡的負責接待的。姓蔡的就要向我借一部寶馬車接待他，他就介紹我認識陳守山了。

問：這是什麼時候的事？

賴：九一、或者九二年吧，我最初跟部隊情報部門接觸，就是這件事的關係。我把這個事情告訴了福建軍區情報處的孫處長，孫處長就報告給了南京軍區。因爲福建軍區屬南京軍區管，福州是軍分區。孫處長報告上去之後，那邊當天晚上就打了報告給軍委，軍委當天就批了，馬上就給兩個人辦了證件，兩個人就各自來了香港。但是這兩個人沒辦法接觸姓陳的，他們就說，至少給他們機會來看一下，他們不是一定要求跟陳守山見面，只要偷偷看他。

問：爲什麼，有什麼用呢？

賴：我也不知道什麼意思。反正他們讓我聽陳守山講什麼話，就馬上報告給他們。

問：你陪了陳守山幾天？

賴：我也記不起來了，起碼三四天吧。

問：你身上有沒有帶竊聽器之類的東西？

賴：沒有。我當時叫我的司機在陳守山來香港的那幾天給陳守山開車。那時我也是剛來香港沒多久，沒有全部陪他，只是有時陪他吃飯，或者在房間裡陪他聊天。聽說這個陳守山是王永慶（台灣商人力台塑董事長）的親家。

問：當時姓陳的他們對你沒有任何戒心嗎？

賴：姓蔡的對我說過，他也知道我剛來香港不久，他說過：你應該不是共產黨的什麼人吧。我說：不是，不會的。他說：你可不要搞我呀。姓蔡的還告訴我，是他跟姓陳的說，我是姓蔡的這個人的表弟，姓陳的才同意讓我接近他。他說：不然你怎麼能接近他。所以我就承認我是姓蔡的表弟。南京軍區爲這個事就立即來了兩個人到香港，一個姓童的，叫童洪林，還有福建軍區姓于的。他們兩個來香港就是跟蹤姓陳的，但是沒有機會接觸。

我看那時兩邊接觸還沒有那麼多，都是怪怪的。有一天，我陪陳守山和他老婆在香港的高樓上看深圳，他老婆看著深圳那邊的人群就說：你看，這些都是共匪。

問：那一次你覺得有什麼有價值的情報嗎？

賴：也沒有什麼特別的，就是先接觸嘛。陳守山六十多歲了。那次他回去後，後來又過來香港了一次，也是我接待的。就是從這件事起，我開始跟部隊情報口熟了。

問：那麼在這之後，你都爲中國軍情部門做過什麼？

賴：很多事嘍。有一段時間我是每個月給台灣那邊十六個人按時發工資的，十六個人呢！

問：這要用不少錢呢，你說給他們發工資是什麼意思？是你自己出錢嗎？

賴：當然是我自己出錢啦，怎麼不是我自己出錢？每當香港這邊出了什麼新款的勞力士手錶呀，新的什麼玩藝，我都要給他們買了送過去。當然是很多錢啦。

問：你能不能具體介紹一下你都獲得過哪些情報？

賴：我告訴過這邊，台灣他們培訓的特務都安排在大陸哪裡、多少人啦，還有台灣部隊的調整和調動。另外，像台灣他們到了二〇〇五年準備買的武器有多少？要從哪裡買？都要買那種武器呀等等嘍。我拿到了清單，我自己還留了一份，後來被「四二〇」拿走了。那應該是一份已經確定了的計劃書。我看過一下，就是註明武器方面自己造多少？外邊買多少？大炮多少？坦克多少？買軍艦要找哪個國家去買？在哪裡預訂？等等。

還有一次，我拿到他們的軍用地圖，那種地圖是很特別的，很大一張，有四種顏色，一個印刷機是印不起來的，要四個地方印。爲什麼要四個地方呢？就是爲了不管什麼人，你一個人不可能拿到這張地圖的全部，就是怕被人家偷出去。這張地圖由四個地方印，每一個地方只印一個顏色，這樣就是你有一張，我有一張，他也有一張，要四個人手上的圖合起來，才能拼成一張真正的地圖。而且這張地圖無法隨便複印的。台灣的人拿這張圖的原圖來給我，我就拿去給解放軍了，解放軍有辦法拿去複印，原本又送還給我了。我問他們對這張圖覺得怎麼樣，他們就發個報告下來說：很有參考價值。他們部隊的人很生氣，對下邊說：你們怎麼搞的，自己人反而搞不到這些東西。

問：這麼說，你在台灣的關係很深了？

賴：還有我們這邊有人賣給台灣的東西，又被我拿到手。那些是軍隊的一些東西，送到了台灣，結果被那邊的人截了下來，把原件又拿回來給我，是我們軍隊裡邊有人做的。他們拿給我的這個東西，就說明這邊部隊裡有他們的人了。二部知道這個情況都很緊張了。台灣那邊的人是看我可靠，價錢又給得好，才會主動來找我的。他們有東西時，他們會開價，比如，有一次台灣和美國要做導彈防禦系統的什麼協議，這個情報他們開價三百五十萬美金，有人來找我，我也開始跟他們談了。可是這個事只做到一半，我就出事了。

香港入境處四大箱機密文件偷送大陸

問：在香港你都爲大陸做過什麼重要的情報工作？

賴：有一件事是大陸那邊最喜歡的，就是幫他們拿到香港入境處的文件。我在香港時認識了一個人叫鄧亞軍，那些香港入境處的文件就是他搞到的。是我的車運進大陸的，運到北京的。安全部的人說，這些東西他們想了很久了，沒有想到真地能拿到。爲這個事很多人都升官了。

問：鄧亞軍是什麼人？整個事情的背景是怎麼樣的？

賴：鄧亞軍整天跟人家說他是安全部的人，我也不知道是真是假，搞得我糊里糊塗。

問：他自己到處說他是中國安全部的，爲什麼呢？

賴：這個人很喜歡吹牛的，我問了安全部的人，他們說他不是。但是香港移民局入境處的那些文件確實是他找人搞到的。

問：那些文件是你讓他從香港入境處搞的嗎？

賴：不是。我到香港不久就認識他，他整天到處跟人家說他是安全部的，可能是想讓人看重他。我向安全部的人打聽，安全部的人就說：這不是真的，別聽他吹牛，這個人跟我們沒有關係。但是我知道他有時確實也幫國安他們做一點事，幫忙問一些事。但是安全部的人就說，他是個騙子。鄧亞軍常常神秘兮兮地說是去深圳開會、去北京開會，又去哪裡哪裡開會，我看都是吹牛的，騙人的。他就喜歡這一套。我知道，他不是像我入了檔案的這一種。他是自己沒事找事做，騙吃騙喝。

問：偷香港入境處的文件是怎麼回事？

賴：反正是交接之前，也是九七年了。有一天，具體什麼時候我也記得不清楚了。他打電話給我，說是有些東西要運進大陸，要用一下我的車。我也沒有多想，就讓我的司機給他用。進去大陸之後，他就打電話給我說：阿星呀，我們都立了大功了。我說：立了什麼大功了？他說：這些可是重要的東西，北京那邊想了很久了。後來，我打電話給安全部的人核實，確實有這回事。他們說，他們做夢都沒有想到能夠真的得到這些東西。他們都笑了。

問：具體是什麼東西？怎麼得到的？

賴：鄧亞軍在香港有一個朋友叫陳良，這個陳良在香港移民入境處工作，就是負責管理檔案的。他應該也是北京那邊的人。陳良就趁每天工作的時候，複印那些文件，每天複印一些，再帶出來。就這樣慢慢積累，就積累了很多了。後來運過去四大箱文件。

問：多大的箱子？大概有多少文件？

賴：像裝電視機的那種箱子，四大箱子。每個人一張紙而已，你說得有多少文件？

問：具體是什麼文件？這些文件是北京那邊什麼具體的人，或者是什麼具體的部門希望得到的？

賴：這些是國安部八局想要的。但是他們本來根本不相信這些東西可以弄到。這些文件對北京是很重要的東西。香港海關入境處每天出入境的人都要填寫一份表嘛。這些表紀錄了這些出入過境的人，什麼時候出生，哪裡出生，哪裡讀書，什麼教育背景，哪一年參加工作，都在哪裡工作過，從哪裡來，去過哪裡什麼什麼的。還有哪些人是從英國回來的？哪些人是從大陸出去的？他們也想知道英國政府到底留下來個什麼底子嘛，政府裡到底都是些什麼人，都是什麼來頭。

拿到這些文件，那香港整個社會可以說就都在那邊掌握之中了嘛，對不對？將來要是有什麼事情，那邊就知道哪些人是怎麼樣，怎麼樣，能夠信任哪些人，找哪些人出來做事。出來做事這些人是什麼背景的，是不是可靠呀。九七了，不是說要「一國兩制」了嘛，但是，不能是真的「兩制」呀。回歸之後我要知道你的底呀，不然怎麼放心讓你「兩制」。

問：這些文件當中，有沒有涉及到一些有民運背景的人？是不是這也是共產黨要掌握的？

賴：當然嘍。這些情況那些文件當中都有，有，絕對有的。他們就是要看一些有背景的人，哪些人要有用的，哪些人要注意的。不用的，也要先掌握嘛。像李柱銘這樣的人，他的底是什麼也要弄明白呀。這些人的檔案都有的。

國安部給我記了三等功

問：是不是他們覺得，摸清了這些底，控制起香港來就容易多了？

賴：那邊都不敢相信，真地這麼順利就能弄到這些文件。他們只是想，要是能夠先拿到這些東西就好了。這是安全部的人親口告訴我的，沒想到就真地拿到了，真的。我事後有跟他們核實這個事，他們告訴我，這些東西都已經交到他們手上了。拿到東西他們才笑起來，笑香港那邊人真蠢。

問：這些文件在運出香港之前，你真地不知道是什麼東西？爲什麼鄧亞軍自己不運呢？

賴：我真地不知道，他沒有告訴我。但是，你知道嗎，運進去是最冒險的，是那時候從香港運進大陸，不是現在呀。我想當時如果被知道了會馬上抓的。這種東西當時要是在海關查到，可能要判刑的。鄧亞軍要我的車送進去，我想就是這個原因。如果當時出事，他不在，又不是他的車，是我的車嘛，他當然沒有事啦。已經送進去了，就說：我們大家都立功了。他還跟我說：我是故意讓你立功的，好讓你多有一點政治背景，將來做事更方便些。鄧亞軍就是這樣告訴我的。

問：具體是什麼時候的事？

賴：就是九七年那一年，具體什麼時間我真地想不來了。反正就是安全部的人自己告訴我的，這是他們想了十幾年都沒辦法拿到的東西。

問：陳良這個人現在在哪裡？

賴：還在香港移民局吧。我到了加拿大這邊還跟他有聯繫。可是因爲我在這邊跟雜誌說了梁錦光的事，那個姓陳的馬上就換了電話，我再給他打電話，他的電話就打不通了。這之前我還跟他有聯繫。這以後他才換了電話的。他應該還在香港移民局。那個梁錦光的事，我只說了一點點，香港政府還出面澄清，他們不知道這裡邊很多事呢。

問：那麼陳良還可以一直繼續偷取香港的文件呀？

賴：不用了。以前要偷，現在還要用偷的嗎？都是中國管了，現在北京那邊想要什麼跟香港他們講就行了，香港會合作的，現在件件事不是都合作很好嗎？

問：你還爲國安在香港做過什麼？

賴：香港回歸之前，應該是九七年的年頭，國安說爲了香港主權的順利移交，他們要派重要的負責人到香港常駐，希望我在香港配合。

問：你是怎麼配合的？

賴：因爲這件事國安還頒給我三等功。當時是安全廳廳長親自到香港來，住在我的會景閣的一個單位裡。另外我在伊利莎白大廈的單位，好像是二十五號，也是給他們用的。當時他們說，要在香港維護治安，防止台灣黑社會、香港黑社會他們趁機搗亂，還說要特別注意台灣黑社會「竹聯幫」，看他們有沒有什麼破壞計劃。我記得還有安全廳的副廳長王復中，新華社(香港分社)的林金棟當時負責這個事。

問：他們在香港能做什麼呢？

賴：他們還跟香港黑社會談過，希望穩住那些人，不要在交接的時候搗亂。細節我不想說了。後來，他們爲了這個給我頒了三等功，發了證書、證章，我放在紅樓我的辦公室，很多人看到過。而且我的房子他們一直用到我出事了。

從國安義務特工到雙面間諜

問：你是從什麼時候開始和中國國安部有關係的？

賴：很久了，我很早以前就和他們交往了，交往很深了。國安部很多人都是我的朋友。

問：那麼後來你又是怎麼被台灣方面看上，給他們做情報工作的呢？

賴：我也不知道。關於這個他們到底是怎麼會看上我，我一直都不知道，也覺得這個事很怪。我想，也可能是他們看到香港回歸了，他們需要換一些能幹的人出來做事。他們可能就是在當地的圈子裡打聽，在香港的福建人當中打聽，有誰是說話比較有用的了。

問：最初是誰跟你聯繫的？

賴：那時香港已經回歸了，原來「閩僑會館」的會長、當時也是星島集團主席胡仙的生意做得不好。而我在香港的福建幫裡，影響還算可以的，比較有威信的。我說話呀什麼的，都是比較受尊重的。台灣方面當時在香港看上了兩個人，我是一個。是台灣那邊他們自己來人找我的，是台灣在香港的人過來找我。先來了一個人找過我，後來又是另外一個人來找我，他們說看上我有能力，是他們看上我的。他們找我談之前，我就知道了。

問：你是怎麼知道的？

賴：就是因爲我們安全部裡有人在台北嘛。在香港這邊，他們一決定關於我的這個事，我們在台北機構裡的人就通知了安全部了。這都是安全部的朋友告訴我的。原來安全部他們還不怎麼重視我，一看台北要用我，就趕緊把我叫過去，入檔案、塡表，作正式的了。

問；你說，當時台灣看上了兩個人，另一個是什麼人？

賴：另外一個是個美籍華人，我不認識，姓陳。

問：那你是怎麼知道他是姓陳的？

賴：這個情況也是安全部告訴我的。台灣那邊決定了什麼，安全部都知道，我在裡邊的朋友就會告訴我嘍。

問：台灣方面是怎麼跟你談的？

賴：台灣在香港的情況我很清楚。在香港的陳漢華，實際上是台灣在香港最大的官，是國民黨在香港的黨部書記，是比鄭安國的官還大的，但陳漢華在香港的活動不是公開的，是搞地下的。這個陳漢華，人不高，有一次「雙十節」我去參加活動的時候見過他。當時我還和他、鄭安國他們都照過像，我沒拿到照片。陳漢華的這個機構就好像我們的新華社在香港那邊的那一種。鄭安國是對外的，是台灣旅行社的，他是明的。這是他們自已告訴我的，他們應該是屬於國民黨系統的。

問：台灣那邊具體是什麼人來找你的？

賴：是國民黨在香港的一個叫薛如齡(音)的，來找過我。是個男的，他跟我們安全部也很熟，跟電影演員劉曉慶的哥哥也熟。

問：這個人的名字是哪幾字？怎麼寫的？

賴：我也不知道怎麼寫，好像是有個草字頭的。等我有時間打個電話給曉慶，找她哥哥問一下。

問：他在香港是給國民黨做事的。

賴：對，對。

問：那他怎麼跟大陸安全部的也熟呢？還跟劉曉慶的哥哥也熟？

賴：因爲他以前曾經是台灣方面的代表，到大陸談判過。

問：他是專門負責大陸工作的？

賴：對，對，他很早就過去大陸那邊談判過了。所有的事情是他跟我談，由他告訴我，他跟我見面。還有一個在香港大學工作的，姓陳，也是一個搞特務的。他還是香港大學的一個副教授什麼的，很年輕，這個人也到過我公司。

問：他們主要讓你做什麼？

賴：他們還沒有具體說讓我幹什麼。他們有一個什麼協會，叫我參加這個協會。我想，也都無所謂嘍。他們這兩個人說，福建幫的人很多，有很多人要爲他們做事，有人主動去找他們，他們都不理，因爲看這些人不可靠怎麼怎麼的。反正這個事我是怎麼知道的呢？因爲他們先跟我說過之後，我也沒有怎麼太去理這個事情。後來他們又跟我聯繫了，北京那邊馬上就又知道了。安全部就知道了，當時安全部早就跟我往來很深的。但是，還不是很重用我，也沒有叫我正式加入，也沒有入到安全部的檔案裡邊去。這時候，他們看到台灣看上了我，是要用我，他們也知道我的能力嘍，怕我真的給台灣那邊用吧。

國安部批准我加入台灣國民黨

問：你答應台灣那邊什麼事了嗎？

賴：有呀，我想這種事情反正也沒有什麼，我知道也不是什麼害人的事。他讓我填一張表，我說可以，他就幫我填表了，就填了。

問：填表作台灣特工？

賴：填了。他們還叫我加入國民黨。

問：你加入了國民黨嗎？

賴：有呀，都填了表嘛。我加入國民黨的介紹人就是陳漢華跟這個薛如齡啦。這兩個人做我的介紹人了。入黨手續跟我們大陸入黨一樣的，也要有介紹人。還有，他們說，要當「閩僑會館」的那個會長，要有兩年的會齡才可以的。我當時還沒有加入麼，他們就把我入會的時間填在兩年前。反正我填的那些表，安全部的都給複印去了，都存了檔。

問：加入國民黨的日期還記得嗎？

賴：日期想不起來了。

問：大概是哪一年？

賴：就是九九年嘛。

問：九九年？就是你出事之前沒多久呀？

賴：對呀。那時很亂，我要應付「四二〇」，他們來查我的事了麼，所以我也沒有心情去重視這些事。

問：我還是有一點弄不明白，香港是九七年回歸的，台灣要換國民黨在香港的人，那也應該是九七年前後，不應該是到九九年才動手呀？是不是跟台灣大選有關係？

賴：那我就不知道了，他們在香港找我的時候，宋楚瑜當時在台灣要競選總統。他們來跟我談，說要在我的公司找個地方。他們還跟我說，有十萬國民黨人在香港，這些人將來就要靠我了。我說：我什麼也不懂，也不懂得開會呀什麼的。他就說：不要緊，還有我們在後面，有我們在後面，你不要有什麼顧慮。他們說，會在後面支援我的工作。

問：那麼你給台灣那邊做過什麼嗎？

賴：沒有啦，我加入到他們那邊也是國安的意思嘛。而且就在這時，就是「四二〇」專案組來查我了。

問：沒有來得及做什麼事？

賴：你看多巧，查我的是「四二〇」，因爲當初羅幹簽的是四月二十號麼。「閩僑會館」那邊的會長胡仙也正是在四月二十號到期，要我接替。正好是同一天。那時我已經開始忙著應付「四二〇」的事了，所以台灣他們幾次來找我，我都沒有空理他們的事。

問：看來四二〇這個數字對你很特別，本來說四月二十號要你換胡仙的，卻變成了被「四二〇」專案組調查。

賴：對，台灣那時是決定要推我出來給他們做。反正這些事大陸國安部都知道，八局都知道的。八局不告訴我，告訴了陳主任，陳主任偷偷地告訴了我。包括那時拿到香港移民局的那些那麼重要的東西，對他們怎麼怎麼重要，都是他告訴我的，他們個個都因爲這件事升了官。

問：香港移民局的文件是你幫著運過去的，可以說，你的功勞很大，給你什麼好處了嗎？

賴：是我的車運過去的，這沒有錯，這是最危險的麼。什麼好處？就是現在來整我嘍。

問：那大陸這邊在台灣都有什麼人，叫你怎麼跟他們聯繫？

賴：沒有，他們不會給我知道這些的，他們只是說，我們在台灣有人。只是告訴我這一點。

問：但是你在做事的時候，總得有人和你配合呀，總應該給你一個內應的人吧，比如說，如果你在那邊有什麼問題時……

賴：沒有，我這邊有什麼事他們就叫我及時向他們直接彙報，就是這樣，沒有那邊的人跟我接觸，只有香港這邊跟他們接觸。他們只說到我的事情，其他沒有說。

解放軍少將向台灣出賣情報是因我才破獲的

問：你帶台灣的幾個人到大陸見國安部的人是怎麼回事？

賴：對，就是葉炳南他們嘛。葉炳南他到現在還關著呢。這個事情是這樣的：當時，這個葉炳南應該是要退了。他跟我說，想要給北京這邊做事，要我給他介紹關係，我就給他聯繫嘍。葉炳南拿了一張紙條，寫了五樣東西，他說：「我不懂怎麼談，你找一個北京跟我級別一樣大的，跟我坐下來談。」但他要求這邊保證不會抓他。我跟安全部的說了，這邊說，可以保證不抓。我就跟他說：「我給你保證不會抓，一定不會抓的。」

問：大陸國安部相信你的介紹嗎？

賴：怎麼不信？我跟他們講過一些情況，這些都是葉炳南告訴我的。像台灣跟江蘇當地合搞了一個洗車的，在哪個城市我不記得了，是那種自動洗車的，那是台灣特務點，專門在當地搞情報的，這個錢也是葉炳南他們投資的。還有在廈門的一間餅乾廠，也是食品廠，也是台灣他們搞的特務點。我就先告訴國安這些，讓他們重視這件事情。

葉炳南他為了讓北京這邊相信他真的知道一些很重要的情報，他是有價值的，他就說：我給你舉個例子，九六年三月份，中共中央軍委開了一個會，很高級別的，在這個會上，與會的人不能作記錄，不能錄音。他讓我去這邊問問，有沒有這樣一個會？他就是要進一步讓這邊知道他是真的手裡有重要的東西，他知道台灣在解放軍高層裡邊有人，他知道是誰。這邊一聽，知道葉炳南說的是真的，就知道他不簡單嘍。然後我就把那張寫了五樣東西的紙條拿給姓鄧的看了，告訴那個姓鄧的，葉炳南是什麼意思。鄧當時已經住在我紅樓了麼，我就給了他，他們在裡面核實出來什麼我就不明白了。

問：紙條上的五樣東西都是什麼？

賴：我就看到他寫的一個頭兒，其他我就記不清楚了。

問：大概都是些什麼事情？

賴：大概是什麼，我真的記不起來了。葉炳南就告訴我這個情況，說舉個例子，叫我給他們，先給他們提供一個不具體的事情，讓他們去核實，他們就知道了。就是看他們有沒有在九六年三月份開過一個會，是軍委的會，不能記錄，不能錄音。看有沒有這個會。大陸如果確實是有這個會，大陸就知道是有這種事，就會明白這個人確實是重要嘍。當時那個事情是五十萬美金，給了他五十萬美金——就是葉炳南給了大陸這邊那個向台灣提供這個情況的人。

問；葉炳南給了誰？

賴：給大陸軍方的這個人，就是被大陸槍斃了的這個人。

問：解放軍總後勤部的劉連昆少將？

賴：九六年時，當時台灣正在舉行大選，李登輝要上台，大陸這邊不想讓他選上嘛，就放飛彈過去，想把他們嚇住。就是這個人，他就透露給台灣這個消息，說大陸放的導彈是沒有彈頭的，是嚇他們的。所以台灣知道這個情況了：你放的導彈沒有彈頭，那不是放空炮嗎？還有什麼可怕的，對不對？所以李登輝那時講話的口氣就很硬了，後來就選上了嘛。就是這樣的。

問：那麼葉炳南是怎麼被抓的？

賴：我跟國安那邊說好了之後，就約葉炳南來，他們來了八個人。四月五號他們住進廈門悅華酒店，我一直以爲他們真的不會抓，還很放心。國安的人來了，跟他們談了。但是，到了十號──好像是十號，他們就動手了，把人抓了。

問：都抓了嗎？

賴：沒有，只抓了葉炳南。《亞洲周刊》那個報導是錯的，他們後來有更正。葉炳南給抓了起來兩、三個月，那個人就被拉出去槍斃了。

問：劉連昆就被槍斃了？

賴：他就給抓出來槍斃了。就是因爲葉炳南被他們抓了以後，把這些事全部都招供了出來。後來他們知道葉炳南在香港當了十年的情報站長，他搞了大陸很多情況過去，什麼他都知道。他們就重視嘍。但是，葉炳南要退了麼，不知道他們怎麼想？然後他們就避開我了，把葉炳南抓起來，來硬的，要弄出東西來。

他們真的弄出很多東西。然後他們就給上面彙報說，是他們自己弄到的，根本沒有說是我弄到的。

你知道嗎？葉炳南供出來的東西都要全部報告給江澤民的，就是劉連昆這件事氣得江澤民拍了桌子，江澤民說：沒想到我身邊怎麼會有這種人。沒多久劉連昆就給槍斃了。

問：當時，劉連昆被槍斃時，好像不僅一個人被抓？

賴：對，還有一個叫邵正中，是個大校。這些也是我在安全部裡的朋友告訴我的，不然我怎麼會知道。

葉炳南被抓後，人人都提了幹，升了官，還有一個是安全部給了八十萬蓋房子。可是，如果不是我把葉炳南叫過來，那麼大陸這邊的很多事還不是會一直賣過去，怎麼會這麼快就查出來了。我當時也很氣，後來我就想，要想辦法讓羅幹知道這件事。

關於劉連昆案，港台媒體自一九九九年下半年起，都有大量的報導。

報導大部分都確認，中國大陸破獲了劉連昆、邵正中台灣特務案。劉連昆原是解放軍總後勤部軍械部部長、少將；邵正中原是總後勤部軍械局處長，大校。兩人於一九九九年八月十五日被以毒針處死。而當時，中共因此案共逮捕了二十多人，其中包括一名台灣居民姚嘉珍，姚嘉珍目前仍被關押在北京南苑看守所。另外有一個重要涉案人，據傳是邵正中的女友，曾任解放軍軍醫的沈昌麗，化名沈小麗，案發時人在西班牙，目前仍潛藏在西班牙。

報導稱，劉連昆、邵正中於九十年代初就已經成爲台灣的間諜。九六年台灣舉行首次總統直選之前，中國軍方曾經召開高層將領的軍事秘密會議，解放軍強硬派在會上主張把台灣的西岸從南到北的四百公里範圍內，以每三十公里爲一個區域，用砲彈攻擊，其中幾個區域再配以小型的核彈，把半個台灣炸翻。

在會議上，劉連昆出面阻止，劉發言反對說：我們發動這樣的戰爭勢必會引起國際間的強烈反彈和制裁，而且，如果把台灣炸成了空城，解放軍即使拿下了台灣又有什麼意義呢？劉連昆的發言得到不少將領的支援。

隨後，劉連昆向台灣方面提供了解放軍的演習性質、次數、部隊調動、飛彈試射次數以及彈著點的相關位置等，特別是，劉連昆向台灣洩漏，解放軍所發射的飛彈是空心的。

李登輝在競選總統期間爲了安撫台灣民眾，公開表示，北京只是試射空心彈，是嚇唬人的。有人分析，是因爲李登輝的炫耀，使得北京方面覺察到解放軍內部被台灣滲透，於是開始暗中審查。另外，九八年有台灣軍情人員向大陸出賣情報，爆出了劉連昆、邵正中案。

現在，賴昌星的說法能否得到進一步的證實呢？

通過歌星董文華遞材料給羅幹

問：你說，要想辦法讓羅幹知道你做的這些事，那麼你向羅幹反映了這件事嗎？

賴：我是通過董文華向他反映的。我先託大陸的一個記者幫我寫了一份反映材料。這也是一個很有名的記者，算是大陸的一個大記者，叫李前，是部隊的。寫好材料以後，我就交給董文華，通過董文華把這份材料送給羅幹，董文華和羅幹談了十幾分鐘。

問：爲什麼要通過董文華送材料給羅幹呢？

賴：因爲我送不到嘛。我跟董文華關係很好。

問：她能有這個辦法？

賴：她跟羅幹很熟，她跟中央領導都熟，沒想到她如今也受了牽連。

問：好像這一次連春節聯歡晚會都沒讓她出來？

賴：對。沒想到牽扯到她。他們就是這樣，凡是和我有關係的都不放過。

問：有人說，你曾經送了一套房子給董文華，價值一千兩百萬，裝修費就花了六百萬，在北京亞運村。「遠華案」被調查後，她已經主動退給國家了。

賴：沒有，沒有這種事。在亞運村？亞運村在哪裡我都不知道。

問：你跟董文華很熟嗎？

賴：是，很熟，熟悉很久了。我跟她說了這個事，她說，她願意幫我這個事，就去跟羅幹去談了，羅幹這樣才看到我那份材料。

問：材料上寫了什麼？

賴：我就把我所做的事情告訴他了。我寫了關於葉炳南說的導彈的事情了，還有台灣培訓的特務在大陸安排在哪裡啦，多少人啦。還有台灣軍方的那些情報啦，我想起來的就有寫在上邊。我想應該讓他們知道我爲國家做了很多事。我真的做了很多事，花了很多錢。我單是在情報方面就爲國家花了有一千多萬，他們應該心裡有數的。

問：你托董文華遞信給羅幹是什麼時候？

賴：大概九九年五、六月份。

問：也就是「四二〇」查你的時候？羅幹給你什麼回復了嗎？

賴：羅幹就批示說，讓國安部把我做過的事全部都報上去。正好那時國安部的那個部長剛剛上任嘛，國安部的這個部長姓許，叫許永躍，他原來是陳雲的秘書，後來在河北省當副書記。這個部長剛上任，正好他有事到福建來，我就一直催他去找中紀委和「四二〇」，去幫我談這事。

問：董文華是不是也是安全部的人？

賴：不是。

問：那她爲什麼參與這件事？

賴：她是我的朋友啊。

問：什麼時候認識的？

賴：我跟她認識好多年了，具體時間我想不起來，九四或九五年吧。董文華跟羅幹談過之後，國安部又問我了，說：你是不是通過什麼人去找過羅幹？我說：是找過。我就是送一份材料給他看看。國安部的告訴我，說已經把我所有的材料都寫上去了，報告給上邊說我提供重要情報四次到五次。

台灣特務現在的行蹤我仍然知道

問：台灣那邊你後來還有什麼接觸？

賴：現在嗎？

問：現在你還有接觸嗎？

賴：台灣有個姓劉的，叫劉XX，他是台灣軍方的人，在軍方管檔案的。前不久，大概四、五個月，又和大陸做了一筆交易。

問：前四、五個月？你已經在加拿大了，你是怎麼知道的？

賴：我有聯繫呀，我也跟他通過電話。

問：這個劉XX是台灣軍方的人，但是私下裡給大陸工作？

賴：他本來以前是沒有出面的，但是這次，他是親自到澳門去見了大陸接替姬勝德部長的那個新部長。這個新部長在澳門，用了八萬塊美金和他做的交易。

問：這次交易的什麼，你知道嗎？

賴：不知道，這次交易很重要，必須是這個部長親自到澳門來見他。

問：剛剛你說是四、五個月前的交易，這麼重要，怎麼會傳出來的？

賴：這個不是傳出來的，我有人在那邊的。這裡邊有一個中間人，是個情報騙子，姓陳，跟葉炳南一起來的。在廈門那邊本來這個人是拿不到好情報的，人家信不過他。當時，他介紹這些人給我認識，當時在香港就給我認識了。人家信得過我，有東西會給我，給了我，我也一定會給錢。而且他們也相信我一定會把東西直接給上邊，不像這個陳義忠(音)，拿到東西到處去賣。那一天，他帶了那人到澳門去交易。我有一個手下在澳門，陳義忠有跟他聯繫的。另外，陳義忠的弟弟，也是陪著他們過去那邊成交，另外還有一個大陸人在。但這件事，他沒有什麼用，只知道軍情部的新部長拿了八萬美金現金給劉XX。

問：雙方都到了澳門？

賴：對，我跟劉XX通了電話。

問：你還跟他本人通了電話？

賴：是呀，當然通了電話。

問：你是說就是當他在澳門的時候嗎？四五個月之前？當時你在溫哥華嗎？

賴：那一天，我剛好是在多倫多。

問：他對你沒有任何戒心嗎？

賴：沒有。我們通了電話，他還問我好，他說，不知道我怎麼樣了，很挂念我，很關心我。在電話裡他還問我的事怎麼樣了，什麼時候完。我說：很快了，應該很快了。他說：兄弟們都很關心你的這件事，希望趕快了結。就這樣。他就告訴我那個新部長來了，怎麼怎麼樣。

問：那你以前就跟他熟悉？

賴：當然熟了，我跟他做的成交的事很多。那時有十六個人嘛，台灣那邊十六個都是我負責的。

問：前前後後你接觸過這麼多人？

賴：我每個月要給工資的，他們派人過來取。但是，如果有什麼重要的事，都是我直接談的。

問：這些人還在繼續做事情嗎？都是些什麼人？

賴：沒有了，他們都下來了，包括葉炳南也下來了。我現在還不想說他們，你知道，我一說出來，他們就麻煩了，那不是要害死人了嗎？他們大部分我想就是要賺點錢，有個人他父親是總統府裡的。

問：姓劉的是和葉炳南一起過來的八個人當中的嗎？

賴：沒有他，他那時不能過來的，他還是軍人。那次過來的都是退伍的。

問：那麼這次爲什麼劉ＸＸ親自到澳門呢？

賴：應該是事情很重要嘍。

問：也就是說，台灣到現在還不知道他的特務身份。

賴：我看這次報導出來，就應該知道了。我就不敢跟他聯繫了。台灣應當是會容易查到他的。

問：你多長時間沒有跟劉XX聯繫了？

賴：很久沒有聯繫了，以前在香港，和他見面就只有一次。在加拿大這邊就是電話聯繫那一次，正好那天他在澳門，不然怎麼會聯繫到。

問：以前做事時，你是怎麼跟他們聯繫呢？

賴：主要通過香港那邊，香港一出新電話、勞力士手錶，他們就讓我送過去的。

問：你為什麼這麼做呢？

賴：當時我也只是想弄點背景。你是知道的，在大陸要做點生意，不管你做地產也好，做什麼也好，如果你沒有背景，連塊地你也拿不到啊。假如說姬勝德要到其他省、市去，不管到哪個省，省長都要出來見面的。假如說我給他們做了很多事，也應該受到他們重用嘛。我要在什麼地方買塊地，人家就會給我面子。就是這個道理嘛。

問：你的投資也不少呀。你拿了這麼多錢出來，有沒有什麼回報呢？

賴：有呀，這不是嗎？他們給我的回報就是來查我嘍。這樣好了，連我以前做了二十年的生意，一下子什麼都沒有了。你要說我的生意做得好不好，我從八幾年就開工廠，我做的那種機器，真的是太好了，我的那種機器跟這裡會客室裡的隔板一樣，那麼長，排起來……

正式進入國家安全部

問：雖然你給國安部工作了很久，但是，你是到九九年才成爲正式的？
賴：應該是九九年吧。
問：有報導說，因爲你是國安部的人，所以你才得到了在生意上的特權。
賴：我原來沒有正式進入。
問：你說你有一個國安部發的「特通牌」，你拿到「特通牌」是什麼時候？
賴：「特通牌」大概是在九六年拿的。我應該是在九九年才入正式的檔案。正式的就是要塡表，表裡有問我家裡有什麼人呀，我的背景呀，學歷呀等等。
問：你是在什麼情況下拿到的「特通牌」的？
賴：就是因爲我一直給他們做事嘛，他們看我工作表現好，他們就決定把「特通牌」給了我，工作證也給了我。哦，想起來了，拿到這些證件應該是在九六年的五六月份。工作證上寫的是：幹部。是國家安全部的工作證。我當時名字是掛在新疆廳—國安部有個反分裂的廳嘛，我認識的那個人是這個廳的主任。我和他做了很多事。
問：九六年五、六月份拿到了國安部的「特通牌」、工作證、還有工作服？
賴：對。當時給我這些東西時，都是另外一個組的主任，其實我一直都在幫他們做事，當時那個主任也說我是正式的，我也以爲我是正式的，我什麼都有了麼。我如果到什麼地方跟蹤一個人，我認爲要抓他的時候，我可以找當地的公安局出面幫我抓，我有這個權力。當時部裡有人派駐廈門在安全局當副局長，他在廈門看到了我的「特通牌」他就報到部裡，說：

奇怪，部裡怎麼會有一塊「特通牌」在廈門？他還把我的牌號抄走了，追查這塊牌是誰的，哪裡來的？部裡就說，是部裡批的，爲了給我方便。

問：「特通牌」都有什麼方便？

賴：「特通牌」是和車牌一樣的，但是是紅色的。這是掛在車上的，但是一般人都不會把它掛在車上，牌子上寫的就是：特別通行，下面有一行小的編號。這種「特通牌」可能在中國總共才兩百個吧。我這個牌是全國通的。每個省的安全廳都有自己的「特通牌」，每個城市也有自己的「特通牌」。我的牌是部裡的，是全國通的。這個牌哪裡都能去的，比如說，你逆行走了單行道，有警察攔你，你就可以拿這個牌給他看。再比如，過橋要收費，你用這個牌是不用交錢的。如果我在北京的時候，掛這個牌是可以進到機場裡邊接人的。但是，我一般只是在上高速公路和過橋時才用。

問：這麼說，部裡應該算是很重視你？

賴：我原來在當地的車子都是掛軍牌的，後來我花了一千多萬港幣買了一部車，是正式合法手續進來的。那時候，部裡面還考慮要派一個人整天跟著我，可以帶槍的，就是警衛，我說不用。我想因爲我做了那麼多事情，對他們很重要，能讓他們個個提幹，他們就又來巴結我了。

問：九九年讓你正式入國安部的時候都有什麼手續？

賴：到了在香港的台灣組織看上了我，讓我加入到他們那邊，有了台灣的這個事，國安部的另一個人就叫我進電腦，進檔案，說這樣才是正式的。我也不知道是怎麼回事。手續就是填表嘍，表也是他填的，不是我填的。是他們幫我填，然後叫我簽字。這一次是八局的一個處長來的，還有他的兩個手下，給我登記這些東西進去，填表呀什麼的，是姓鄧的跟我談，在王府飯店談的。那個爲我登記的人現在還在香港。以前我還認識另外一個劉局長，劉局長原來也是八局的局長，香港回歸後被派去到東南亞做總代理。劉局長原來是賈春旺的秘書，他應該還是駐香港。

問：等於是重新確認你是國安部的人了。

賴：嗯。以前我給他工作的那個陳主任，叫陳石，他是新疆廳的主任，我先是掛在這個廳，新疆反分裂的廳。跟姓鄧的不是同一個局的。那個人跟我先熟了，所以我一直給他做，他就給我工作證，給我特通牌。我給他做的事，讓他也立了功。我看他工作的性質，就像電影《永不消逝的電波》裡的角色一個樣，兩公婆都是國安部的，都在家裡，不用到部裡上班。他們就是搞跟蹤的那種的。

問：但是你給姓陳的工作的那個時候，你認爲自己已經是國安部的人了，對嗎？

賴：對呀，我當然是認爲我自己是了。後來才知道我那個時候還沒有進入電腦，還沒有入檔案，後來他們就來了正式的指示，讓我正規地做有檔案的這一種了。事實上我給他們做事很久了，但是他們一直還沒重視到我，到台灣重視我的時候，他們才叫我加入。

而且這些事都是他們自己的人告訴我的，不然我怎麼會知道？他說：現在台灣方面在香港要用到我，因爲我懂得講閩南話。國安這邊也考慮到，福建人在香港的很多，要有一個可靠的人才可以。

問：在你給國安提供的情報當中，他們最感興趣的是什麼？

賴：其實我對情報也不熟悉，反正能拿到什麼就拿什麼嘍。他們也沒有給我委派任務，我跟他們說過，我說：如果你們不相信我有這種本事，你們可以指定要什麼，讓我去弄。我可以搞來給你們看。我弄來的很多對他們都非常有價值。比如說，台灣在福建的幾個點。其實，我到香港之前就和台灣那邊接觸了。理論上說，國安部是不插手台灣軍方的事情，但是，有些消息是我搞來的，給國安部後，他們再給軍隊，這樣他們就覺得自己很有面子，好像是說：我們的人可以搞到你們的人搞不到的東西。

問：總政聯絡部是負責台灣方面的事吧？

賴：總政聯絡部一直是葉家管的，主要負責台灣的事，但是總參二部和國安部都有管台灣的部門，也有一些交叉吧。台灣那邊來找我，主要是兩夥人，一幫人是要我爲台灣做事的。另一幫人，是向我要錢的，把情報給我，我給錢，主要是軍方的。

問：葉炳南的事成了你做的最後一件事？

賴：我覺得他們最喜歡的就是最後一件，就是葉炳南這件。葉炳南在香港當了十年的特務站長，什麼都知道，很多在大陸的台灣特務點，都是從他那裡逼出來的。這之前，我弄的都是一些給軍隊的情報，他們不是很感興趣。我告訴他們，廈門的食品廠是台灣情報部門搞的一個點，他們開始對這個有興趣了，這個是屬於他們管的。他們最感興趣的還是葉炳南的事，他們是最高興的，個個因爲這個都立功。因爲葉炳南確實供出很多事，很多人，這些原來都是他們不可能知道的。

國家利益第一，走私算什麼

問：外界一直都說，因爲你是國家情報部門的人，所以在生意上得到了很多方便。

賴：方便？什麼方便？我沒有得到什麼方便。他們確實是一直說要在生意上給我提供方便，可我並沒有得到啊。他們的意思就是說，如果我提供了情報，他們不能給我錢，不能給我報酬，但是在生意上可以給我很大方便。比如，一些別人不方便做的我可以做嘍，這是他們自己編出來的，不是我說的。

問：雖然你正式成爲國安的人才這麼兩年，但是否因爲你以前私下裡早已經是情報部門的人了，他們以前就提供方便給你了？

賴：沒有，國安根本沒有幫過我什麼忙。他們只是一直都是對我拍胸脯，說什麼：不要緊，走私算什麼，國家利益第一，我們不會讓你吃虧的，什麼什麼，總是來這一套。

問：國安一直都沒有幫上你什麼忙？

賴：什麼都沒有。我自己只是想有點背景，有什麼事情的時候可以說上話，可以幫上我的忙嘛。他們爲我做的事，就是現在讓「四二〇」來查我嘍。他們一直都給我打保票，說：只要你槍枝不做，毒品不做，殺人的事不做，其他你的什麼事我們都管得了。這是他們說的，我現在要當面罵他們「王八蛋」。

問：你出事之後他們怎麼說？

賴：我到加拿大之後，國安部八局的一個孫局長還打電話給我，約我到新加坡見面。是孫局長跟我通的電話，但是他說要見我的是那個姓邱的，邱進，邱局長。但是我核實了一下，我看他們是在騙我，我沒有同意。我說：你們有兩個承諾都沒有兌現，我怎麼相信你？

問：是哪兩個承諾？

賴：其中一個是葉炳南的事，當初是他答應我不抓葉炳南，我才讓葉炳南來的，我向葉炳南做了擔保的，這樣一來變成是我失信，我很不滿。

問：後來他有沒有向你解釋爲什麼一定要抓？

賴：孫局長說，抓了不是他的事，是上面老闆的事，他也沒辦法。我因爲這件事跟他吵起來。他們一抓了葉炳南，我就趕到了北京，要見這個邱局長，他就不見我嘍，也沒有跟我解釋。然後有一天，那個邱局長罵鄧處長，就是爲了這個事，說他連一個手下都管不了——我就算是鄧處長的「手下」，就是嫌我反映嘍。他其實給我的級別也算挺大的，處級幹部。

問：另一個承諾是什麼呢？

賴：另一個承諾是，他答應我，他們會跟中紀委說「四二〇」這個事，就告訴「四二〇」，有些事是我們情報工作上的需要。不要他們再查下去，這些對他們來說是很簡單的麼。但是他們一直拖，一直拖，沒有守信用。我做的最後這個，就是葉炳南這件，使得他們個個都立了功，要不是因爲這個立了大功，他們個個都會進去的。要不然，這麼多人都因爲「遠華案」進去了，爲什麼國安的沒有抓一個呢？

我相信現在中國大陸那些高官、高層如果知道了這些內幕，會有很多人抱不平的。我的生意是做得很大，可我是憑我的本事做的，不像他們說的那樣。我爲國家做了不少貢獻呢。

在本書正要脫稿時，賴昌星拿到了中國國家安全部送交加拿大政府的一封證明信，證明信沒有日期、沒有圖章、沒有簽名，只是說明賴昌星不是中國國家安全部的人。

賴昌星說：你看他們這種人，連這樣的事情也做得出來？

賴昌星一家居住的麗晶大廈

賴昌星一家居住的麗晶大廈

賴昌星初到溫哥華用 130 萬買的豪宅，後以 90 萬賣出，被來自中國大陸黑龍江省的一個人買了

四 驚天大案起因於一個副軍長混混兒子的訛詐

賴昌星說，「遠華案」的直接起因是，中國人民解放軍第三十一軍副軍長的兒子朱牛牛因爲豪賭，欠下數千萬元賭債，而向賴昌星敲詐。賴昌星在此之前曾經多次幫助過朱牛牛，但這次他決定不予理睬，並認爲：朱牛牛不是人，是動物，他說：我要把他從房子裡丟出去。

賴昌星並沒有把朱牛牛從房子裡丟出去，從而引發了「遠華案」。

將門出了個狗兒子

問：朱牛牛告狀到底是怎麼回事？

賴：最初，我是跟他哥哥先認識的，他哥哥叫朱建國，朱建國是跟我的一個手下叫劉紀忠的熟，是山東人。朱建國的爸爸是軍隊的，那個劉紀忠的爸爸也是軍隊的，他們怎樣熟的我就不知道了。劉紀忠就給我介紹認識了。

問：這個朱牛牛和朱建國的爸爸是三十一軍副軍長？

賴：對，是副軍長。

問：叫什麼名字？

賴：叫什麼名字我不知道了，我對他很尊重的，我也請過他吃飯。

問：這位副軍長是什麼背景？

賴：他原來是遲浩田的上司，以前的。我見過他有幾次，到過他家裡見過，他也來過我紅樓吃過飯呢。

問：他家也在福建嗎？

賴：在福建，在廈門。他退休很久了，是個老軍長。

問：這個朱牛牛是怎樣的一個人？

賴：朱牛牛是個社會上的混混。他原來是在「九洲集團」裡頭做一個部門經理，自已私下也做一點生意。但是，也做不正經的那種。他做美國柯達膠卷，自已在石獅搞了一個地下工廠，專門生產美國的柯達膠卷。有一個美國來的人來查他，說他們是冒牌的。這個人就裝作買家，通過別人去找他，要的貨數量很大，和他見過面，看工廠。看完之後，就跟蹤他。什麼都清楚了之後，美國這個人就找當地的工商局，找到廈門。通過北京什麼關係我就不懂了。結果就把朱牛牛給抓起來了。在廈門一抓起來，就把他送到泉州去，送到泉州工商局，當時他老婆就來找我，說他被抓了也不知道送去那裡，什麼人也打聽不到。我就幫她找，找到泉州工商局。

問：這是哪一年的事？

賴：應該是九四年吧？差不多在這個時候，九三、九四年吧。

問：那你是什麼時候認識朱牛牛的？

賴：在他那次被抓之前我就認識他了。沒多久，剛認識一年多，他就有了這個麻煩，反正最後我是幫他解決不了，通過人跟他們講情也是不放。後來朱牛牛自已的媽媽去公安局監獄門口，賴在那兒不走，讓人家一定要放他兒子，不放他兒子，她就是不走。美國柯達公司要罰朱牛牛幾個億。朱牛牛他根本就沒有這個錢還，最後也沒辦法了。可是到了一定時間朱牛牛也放了出來了，放出來後，朱牛牛就改了個名字叫朱安利，後來就到香港去了。

問：他是拿到正式的證件去香港的嗎？

賴：跟我一樣的，跟我一樣辦了個單程證。

問：他是通過什麼人辦的，你知道嗎？

賴：我幫他辦的。其實，我一直對他挺好的，甚至到後來他舉報我，他還到我公司來，最後跟我談判這個事。

問：爲什麼他的事會非把你拉進來呢？

賴：你聽我講呀，朱牛牛就這樣跟我認識，一直有往來了。我們在香港還一起搞了一家公司，在信德中心。一共三個人，還有一個北京的，三個人搞一家公司，具體怎麼做，我就不清楚了，由朱牛牛來負責，我們出錢，他來負責操作，後來他不知怎麼慢慢的變成經常上澳門去賭錢了。

朱牛牛豪賭輸掉鉅額公款

問：你們在香港的公司是經營什麼的？後來怎麼樣了？

賴：原來就是經營房地產，再想做一點貿易，賺一點錢來，負責公司的零用錢。但是沒做起來，這個公司做得不成功。主要是因為他後來去賭錢，把錢全轉移去賭錢。和朱牛牛合作辦的那個公司，叫「中鴻發展有限公司」。

問：這個公司你投資的？

賴：三個人都有投資，這個公司弄起來，朱牛牛就負責這個公司了。後來他就經常的去澳門賭錢，把什麼也輸光了。最後這個公司就垮了，沒有了。然後他自已就去做別的生意了，然後就跟那個陳光輝開始熟了——就是那個廈門「開元外貿公司」的老總，你看，中國提供的這個材料裡也有他的名字，第一個就是陳光輝麼。接下來，朱牛牛就欠陳光輝不少錢。

問：是陳光輝借給他的嗎？

賴：開始就是跟他做生意。陳光輝手下有一個保稅品公司，保稅品公司的負責人叫阿東，這個保稅品公司跟朱牛牛合作做生意，賺回來的不管多少錢，阿東就給朱牛牛去澳門賭錢，就都輸了麼。他就開始欠陳光輝的錢了。

問：這個阿東為什麼這麼做呢？

賴：阿東把本錢都拿去給朱牛牛去賭。有時朱牛牛賭錢贏了，也就會十萬二十萬的給阿東了，讓他去花了。但是，多數時候都是輸，把這錢就都輸進去了。

問：一直拿公司的錢去賭？

賴：對對，朱牛牛和阿東一直騙陳光輝了，花了他六千二百萬。

問：六千二百萬？他怎麼可能就這樣拿了這麼多公司的錢去賭？六千多萬呢，有手續嗎？

賴：什麼手續？因爲當時他的公司可以做轉口生意的，做香煙麼。做轉口生意的錢在香港一收到，他就飛往澳門去賭了。反正這個錢他輸掉了。

問：六千多萬！從錢數上看，這也不應該是一天、兩天的事。

賴：很長時間的，前後有一年了。

問：他拿公款賭錢，應該早就被發覺了。

賴：朱牛牛欠了陳光輝這些錢，陳光輝找他要。朱牛牛又去山東，找了一家省政府的公司，什麼公司我不記得了，這個事廈門政府都有紀錄的，他找了這一家公司開了信用證，好像開了幾千萬吧，開到那個澳門一家公司，叫「南光公司」，老總叫韓壽平（音），也是個政府的公司。

問：朱牛牛是不是借用「南光公司」，想從「南光公司」把山東的信用證的錢取出來？

賴：對，就是借用他一下，把他從山東騙的錢拿出來麼。「南光公司」的老總，我們是叫他韓總的，他是代理ｘｘ膠卷的。朱牛牛本來也欠他很多錢，他也知道他拿不回來，他就叫朱牛牛去開證，一開來證，他就一筆扣掉了。

問：等於朱牛牛騙了山東的錢，想還陳光輝，但是，錢被韓壽平扣了。

賴：這你到廈門一問就知道了，要瞭解這個到廈門公安局也可以。

問：他從山東開信用證，開了多少錢？

賴：開了幾千萬。具體是幾千萬我也不知道，講定是幾千萬的。那姓韓的就把錢給扣掉了。怎麼打信用證我不懂，我沒有開過這種信用證。反正朱牛牛拿不回山東那筆錢，他後來又在廈門一個海倉公司，就是在廈門郊區的一個公司，是廈門開發區政府的一家公司，在海倉又開了一張一千三百萬的信用證給山東那邊。我現在不方便查，要可以查，我都能查出來的。反正他又在海倉那邊開了信用證來補給山東那邊，這樣補來補去，反正又騙了廈門那個公司，又歸還山東了。

債多不愁，告狀解套

問：就這麼幾千萬幾千萬地騙來騙去，看來都因爲是政府的錢。那他就欠廈門的了？

賴：就是因爲這個，廈門就把他抓了。他要是還不上就不放人。當時辦案的這個負責的人就叫我幫他。朱牛牛一給抓了的時候，他就一直賴著我，政府這邊也叫我要幫他。

問：政府叫你怎麼幫？

賴：這是廈門政府自已抓的，那市政府說，只要由我擔保就可以先放他。

問：爲什麼市政府會出面這樣講呢？

賴：因為這個錢政府要收回麼，政府不信他。當時我公司做得很好很好的嘛，很出名嘛。信用也很好，非常好的，只要我保他，他們就可以放他。

問：市政府的什麼人找你？

賴：是朱牛牛帶人來找我的，帶來一個陳為文，還有一個檢察院反貪局的副局長。他當時是「雙規」嘛，住在賓館裡。他就跟抓他的人說，可以找賴昌星來擔保。然後他們就跟他來了，負責這個案子的老闆是劉豐（原廈門市委副書記）和包紹昆（福建省檢察院的檢察長）。但是我不想提這些人名，不知道會不會又給這些人找麻煩。反正我就給朱牛牛做了個擔保。劉豐和包紹昆他們兩個知道，市政府也知道是我給朱牛牛做擔保，他們就信了，就把朱牛牛放了。說好在一年之內朱牛牛要還清這個錢。

問：你做的擔保都包括什麼條件？

賴：就是朱牛牛保證一年以內一定還這個錢。就是要我的這一句話。然後到了一年了，他沒有還錢。市政府又緊張了，就通過法院來告我。我也不知道，反正我就收到一張告票。

問：因為你是他的擔保人，他沒有還，法院就告你。

賴：對，法院就告我。我收到那張告票，就去了。第二天我就把一千三百萬還給廈門市政府了。我就說給劉豐聽，我說：你們怎麼這樣，既然我做了擔保，當然就會承諾這個事。你應該先通知我，說這個錢已經到期了，而朱牛牛沒有還這個錢，然後問我：你還不還？我不還，因為是我作擔保的，你再來告我。你這個程序應該是這樣走。他們一直跟我承認這個錯。這個劉豐，還是廈門的副市長，你可以去問一問，這個事是他經辦的。反正這個錢我是還過去了，那朱牛牛就欠我一千三百萬。再有，朱牛牛在香港冒充我，去找別人借錢。因爲我當時在香港有名氣，要借錢人家都會信得過呀。他找了一家公司叫什麼名字我不知道，借的錢，借了幾百萬，說是我要的，冒充我簽名。所以我在香港又收到一張法庭告我的。我也不知道香港法庭又告我了，反正我叫我的秘書通過律師，要過對方告我的材料去看，其中有個紙條說是我簽名的，幾月幾號，兩張借據，兩筆加起來一千萬左右。

問：他冒充你的簽名借的錢？

賴：對，朱牛牛冒充我簽字，是用「中鴻公司」去借的這個錢。「中鴻公司」我已經退出了，名字已不在裡面了。但是以前有，反正他可能拿營業執照給人家看，那裡面有賴昌星了，賴昌星簽名了。對方我是不認識的，反正他沒辦法還這個錢，他一直賭錢，沒辦法還這個錢。

問：所以，他在你身上的債有二千三百多萬了？

賴：香港這個我沒有給。我看完這個材料，我說：不是我簽的，我也不知道這回事。我就跟我的那個夥計姓黃的說：拿我的回鄉證出來對一對，簽字是幾月幾號。拿出來一對，哎，這一天我根本不在香港，兩次剛好我都不在香港，都是在大陸。簽字地點是在香港簽的。然後我就寫了一張證明給這個律師說，根本沒這回事，我不管他，他僞造我的簽名，我將要告他。這樣回覆給他們了，這個事也就完了。這個事在香港法庭你可查到的，都是事實。

然後呢，因爲朱牛牛他欠我錢，沒有辦法還，他看我生意也做得好，他就介紹陳光輝跟我做生意。我有這種能力做生意，陳光輝他也有能力做生意。

問：這是什麼意思，介紹陳光輝和你認識一起做生意，他有什麼好處？

賴：朱牛牛跟陳光輝說，他和我一起做的生意可以不做了，讓出來給陳光輝和我做。然後他欠陳光輝的這個錢他就不還了，他說他永遠不做這些生意了。

問：什麼生意？

賴：我也不知道談的是什麼生意，轉口生意，做那個毛豆油什麼的。

問：就是說，朱牛牛把你介紹給陳光輝，等於是給陳一個機會，然後欠陳的錢就不還了。

賴：陳光輝本來也做那個毛豆油，但是他要買那個批文，海關要交關稅。

然後朱牛牛一段時間真的就沒有跟陳光輝做生意了。朱牛牛輸錢越來越多了，到處借錢，他就又找了一個姓吳的，吳大潮，是總政聯絡部的一個負責人。他找吳大潮借了一千四百萬。他也跟吳大潮寫了一張借據，也是說我要借的。吳大潮一聽到我的名字，就把錢放心地給了朱牛牛了。然後朱牛牛跟吳大潮說，每個月給他固定利息多少，好像是三分？這個錢拿去汕頭去做走私。大概就給了他三、四個月利息。這件事是吳大潮見我時告訴我的。朱牛牛借的錢又到澳門去輸光了。

問：只還了利息，本錢全輸了？

賴：他每月說好了給利息嘛，利息只給了三、四個月，剩下的錢也輸掉了，沒有利息給他了。吳大潮拿不到錢就來找我了，在悅華酒店坐在咖啡廳跟我談這個事。我說這個事跟我一點關係都沒有。然後他就告訴我說，朱牛牛借錢的這份材料有我的名字怎麼怎麼。我說：你這樣就不對了，你跟我不熟，你不可能一聽見我名字你就借錢給他。我說，如果我去找你借錢，你聽到我的名字你就借我嗎？他說：反正我一聽到你的名字，我借給他了，我以爲是真的，不知道他賭錢的。他就介紹這些東西給我聽。他問我說：你能不能找到朱牛牛。我說：我沒辦法找到他，因爲他本身就去賭，我不知道他在那裡。這之後，他就一直跟我有聯繫了。有一次打電話找朱牛牛，那時已幾個月沒找到朱牛牛了，他打電話到朱牛牛家裡，正好一個家裡的傭人接電話，說朱牛牛在家裡，正在睡覺。吳大潮就立即開車兩個小時到他家裡，朱牛牛知道他來了，就想跑，但是來不及。吳大潮就逼他還錢，他說：你要逼我，我就從樓上跳下去。吳大潮說：你跳下去，你不跳下去是小狗。他又不敢。他又說：我幾天時間就可以還這個款，你相信我，給我幾天時間。好像說的是十天，或者一個禮拜左右啦。反正吳大潮看拿他沒有什麼辦法，也就答應他了。

就是從這裡開始，朱牛牛就跟那個開元保稅品公司的阿東——阿東原來是廈門開元區的區長秘書，很會寫文章的——他們就開始寫了。憑他們兩個的感覺就開始寫了。要告狀了。

欠債八千萬，勒索一個億

問：阿東爲什麼參與這件事？

賴：阿東欠公家那麼多錢，也沒辦法還，被那個陳光輝開除了，不讓他在公司幹了，房子也跟他收了回來。他當然就很恨陳光輝了，然後他就和朱牛牛天天在一起了，開始寫材料了。材料寫得很肉麻，什麼「敬愛的江澤民主席、朱鎔基總理：你們能做我們的後台，我們就什麼都敢大膽地寫」。

問：他們這個告狀信，什麼人看見過？

賴：我本來也有一份呀，但不是他給我的。

問：現在還有嗎？

賴：沒有了，他們拿走了。不過這份材料到處都有的，他當時複印了許多，到處送。

問：也就是說，他們在欠下鉅款的情況下，無路可走，就想把這些他們欠款的人都告進去？

賴：對呀，他們欠的錢，大概八千來萬。這是他自已算的。他說，他欠人家八千多萬，所以他要一個億，另外的一千多萬，是因爲他不想在廈門呆，他想要走開。他說廈門既然這樣，他也沒辦法呆下去。

他們兩個的報告是怎麼寫的呢？就是舉報。他就憑他跟阿東兩個人的想象去寫。比如說：他看到過趙學敏（中共福建省委副書記）有個兒子，到過我公司一次，這個兒子是在廈門讀大學的，他就說，這個人跟我做生意，就寫上去。還有，他知道魏鵬是北京軍區的嘛，他在北京軍區的企業局，局長跟我很熟呀，魏鵬就是楊前線的小舅子，是住廈門的軍人，他也經常跟我在一起，朱牛牛就說，魏鵬也在跟我做生意。另外，他報告裡說，廈門石油公司的陳永健也是跟我做生意，其實這個陳永健跟我連見過都沒有。

問：告狀信裡涉及了多少人？

賴：這封告狀信在中紀委那邊應該還有的。像許甘露、楊前線、石兆彬，還有李紀周、王樂毅，裡面涉及到很多人，真的是很多人。如果他們看到我和什麼人一起拍過照片，他就把這些人全部寫進去。然後就說誰、誰、誰是我的後台老闆，怎麼怎麼的。他們就編了一大堆。真的是太可惡了。

他就這樣威脅我，憑他的感覺去做嘍。反正寫了一大堆，寫得有那麼厚（比劃）。

問：他這個時候就是向你敲詐錢？

賴：向我要一個億——不是，他告的是我和陳光輝兩個人，要我們兩人出一個億。

問：他是把你們兩個一起告呢，還是分別告？

賴：他一上來是告的陳光輝，然後說我是陳光輝的後台老闆，然後再說我的後台老闆是誰誰誰。

問：他想把許多人一起告下來？

賴：對，一串人。他一直還跟我說，他不是衝著我，他還跟我是好朋友，他說，知道我幫他很多忙，還欠著我錢。他以前就找過我，當年他因爲仿造名牌膠卷，被抓起來關在泉州，他老婆就找我借了三百五十萬，他老婆來求我，我可憐她，我一下就三百五十萬就借給他了，然後他就放出來了。按說，他沒有理由再來找我要錢。我幫他那麼多錢，一千幾百萬了，多少多少，而平時欠我錢都沒有給，總共有兩千多萬了，我也就算了。他說，他沒有路走了。那個吳大潮就要打他嘛，還讓他從窗戶上跳下去，說：你不跳，就是小狗。這可要命啦，他怕死呀，他哪裡敢跳呢？

問：這大概是什麼時間？

賴：算一下，我是九九年出的事，他是九八年末，或者，是九九年一月份，他就開始搞這一套了。

問：從九九年一月份，他開始寫材料告你？有什麼具體的事實嗎？

賴：啊，告的材料什麼根據都沒有，他們到博坦油庫裡邊，用錢去給那些工作人員，收買那些工作人員。

問：他們拿了錢去收買工作人員，爲了製造材料？

賴：他們叫工作人員從電腦裡頭打清單出來。因爲這是中外合資的嘛，管理很先進的，全部是電腦管理的。他們想知道哪天靠岸的什麼船，有什麼船運出去，還有別人在油庫寄存的東西，都能夠從電腦裡查出來。福建省所有的油，凡是有從這裡進出的，全部可以從電腦裡列印清單出來。他們就叫工作人員製作一些材料，就是說我哪一條船運了什麼什麼，羅列了一大堆。反正同這個舉報信一起送上去。他不是寄，是找人拿上去的。

這樣，上邊看到這裡有船運紀錄，好像很具體的，就可以來人查了嘛。然後上邊就到海關來查，查了以後說查不到報關紀錄。就說，這樣證明所有的東西都是我跟陳光輝做的走私油。所以按這個邏輯，他們就推算在這裡邊，我可以賺多少，陳光輝可以分多少錢。朱牛牛就來說：你要我給這個錢。他還跟陳光輝說：這不是敲詐你。他的理由就是說，因爲做這個走私油，你陳光輝能賺三個億，而我只欠你六千多萬，扣掉我那六千萬，我還要一個億，這樣你還可以賺一個億多。因爲當時是我們一起做的。

問：他這個時候告你們倆，目的是要你們把他欠的賬一筆勾銷了，然後再給他錢，他好拿著這筆錢到國外去？

賴：對。

問：如果是這樣的話，他應該是拿了材料先威脅你們，而不是向上告呀？

賴：是呀，是這樣的。他是先來敲詐的。他怎麼樣把材料給我的，你知道嗎？他先拿給廈門海關副關長接培勇，由接培勇給廈門海關關長楊前線，讓他們轉給我，說，材料已經寫好了，我應該知道怎麼做，不然他就怎麼告。我看了這份材料，根本一點不是事實，我也不理他。我很氣，我跟人說：朱牛牛如果到我公司來，我就把他扔出去，他是動物，他不是人。就這樣，他也知道我說了這句話，他沒招數了，沒辦法了，就到處去威脅了，到處去說了。

問：那陳光輝怎麼反應的，你知道嗎？

賴：知道，陳光輝當然很氣呀，他說：這根本不是人呢。根本沒這種事呀，我做一點油，但是從來都交稅，海關有交稅。因爲他是公家的公司，怎麼會去冒充什麼，只能是賺一點錢來塾朱牛牛欠債的這個錢嘛。

一不做二不休告他一大串

問：廈門海關副關長接培勇在收到告狀信後是怎麼說的？

賴：他們去查了，他們海關就具體去查了。因爲他是海關的負責人，分管查私的。他就先安排他們的人開始查了。查了根本就沒有這種事，都是有紀錄的，都有的。

問：既然先查過了，沒有事，那麼這件事是怎麼搞大的呢？

賴：他們說，那時候正好是在搞打走私嘛，好，他說，就要利用這個時候站出來，我就在這個時候站出來告你，這時上邊一定想樹典型，上邊會重視嘛。

問：所以他們在拿不到錢之後，就開始告你了？

賴：他說，我要把這些事都上網，要讓全世界看。他說，已經複印很多，到處去發了，如果我被人害了，死了，這些照樣能夠交上去。

問：他成了一個受害者。

賴：就是說，他已經舉報了，舉報了以後，如果我對他採取什麼樣的做法，他要先做好準備嘍。

他自己本來沒有這種能力能夠送這份東西上去。這之前，只要有關於我的東西，不管到哪裡，我都能夠馬上知道。不管是到了哪個部門，只要有告我的東西，我都可以馬上看到的。朱牛牛最後是通過福州的這個吳大潮，吳大潮是總政聯絡部的嘛，他在北京有關係。吳大潮那時還在一直向朱牛牛追他的錢。朱牛牛本來說十天一定把欠他的錢給他。但是他沒有給，他哪裡有錢給。十天期限，朱牛牛就跑去北京想辦法，他在北京打電話給陳光輝，其實我已通過關係竊聽了他的電話，他確實在北京沒有錯。他在哪裡哪裡，我馬上去竊聽他的電話，馬上就知道了他在哪裡，監聽他的手提電話嘛。因爲我各方面都很熟嘛，我一個電話打給公安局，就說：我這裡有一個電話，你幫我查一下，這個電話號碼是在哪裡，他們馬上就可以查到這個電話號碼在哪裡打，現在在哪裡，幾點在哪裡。朱牛牛還約了另外一個人在北京跟他見面，叫于志海。于志海也在這個案子裡面，是「九州公司」的，和他同一個公司。

于志海一到了北京就跟他談，叫他不要這樣。還有「九州公司」的趙一昌跟他談，趙一昌原來是朱牛牛的老闆。趙一昌說：你不能這樣，這樣大家的朋友都沒得做。他就說了一大堆。這時候吳大潮就只想要到手他自己那筆錢了，就決定配合他，跟他一起來威脅我了。

問：吳大潮這個時候站在朱牛牛一邊了？

賴：對，站到他那邊，因爲朱牛牛欠他有一千多萬，他知道朱牛牛拿不出這個錢，只有威脅我，才有可能拿到這個錢麼。他們叫我要給這個錢，只要我給錢，大家就沒事了。

這份材料最後就是通過吳大潮原來的一個戰友送上去的。當時這個戰友在中訪辦（中紀委信訪辦公室）。他的這個戰友拿了三萬塊，就給他蓋了個章。爲什麼我知道是三萬塊？這還是朱牛牛自己告訴我的。

本來我一直不理朱牛牛，大概拖了一、兩個月。後來朱牛牛跟我說：如果到二十號這個錢你不拿出來，材料我就送出去。反正不管他怎麼說，我就是不理他。

問：他不是也要讓陳光輝出錢嗎？

賴：他雖然表面上是對準陳光輝，不是對準我，但他其實知道陳光輝不會給，這錢只會由我給。材料裡邊的事，先說的是陳光輝，但說陳光輝的後台老闆就是賴昌星，賴昌星的後台老闆就是誰、誰、誰。

問：他說你的後台老闆是誰呀？

賴：把李紀周他們都說了，很多人了。我也不記得是誰了。反正公安部副部長李紀周也有了，海關總署副署長王樂毅也有了，省裡的那些領導也有了，都寫在裡面。

問：有沒有寫到賈慶林？

賴：沒有寫到賈慶林。

問：最高級別涉及到誰？

賴：最高到誰？我想不起來了，真的想不起來了，反正很多人了，他知道誰就寫誰了。

問：那個時候有沒有把總參二部的部長姬勝德扯進來？

賴：姬勝德？沒有，當時沒有，因爲我跟姬勝德的關係他們不知道。那時是只要他們見到過的就是，看到過照片的就算，沒有見到的就沒有寫。

他在北京呆了幾天，他沒有招數了。後來就直接叫他哥哥來找我，他哥哥就在廈門一家公司。

問：朱建國？

賴：不是，是另外一個，是他大哥。他的二哥這時還在我公司嘛，我還派他和他大哥去跟朱牛牛談判，兩個哥都去，一起去北京嘛。因爲朱牛牛整天說：如果今天不把錢送來，我明天就要把材料送給中紀委了。一直就是這樣。我說：你要送，你就送，隨你便，你要怎樣就怎麼樣。因爲我看了這個材料，根本就是誹謗得太厲害了。我不去理他。

問：那份材料大概有多少頁？

賴：很多。包括那些複印單了，就是那油庫那些清單，有這麼厚。這份東西不知道現在能不能找到了。他當時送了很多，我也拿了一份。我一直看，一直看。他們太離譜了，你知道嗎！

後來他就讓他哥哥來求我，要我幫他一下。說我如果不幫他一下，他就怎樣。我說：隨他便，愛怎麼樣就怎麼樣。

問：他一邊敲詐你，一邊求你？

賴：他叫他哥哥來求我，盡量幫助他一下，給他一點錢。已經很久了，這個事情拖得已經有一、兩個月時間。就是一直計較，一直計較，我也一直不理他。

後來我實在煩了，就應承和他見面。他就來找我了，他找我，不敢到我公司來，就到我的遠華華景，遠華華景我還有一棟接待處嘛。他到了我那邊，跟阿東兩個人來的，就很不好意思的，出來也怕見到我公司的手下了。還問我說：「阿好有沒有很生氣」？他問我太太有沒有生他的氣。我說：你就不要再說這些了，你真傻。我就這樣說他。你知道我是給他一點面子。他就在我那面住了兩、三天嘍。他說要去把那個材料拿回來，去北京把告狀信拿回來，也找吳大潮去他的公司把材料拿回來了嘍。就是說要把告我的材料撤了。反正他跟我認錯了。我就問他，那些材料他們有沒有複印？他說，他不知道有沒有複印，應該是不會有吧。就這樣嘍，他還一直跟我有聯繫了，到告的時候……

問：是什麼時候了？

賴：我算一下。就是九九年三月份。他在我公司住那幾天，我還有拿二十萬給他。

問：還給他二十萬？

賴：給他二十萬。是他的哥哥一直求我嘍，說他連吃飯的錢都沒有了，什麼都沒有了。朱牛牛和阿東兩個人在我辦公室，他哥哥來看他了，當時在我紅樓。這個我服務員都可作證的。他一直和我聯絡了，他告訴我「四二〇」專案組的李本剛約他在福州見面，要怎樣怎樣。朱牛牛就告訴我了。說是要在福州八號樓見。李本剛跟朱牛牛他們見面的時候，我就告訴了我北京的那個朋友。我說：李本剛和朱牛牛已經見過了。但是，我那個朋友還說不可能。就是原來那個和李本剛熟悉的那個朋友，他說沒有見面，如果見過面他不會不知道。就說明李本剛沒有告訴他了，說明這時候李本剛對我那個朋友已經有一點懷疑嘍。我那個朋友還說：絕對沒有見過面。我說：絕對見過面，就在福州八號樓見的。那個樓是一個政府的樓，叫「西湖賓館」，「西湖賓館」八號樓，是省政府開的。李本剛就是在那裡跟朱牛牛見面的。我知道，從那以後，他們已開始立案了。我就不跟他們聯繫了，跟朱牛牛不聯繫了。

問：朱牛牛爲什麼出爾反爾呢？

賴：我不是說了嗎？其實這份材料最後並不是朱牛牛送上去的，朱牛牛一直只是希望我能給他錢。材料變成由吳大潮花三萬塊錢送上去的。因爲這個吳大潮有這個心理：他看我生意做得好，有一點眼紅，心裡不舒服。他從朱牛牛那裡拿不回錢，他就要整我了，你要看到這個意思。

問：趁火打劫？

賴：就是說，吳大潮他覺得我生意做得那麼好，人那麼聰明，很有名氣，他心裡不舒服，就要把我給告一下。後來變成了朱牛牛也不知道已經告上去了，反而是上邊急著找朱牛牛，想跟他聯繫。那時候朱牛牛才有點心虛了，告訴我情況是怎麼樣的。

羅幹批示查辦，「四二〇」專案組成立

問：這時，你知道上邊是真的要查你了？

賴：整個情況我是一直都知道的，羅幹在四月二十號一簽字，我在四月二十一號就知道了。

問：你四月二十一號就知道了，他們在四月二十號設立了這個專案組？

賴：沒有，那時候還沒有設立。我二十一號就知道了羅幹簽字，裡邊的內容我都知道。

問：從這時起，就來查你了？

賴：確定了要來查了。我給你從頭介紹。

九九年三月二十九號，首先是經過中國海關總署把材料報上去的。海關總署走私犯罪偵查室的一個主任，我不知道名字；跟一個叫劉京的，就是原來雲南那個副省長；還有一個叫牟新生的副署長，共三個人簽名的。是由偵查室的這個人起草的稿子，然後交給了劉京和牟新生，他們就簽了，遞交給中紀委。遞交給中紀委主要是因爲他們說：這裡面告的這些官比我們大，我們沒法查。就遞交給了中紀委，中紀委就遞給政法委書記羅幹。中紀委是有建議給羅幹的，建議是怎麼寫的，我就沒有注意到這個問題了。羅幹看過之後就簽了，在上邊批示：

海關總署主查，中紀委協調。四・二〇

問：現在能看到他簽的那份東西嗎？

賴：你們看不到，我肯定是對的。他指示由海關查，中紀委協調，這個案子就交給中紀委副書記、監察部部長何勇了，然後就交給中紀委二室的主任李本剛了。當時那個李本剛正好在香港，等李本剛回去的時候就交給他了。當時還有李本剛的一個副主任，他們二室的副主任，叫孫文健，是剛剛從其他一個室調過來的，就都來查這個案子了。

你知道嗎？其實那時候，他們正要查另外一個案子，是國家審計署的一個案子，是一個大案，不知道是什麼事。這時候，他們就都轉過來來查我這個案子，就是何勇叫他們過來專門搞這個案子。

問：這些就是「四二〇」初期的查案人員嘛？

賴：有他們幾個嘍。他們轉到這邊來的時候，李本剛是主任，孫文健是副主任了，另外還有個處長，這個人我要見到人就能叫出名字，現在想不起來了。然後跟海關總署的副署長牟新生，還有一個張國勝(音)，另外的一個是北京海關調過來、借來用的一個，叫小傅。他們都齊了以後，就到北京郊區去開會，開始策劃，看這個事怎麼搞。是開秘密會議。這個就叫「四二〇」了，會議大概開了一個禮拜。

問：在郊區什麼地方？

賴：具體的我不知道，是朋友告訴我的。只知道是在北京郊區，電話不能帶，手機、傳呼機機也不能帶。就是從這個在郊區開的秘密會議，就叫「四二〇」了。這個消息是絕對可靠的，因爲他一開完會，有人就告訴我了。

問：當時到郊區參加會議的人，還有什麼人？

賴：牟新生、李本剛、孫文健、張國勝，還有北京海關的小傅。其他的人還有哪裡的，我就不知道了，反正我對這幾個人的情況一直都知道的。

問：何勇爲什麼沒有參加這個會？

賴：他不用了，他已經部署好了，交給下邊的人去做了。他告訴那些人，說：會議要隱蔽，不能對外，情況可能會很複雜，先不要聲張。他說：這個案子已經和湛江那個案子不一樣了。湛江那個案子是一串葡萄，從上邊一提，整串葡萄就可以提上來了。而我的案子更複雜，我的人際關係更複雜，一定要小心。

賴昌星是黑社會大哥？

問：也就是說，在動手調查你之前，他們就知道這是個政治案子，而不止是個經濟案子？

賴：他們就派人來查了。先是那個北京海關的那個姓傅的到廈門來查。查了整個案子，從海關開始，七七八八都沒有，一點什麼都沒有查出來，任何什麼事都沒有，他就回去向上面彙報，上面聽了就挺不服氣，挺不舒服，就想我怎麼會沒有事呢？。

問：小傅先來查，都查了哪些部門、哪些地方？

賴：他來查了整個海關，要看什麼文件就看什麼文件啦，到處調材料了，查電腦了什麼。

問：當時他接觸過你本人嗎？

賴：沒有呀，他幹嘛接觸我？他是從側面去查、暗中去查的嘛。就是到海關呀什麼的，說我今天要看你的這個報關單子，要看你這個關稅單子，海關就都拿給他看了。

問：他是什麼時候到廈門的？

賴：應該是，我算一算，是五、六月份，九九年六月份。

問：他在廈門呆了多久？

賴：好像來查了三、四天吧，具體時間我想不起來了。因爲那個時候就是何勇叫他先來查，查不出什麼，何勇就挺不舒服了，覺得我不可能沒有事。然後他們就在北京郊區又是開會，老是查不出什麼，他們就以爲我是黑社會的。上邊又重新計劃，要怎麼樣怎麼樣來查我，應該是六月份。他們這個案子從頭就是誇大，查下去完全是兩回事，開始研究時還想指我是詐騙，說我詐騙銀行錢。結果也是沒有證據。

問：再次來查？

賴：對，對。然後專案組他們就給上面彙報說我是黑社會的大哥了，所以他們要再來就不能通知廈門來接。說我這個人在當地勢力很大，有黑社會的背景，還和香港黑社會什麼的都有關係。

問：要防著你？

賴：他們搞的好緊張呀，好像他們一到廈門要是被我知道了，我就會在機場把他們殺掉。專案組的人有的從廣州走，有的從北京走，有的從上海走，就是說要分散行動。比如說，今天在北京集中開會，然後再分散行動，不能一起到廈門來。他說不能通知當地人來接，通知當地的人有危險，他們一到廈門，就由那邊派了那麼多武警，全副武裝站崗。搞得滿神秘的，你知道嗎？

問：這些你是怎麼知道的？

賴：就是裡面的人告訴我的嘛，他們「四二〇」專案組裡邊的人告訴我的嘛。

問：「四二〇」專案組這時候只有幾個人而已呀？

賴：只有幾個人？我跟你說呀，就是李本剛本身告訴出來的。李本剛不知道「中海集團公司」的老總姓錢的跟我有關係，這個人現在也被抓，這個人跟這些人都有關係，包括我一個手下叫劉龍生的，他們整天一起打球、桑拿，他們就在北京打聽，當作跟我沒有關係的，向他們打聽，問這個案子怎麼樣，今天開會怎麼樣，這個案子進展怎麼樣，從這裡打聽出來的。就聽他們說：這壺水已經有點弄髒了，你再弄弄，就把事情弄出來了。就是這樣，裡面一開會，開會情況怎樣，他們就會馬上告訴他，他就馬上給我消息。

賴昌星：中紀委查腐敗 自己最腐敗

問：這個姓錢的後來出事，是什麼原因？

賴：就是因爲我說中紀委的問題嘛。我跟他們說，你中紀委的李本剛是最腐敗的，到香港去買東西帶一個小姐，就是姓錢的他「中海集團公司」的小姐了，刷卡就刷了四十萬港幣。我說了這件事，所以就牽連到他了。

問：可是，在這之前，李本剛跟「中海集團公司」的這個老總是朋友呀？

賴：是朋友。但是，我跟何勇他們說：你中紀委最黑，你先搞好你中紀委。李本剛看到涉及他自己了嘛，就先下手了。

問：何勇這個人的背景是什麼？

賴：我不知道，好像才五十二歲。我也不知道他是哪裡人，只知道他是中央監察部部長，中紀委副書記。

問：以前在社會上很少聽到這個人。

賴：現在情況就不一樣了，大家都知道了，他就是要這樣的。他就是要把自己搞出名麼，讓別人來尊重他。我都跟他說過：你去整個廈門查我的案件，你也可以把福建當地所有科級以上的幹部都叫來，讓大家填張表，看看才有多少人認識我。專案組他們來跟我談的時候，我就這樣跟他們說：你再到北京，讓那裡的幹部也填表，看看認識我的人有多少。我真的對他說：如果你辦案，你就辦案，你整天搞什麼跟蹤，煩不煩。我說：你查腐敗，我也認爲該查。你如果說有人認識我就是腐敗，那你算算中紀委裡，看認識我的人多不多。你讓別人填表交待認不認識我之前，你要先整頓你底下的人。這樣才有效麼。

朱鎔基和賈慶林　(多維社)

江澤民辦公室主任賈廷安　(多維社)

曾慶紅　(多維社)

江澤民、胡錦濤、張萬年、遲浩田

遲浩田 (多維社)

江澤民與陶駟駒

江澤民 (多維社)

尉建行和彭佩雲

羅幹和賈春旺 (多維社)

李嵐清和吳儀　　　　(多維社)

中紀委副書記、遠華案專案小組(四二０)組長何勇在通報廈門特大走私案的查處情況

王漢斌　　　　(多維社)

劉華清　(多維社)

熊光楷

劉京

王兆國、葉選平、董建華、霍英東

五 李紀周案、姬勝德案與遠華案匯合

賴昌星：李紀周被推進遠華案完全是冤枉

賴昌星認爲李紀周的案子很冤枉，專案組公佈的李紀周的貪污罪行，一條也站不住腳。專案組指出，李紀周貪污受賄九百萬元人民幣。但賴昌星說，他以正當方式借給李紀周的錢，就被專案組算了五百萬，另外的四百萬是一個香港的走私犯梁耀華交給了李紀周的女友，李紀周根本就沒有拿到這筆錢。

賴昌星說：他要是需要錢，從我這裡拿，比從別人那裡拿要安全得多嘛。他怎麼會去要別人的錢。而且，李紀周真的不是那種人，他如果有那種想法，我也不會跟他來往了，我很討厭那種人的。

問：你說，「遠華案」只是由於朱牛牛的一封誣告信所引起的，那麼，自從中國立案調查「遠華案」以來，「遠華案」越查越大，人員牽扯也越來越廣，成爲自中共一九四九年建政以來的第一大案，爲什麼會這樣？

賴：就是因爲他們什麼什麼都往我的遠華裡邊放：李紀周的事嘍，姬勝德的事嘍，都算在裡邊了嘛。

問：爲什麼李紀周會牽扯到「遠華案」當中來呢？

賴：在這之前李紀周已經出事了，在這之前，何勇查了一陣子李紀周，但是什麼都沒有查到。

反正就正好是有了這個機會。我這份材料就到了北京。北京那邊拿到材料的人，也有我的朋友，有跟我聯繫的，就告訴我，材料到了哪裡，裡邊有講了些什麼，有人又舉報了，你想我怎麼樣？我就說：你要送，你就送吧。其實平時也有很多人都是對我眼紅的，我相信平時也有人這樣說七說八嘍。我也無所謂。

可是他們看到朱牛牛告我的信裡邊，說李紀周是我的後台，就找到地方下手了。

問：等於是在這個時候，你的案子和李紀周的案子併在一起了。

賴：對，說他和特大走私犯有關係就行了嘛。

問：那麼李紀周的案子是什麼事引起的？

賴：開始是因爲有一個在廣州做生意的，叫梁耀華的，他的女朋友因爲欠了他很多錢，就想搞出個事情把他整死，這裡邊把李紀周一起告了，說是李紀周幫助他走私。正好有人想李紀周下來嘛，就搞起來了。

問：這個情況你是怎麼知道的？

賴：碰到一塊了。我怎麼知道他們要動李紀周呢？當時是這樣抓的。有一次江澤民出國回來，在機場，正好賈庭安去接，賈庭安是他的大秘書，所有的江澤民的文件是歸他管的。

賈庭安也跟我也熟嘛。賈庭安向江澤民彙報說，接到有一張報告，說是要整李紀周的。說是有一個廣東的汽車走私案跟李紀周有關，他向江澤民彙報。然後，賈庭安就叫小B先問問我，問這個事和我有沒有關係。小B是他的家裡的管家嘍，家裡上上下下都交給他的了。小B來問我了。我就說：那個事情跟我一點關係都沒有，完全沒有。但是，我就問小B，你是怎麼知道這個事的？小B說，今天到機場去接老闆，賈庭安向老闆彙報這個事怎麼怎麼樣，他也讓我先來問問你。他說：知道和你沒有關係他們就好辦。我就對小B說：「廣東的那個事，跟我什麼關係都沒有。」那個時候我就知道有人要整李紀周了。

問：你是李紀周的好朋友，你一定會告訴他了。

賴：正好，大概沒有過很久，李紀周跟朱鎔基就到廣州，陪朱鎔基去打走私還是什麼的我就不清楚了。在廣州辦完事，朱鎔基就先回去了。李紀周沒有走，到了珠海。我就從香港去了澳門，然後從澳門過來到珠海跟李紀周見面。我對李紀周說：「有人要整你。」他當時還不相信。

問：具體案情你是怎麼知道的？

賴：當時辦這個案的那個人，是中紀委的，原來是在福建挂職，是在龍海市當副書記。中紀委當時有六個人在福建挂職，都是當副書記、副市長這一種的。他挂職一年還是兩年就又回中紀委去了。這一年他正好分管公安，就一直在查李紀周這個案子。這個案子從頭到尾我都一直很清楚。中紀委這個人就告訴我，什麼時候要動李紀周，什麼時候要查李莎娜，什麼什麼的。他把這些都告訴了我。他來香港住了幾個月，就專門查李紀周、李紀周女朋友李莎娜跟香港那個商人梁耀華他們公司，有沒有轉錢給李紀周這種往來。我知道這個事，我告訴李紀周，他還有點不相信，你知道嗎，他還有點不相信。

問：這是什麼時候？

賴：這是九八年年頭。當時在珠海見李紀周，我就對李紀周說：我的消息是很可靠的。他其實也是很相信我的，就信了。

我就問他：現在李莎娜在哪裡？你給我她的電話。他就把電話給了我。我就打給李莎娜。李紀周知道了事情是這樣，也就不敢跟她聯繫了，因爲畢竟他跟她有男女關係不清楚那一種嘛，李紀周也怕連累到她嘛。李紀周把她的電話給我，然後就交待給我，我就直接跟她聯繫了。我就打電話給李莎娜，我說：莎娜呀(因爲我跟她很熟)，我是小賴。李紀周也叫我「小賴」，她也知道我。我說我想跟她見個面。她就到廈門來找我，我就告訴她這個事。

我說：「很快就要輪到你了」。「我不怕，」李莎娜說，「我什麼都不怕，我公安也當過來了。」什麼什麼的。我說：「你不怕呀？」她就講：「我不怕，我沒有什麼可怕的。我跟老李沒什麼。」我說：「你頂得住，但是紀周要是頂不住呢？」我就跟她說這個。她就想了想說：那好吧。她就不再接著說什麼了。然後她就按照我的意思，就住在廈門了。

問：她原來住在哪裡？

賴：我也不知道原來在哪裡，只知道在香港。

問：她也是有香港的身份？

賴：她就這樣聽我的話了。

問：在香港不是更安全一點嗎？爲什麼拉她到廈門來呢？

賴：當時調查的人還不知道她有香港護照。她平時會跑來跑去，反正她正好跑來跟我見面，而且這時她香港是也不敢回去了，因爲已經有問題了。

怎樣讓梁耀華咬出李紀周？

問：李紀周最初是怎麼出的事呢？

賴：動李紀周是這樣的。是因爲廣東那個梁耀華的汽車走私案。梁耀華是在廣州做生意的一個香港人。在廣州的一家公司專門做汽車生意，走私汽車。他有個女秘書，長得聽說也挺漂亮，好像姓白，跟梁耀華也是有男女關係。就是他的這個女秘書，那個姓白的，向梁耀華借了六千多萬。借給她的老公的弟弟去炒股票。

問：股票做賠了？

賴：對，做股票，可能這個姓白的她也參股。梁耀華就借了六千萬給她。姓白的就答應梁耀華，說什麼什麼時候還這個錢。但是，姓白的老公的弟弟做股票把錢全虧了。梁耀華向姓白的要這筆錢，姓白的就說，他老公的弟弟炒股票全虧了，人也不知道跑到哪裡去了，反正這個錢是沒有了。這個女秘書已經知道沒辦法還這筆錢了。這個女的就還是一直跟梁耀華做事。這之後，梁耀華有客人來，到廣州的，不管是什麼客人來，工商的也好，海關的也好，什麼的也好，當大家去吃飯時，姓白的就會說：我們拍個照留念吧。就給梁耀華和來的人拍照。並且把所有她知道的情況都給記起來。就跟朱牛牛告我的時候一樣，聽到什麼就記下什麼。

李紀周到廣州來，李莎娜就介紹他給梁耀華認識，吃過兩次飯。李紀周和梁耀華認識是李莎娜介紹的。姓白的就知道李莎娜跟李紀周兩人之間的這種關係了，她也看出來嘍。

問：等於李紀周跟李莎娜來找梁耀華，被這個姓白的拍了照片，是不是？

賴：是，她拍了他們在一起吃飯的照片。但這個姓梁的這個人太愛吹牛。不管他認識中央的什麼人也好，省政府的什麼人也好，他就把那些人的電話號碼、名片就放在他辦公室桌上。就是要讓人家看到，好像是說，我認識誰，認識誰。他是這一種人。後來，他向姓白的追那筆錢，一直追不回來。他就有點覺得不對勁了。他們雖然是有男女關係，但是，這筆錢他也想要回來。然後他就很兇呀，跟姓白的說：時間已經很久了，你看這筆錢怎麼辦。姓白的這個女的一看沒辦法，就開始整這個材料，就要去告梁耀華了。

問：梁耀華是什麼背景？

賴：梁耀華是個香港人在廣州開公司，也應該是原來從中國出去的這種人。姓白的是廣州人。她就想告倒梁耀華，但是一直告不上去。你知道，不是什麼人想告誰，就可以告誰的，每天告狀的人不知有多少，你要是沒有那個章，你根本告不進去，你得通過一定的關係才能告進去。這個女的長的也挺漂亮的，就暗中到處找人去交涉，一定要告倒梁耀華，把梁耀華告進去，這筆錢還用還麼？後來這個姓白的認識了一個姓王的老婆，這個姓王的，是個部隊裡的，是一個正軍級幹部，恐怕還不止。這個姓王的老婆退休了，以前好像在公安部幹過的。姓白的就通過這個姓王的老婆，把材料就遞了上去，送到了中紀委。上邊就開始批示給廣州了，成立專案組，就開始抓人嘍。抓到梁耀華，把他用飛機送到無錫，關到監獄裡。因爲辦這個案子的人，就是中紀委裡我的那個朋友，所以我一直都知道這裡邊的情況。

問：爲什麼非要送到無錫去呢？

賴：他們的這一套是很老套的。這主要是爲了說明你的事情很嚴重，也是不想讓地方的人介入嘍。就是我的這個朋友送到那邊去的。然後他就先跟梁耀華說，事情很嚴重，你要坦白交待，你有沒有跟李紀周有什麼事，材料裡邊告了你很多。

問：當時姓白的告梁耀華的材料裡有李紀周什麼事？

賴：就是說李紀周幫梁耀華走私啦，是他的後台老闆吶，李紀周給走私車挂車牌照那一套嘍。就跟那個朱牛牛告我的材料一樣嘍。

後來因爲審不出東西來，專案組就去無錫見梁耀華，說拿到了李紀周的批示，叫專案組往死裡整梁耀華。那個梁耀華一聽，以爲李紀周是怕連累到他自己，要殺人滅口，就說：「我給過他四百萬港幣，是通過李莎娜給他的」。但是那個批示是沒有的，是專案組瞎說的。那時候，李莎娜已經被我給藏起來了麼，他們抓不到她。

問：梁耀華說那筆錢是通過李莎娜給李紀周的，李莎娜給李紀周了嗎？

賴：沒有。當時李紀周已經是公安部副部長了麼，梁耀華想巴結他，就要通過李莎娜給他錢。因爲他也知道李莎娜和李紀周的那種關係。李莎娜就說：「這個錢我會給紀周。」梁耀華也沒有辦法去直接問李紀周。但是，李莎娜沒有把這筆錢交給李紀周，而是拿到了香港，買了房子。

問：就你所知梁耀華和李紀周之間的關係，就是這四百萬元港幣的關係嗎？

賴：就這四百萬的關係。李紀周就跟他吃過兩次飯，沒有私人往來，就是通過李莎娜的關係認識的。

問：你是說，李紀周不一定真幫過梁耀華什麼忙？

賴：沒有。不是「不一定」，而是真的沒有，真的沒有幫過他什麼。李紀周其實也不會去做這種事的。我對他還是很瞭解的。

專案組挖地三尺捉拿李莎娜

問：那時你把李莎娜藏在福建你的公司了嗎？

賴：我沒有在廈門給她安排。我讓我的一個手下把她送到河南了。是我的那個手下在鄭州的一個小舅子那邊。李莎娜還想在我的公司裡打一份工。我就說：「不用，打什麼工。」廣東專案組當時負責抓李莎娜的是叫白景富(音)，他對公安部的說：「我要挖地三尺，也要把李莎娜找出來。」因爲如果抓不到李莎娜，他們就不敢動李紀周。

問：李紀周的專案組說的這番話？

賴：因爲沒有抓到李莎娜，他們是不敢動李紀周的。你明白嗎?因爲證據沒拿到。但是，最後李莎娜還是被他們抓了。

問：你說說李莎娜的情況。

賴：她有一個孩子，和老公離了婚是怎麼，我也不是太清楚，我還叫我的手下，到廣州送五萬元去給她的孩子交學費。

問：李莎娜是怎麼被抓的?

賴：李莎娜先是在山東濟南住了一段時間，住了大概有幾個月吧，但是，有一天她很想念孩子麼，就出來給她的媽媽打了一個電話，想問一問她孩子的情況。就打了這一次電話，他們就知道了她在哪了。

問：電話被監聽了嗎?

賴：電話被監聽了。監聽的人就告訴了我這個朋友，我的朋友就知道他們已經知道她的方向在哪裡了。我的朋友告訴我，我馬上就想辦法。

問：李紀周專案組立即就要動手去抓李莎娜?

賴：辦案的這個人就告訴我，她在哪裡被發現了，叫我趕快轉移，我就又轉移她。

問：那你就派人趕過去？

賴：對，叫人趕緊飛過去。手下人把她轉移到河南，她不知道為什麼，還整天等電話，我跟她說：「你是不是在濟南給家裡人打過一個電話？」她很奇怪，說：「你怎麼知道？」她一直問我，我就說：「你不要管那麼多了，我什麼都知道，你以後不要再這麼輕舉妄動了。」我再三叫她一定不要再用電話。

問：這大概是什麼時候？

賴：九九年四月份左右，我想想，李莎娜大概三、四月份被抓的。

問：李莎娜她有多大年紀了？

賴：跟我差不多吧。四十多了，她人長得很難看，真的很難看。

問：外界傳說李紀周這個人很「花」，在外邊有很多女人。他有一次陪李嵐清到廣州辦事，叫香港人民入境事務處送俄羅斯女孩給他？

賴：李紀周這個人可能是喜歡女人，但也不會到處都是。他沒有這種膽量。他跟廣州的李莎娜的事情，就可以說明他這個人在這方面是比較感興趣，可是他不會太過分，因為那個人長得很難看。李紀周的職位已經很可以了，要面子嘛，只能靠自己了，不敢叫人家介紹。其實隨便介紹一個給他都比那個李莎娜漂亮。但是他老婆更難看，你知道嗎？要多難看有多難看。他們的女兒長得還可以，李紀周挺帥的。

問：李紀周怎麼會看上李莎娜的呢？

賴：我也不知道，我也不知道他們的事，可能因爲原來都是穿警服的吧。

問：李莎娜原來也是幹公安的？

賴：她原來也是公安呀。是交通局的，她的香港證件也是李紀周弄的。再有，我想，李紀周是當官的人，又很愛面子了，外邊他不敢去嘍。真的，我覺得他真的是不值得。給這個女的傷了，太不值得了。

告密者轉眼進了軍事情報機構

賴：我剛才沒說完那個梁耀華的事。那個女的，他的那個女秘書，姓白的那個。這個女的後來就投靠廣州軍區，到了總參二部廣州局了。

問：這個姓白的投靠了廣州局，作了特務？

賴：廣州局。廣州局是那個總參二部在廣州的一個部門，屬情報口的。總參二部的一些單位在社會上叫幾局幾局，其實是軍情的。這個局長姓蔡。這個女的就跟著穿上軍裝了，給軍情部門工作了。我想這個女的是想跟誰就跟誰那種人，不然怎麼會這樣的。

問：是在告梁耀華的過程當中嗎？

賴：是，就在告他的過程當中，這個女的的身份就變了。

問：就變成了軍人了。這姓白的多大？

賴：二三十歲吧。聽說很漂亮，我也沒見過。我知道這個事，就找到姬部長說：這個姓白的是什麼原因要告李紀周的，我很清楚。很多情況我都是聽辦案組的組長告訴我的，是絕對可靠的。因爲這個人跟我關係很好很好的。

問：你爲什麼去跟姬勝德說？

賴：因爲我想姬勝德不知道這個事麼。我說這個姓白的太不可靠了，是個怎麼樣的人。她現在到了廣州老蔡那邊，老蔡就給她軍裝穿，就變成軍人了，搞上情報了。搞情報嘛，愛是什麼身份就什麼身份，情報部門說給你軍裝穿，就給你軍裝穿，沒有人能過問的。也可能就是因爲這個女的，是愛跟誰就跟誰那種人，我估計是跟什麼人有那種關係了，不知道又跟了誰了，才能夠那麼容易就穿上了軍裝，不然，她又沒有什麼硬的關係，沒有那麼容易的。

問：這樣的人也做起情報來了？

賴：大門一進去就行了，就跟我進那個安全部是一樣的。不也是檔案一開，你從今天開始就是了。反正我跟姬勝德吃飯的時候把情況一說，姬勝德就說：我真的不知道這個事，我會跟老蔡他們說一下。但是那時連「說一下」也來不及了。

問：你是什麼時候和李紀周斷了聯繫的？

賴：我告訴他有人要整他，他就知道了，但是已經來不及了。那時查他，我還一直跟蹤他的事。我經常到北京去各方面了解一下。到九九年五六月份時，那一天，就是美國轟炸了中國駐南斯拉夫大使館那一次，我還跟公安的在一起吃飯。我說：你們該組織學生去遊行了吧？那個公安的說：你真行，我們做什麼你都能看出來。我說：肯定是這樣的了，現在這樣的局勢，你們出面組織遊行就主動了嘛。他說：對，我們已經在學校裡安排好了，找好了自己人出面把學生拉出來上街。

問：這倒是證明了當時社會上的一個猜測。李紀周的案子轉折點在哪裡？

賴：那時一直抓不到李莎娜，抓不到李莎娜拿不到證據，所以對李紀周，他們一時也不敢動麼。後來李紀周到底是怎麼被抓的，你知道嗎？我跟你說，那個時候，是公安部邊防跟那個出入境管理局正在合併，原來穿的衣服是不一樣的麼。正好在合併的時候。這時有一個人自己上門來找我，說是希望我能夠幫他一下。他是通過廣州海關的什麼人來找我，我當時名氣很大，別人說好像我想讓誰上就能讓誰上，想讓誰下就讓誰下來了。這是他們對我的看法，但我是不會害人的，我會幫人，能幫的時候就幫一下嘍。

所以這個人就來找我，說：能不能幫我一下，我想變動一下職位。其實我也不認識這個人，我就找了幾個幹部給他們說一說，我說：能不能給我一點面子，幫他解決一下這個問題。他就是想在合併的過程中當個小官嘛。結果就有人給他安排了一下，讓他做了一個什麼站的站長，兼了一個政治部副政委什麼的。這個人好像是姓林還是什麼，反正本身就是愛風光的這種人，因爲只有這種人才會認識很多人麼。

後來有一次在一個酒桌上，有一個人，也許是曾經給姓林的出過點子讓他來找我，或者出主意讓姓林的去廈門呀、海關呀通過什麼人幫他那個忙的，這個人我並不認識，他就在酒桌上對大家說，我花了多少多少錢，幫那個姓林的搞到一個站長。你知道，在酒桌上人很複雜麼，在場的人一聽見這個事情，心裡就不服氣了。他還一直說：你們老闆的這個事情是我一手搞定的，通過北京那邊，花了我五十萬塊錢。有個人聽見了，就把這些都記下來了——這些說法我也是聽人家這麼說的。

問：遇到有心人了。

賈春旺接到一張神秘紙條

賴：我聽別人說，這個人記下來這些事，就寫了張紙條找到人送上去。正好賈春旺調到公安部當部長，他一直想趁機把李紀周搞掉，換上自己的人，這時就收到這張紙條。我說過，我懷疑這張紙條是有人自己找人寫上去的，因爲這裡邊疑點太多了。

問：哪一天抓到李莎娜的？

賴：當時我正好在北京，好像是四、五月份吧，具體時間記不得了。當時我已經很注意這個事情了，我知道他們也會找我麻煩，因爲李紀周的案子，他們已經找過我三回了。

問：你跟李紀周之間有什麼金錢往來嗎？

賴：我借過錢給他，這沒有錯。一次是他的女兒要在美國辦投資移民，需要一些錢，他老婆跟我說，我匯了五十萬美金給她。但是，這說好了是借的。另外就是，他老婆和人家合夥開一家公司，好像是卡拉ＯＫ，是他老婆的那個朋友來找我，說是要借錢，我想大概是李紀周的老婆不好意思自己跟我說吧，我就借給她了，一百萬人民幣。

另外一件事是，正好有一個美國做保安器材的北京人，姓戴，拿美國護照的，他做了很多保安器材進來，以爲可以賺到很多錢，可是到了國內賣不出去。他跟李紀周的老婆熟，通過李紀周的太太出面找到我們福建駐香港的一個公司。公司的這個人給他墊了七十萬美金，但是這個錢到期了沒辦法還。他要我墊這個錢給他，我說我現在錢也很緊張，祇能寫四五天以後的支票給你，我就寫了七十萬美金，大概合五百六十萬人民幣給他。他後來還了我一百五十萬人民幣，還有四百萬，姓戴的正好在李紀周女兒的賬號上有四十萬美金，他也還來給我。但還是不到五百六十萬，他就把那些保安器材拿幾箱來給我，把帳給頂了。他們一組人專門到香港銀行去查了一個多月，這些人都是我接待的，所以我很清楚。

問：「四二〇」專案組知道這些情況嗎？

賴：後來就都知道了。李紀周老婆都講過。是呀，李紀周的事情他們一直找我，我說，我真的不知道他的什麼事情，我只知道他是一個很好的人。

我記得那一天，在北京，我正在和中紀委辦李莎娜案子的人坐在國際飯店，還有一個劉龍生也在一起。辦案人接到一個電話，那邊說李莎娜被抓著了。他就告訴我說：你的朋友被抓了，還叫我快走開。我和劉龍生就馬上走開了。

問：李莎娜到底是怎麼樣被抓的呢？

賴：後來我又找人問李莎娜是怎麼被抓的。原來又是因爲她用電話。

問：你們不是不讓她用電話嗎？她往哪裡打電話？

賴：我們是連她的電話都控制了。但是一段時間下來，沒有什麼事情發生，她又想知道她的孩子的情況，可能也是在那邊沒有什麼事做，也煩麼，是不是？她就從河南鄭州打了一個電話到濟南，她原來躲過的那個朋友那裡。她想讓她的朋友打一個電話到廣州她的家裡，打聽一下她家裡人的情況，但是她不知道她這個朋友家裡的電話也被監聽。他們就很快找到我公司裡那個手下在鄭州的小舅子家裡了。

問：他們馬上就下手了嗎？

賴：馬上就下手了。

問：當時中紀委什麼人跟你在一起，可以說嗎？

賴：就是辦李紀周那個事的那個處長石斌。他現在還在監獄裡邊呢——應該還在監獄裡邊，我也不是很清楚，就爲這事。另外，海關總署那邊的事，什麼事我也是馬上就知道。

問：李莎娜被抓之後呢？

賴：當時，石斌就叫我們走，我和我那個手下劉龍生就起來趕緊走開了。我叫劉龍生到天津去坐飛機，不要從北京坐飛機。他開車走高速公路去天津，但是，一到天津那邊要下高速時，就被十幾個全副武裝的、帶鐵帽的兵攔住了，就把他抓了。

問：那麼，這是否說明那時他們對你已經控制很嚴了？爲什麼沒有對你動手呢？

賴：爲什麼他們沒有都我動手？我想，他們還是不敢動，因爲當時要抓我，在北京就完全可以抓我了，對嗎？他們可能也跟蹤我的電話。

問：他們當時也懷疑石斌了吧？

賴：還沒有懷疑，他還在辦案。你知道嗎？劉龍生被抓進去，那裡就像我們現在這個監獄裡這樣，玻璃是外邊能看見裡邊、裡邊不能看見外邊的那一種。石斌看見了劉龍生在那邊了，就告訴我。他跟我說：這個事情我會自己控制，我自有辦法。後來那個劉龍生被放出來，說是放他出來是爲了引我出來，就是石斌找藉口安排的。這個事石斌也告訴了我。石斌在這個事情之前就和我是好朋友了，我們互相都是有往來的，什麼都有往來。正好碰上他來辦理這個案子。

正好也是安排了他來負責我的案子。何勇讓他到深圳海關去查我，當時他們有兩個人去的。他當時把每個關長都叫出來問話，每個關長問兩個小時，五個關長，每個人都問了兩個小時關於「遠華走私案」的情況，每個關長都說沒有這回事。後來他們回來向何勇彙報，何勇說：老賴真的是手法老練，走私手法老練呀。但是，我們今年搞不定他，明年也要搞定他。他最後說：繼續查，不受干擾繼續查，一定要查到他有事爲止。

問：那個李莎娜被抓起來之後的情況怎麼樣了？

賴：現在不知道了。剛開始時，我還一直有打聽她的消息，那時我還沒有出國麼。我問李莎娜的事情，他們還都告訴我。但是後來我出來了，就不好再打聽她的情況了。我想她的事也許不會很嚴重吧，大概十五年吧。反正抓她就是爲了整李紀周，李紀周的事搞定了，她也許不會有大事情。但是共產黨的事情也很難講嘍。

問：誰也不知道會怎麼樣。

賴：這個何勇的心態很不好，這種事情你要先查證麼，證據確實了，你才可以抓人才對呀。我看他就是想出名，想讓人家來尊重他，讓人家來認識他是何勇，他有本事，想抓誰他都可以辦到，我想就是這樣了。可是，如果抓起來的人沒有什麼事的話，他會想：如果我把你放出去以後，你會不會再反咬我？所以他就要把人往死裡整，就是這個道理。

李紀周厄運當頭

李紀周於九八年十二月份，在北京發高燒住院的時候，是何勇親自帶隊抓的。因爲他級別高，所以要中央監察部部長何勇親自帶隊，對他宣佈「雙規」。

在社會上流傳的一種說法稱，導致李紀周順利交待問題和姬勝德被逮捕的直接原因，是另外一個大走私犯楊改清的被捕。

當時雖然李紀周已經被「雙規」了，但那時姬勝德還沒有出事。而且，由於李紀周畢竟是公安部副部長，能夠通過關係互相通風報信，於是，就跟姬勝德及海關總署專門負責打擊走私的副署長王樂毅三個人搞了一個攻守同盟，說好了在裡邊嘴緊一點，誰也咬住不說。

據說走私份子楊改清是姬勝德的一個老關係，是打著軍情人員的招牌，「掛靠」在總參二部的一個商人。他曾經在廣東惠州海關旁邊二三十米的地方，圈下一塊地，說是總參有批文的，這裡是總參二部的軍用油碼頭，是軍事需要。之後，他的走私油就大搖大擺的從這裡運進來。沒有人敢管，因爲這涉及「國家軍事機密」，無人有權過問。

中紀委實際上已經注意楊改清一段時間了，八室的人一直在跟蹤他。有一天正要動手的時候，從監聽他的電話中聽到，他約了谷牧的兒子劉利遠（原武警邊防局局長），要一塊去澳門賭錢。專案組當時就分析動還是不動，後來仔細考慮過，認爲澳門沒有什麼國際航班，出逃的可能性不大。專案組的人在珠海看著他走的。兩天以後他從澳門回來，跟劉利遠在珠海一分手，五分鐘後中紀委的車就把楊的車包圍了，抓住了楊改清。這個人一進去就全說了。

然後專案組把楊改清的口供給李紀周一看，李紀周第一反應就是跪了下來。從此每次提審他，他都是先跪下，第一句話就是：對不起黨，對不起人民。後來他就順利交待了。

加拿大移民官獄中詢問李紀周

人們普遍推測，李紀周很可能會被判處死刑，至少也是無期徒刑。

而李紀周到底犯了哪些罪？罪證是什麼？他自己是怎麼說的？中國官方是永遠也不會公

佈這些材料的。如果不是「遠華案」的首要嫌疑人逃到了加拿大，那麼李紀周案的內情外界也永遠不會知道。

就在這時，筆者得到了加拿大移民官員對李紀周的訪談錄像帶。

加拿大移民部於二〇〇一年三月，派出專案小組前往中國取證，希望將這些材料用在賴昌星的難民法庭聆訊當中，用以指控他犯了刑事罪，從而可以拒絕他的難民申請並把他遣返回中國。加拿大移民部小組到中國取證的工作，得到了中國方面的積極配合。

在三個小時的詢問中，首先可以得到一些基本的事實：

李紀周是於一九九八年十二月十七日被抓的，一九九九年十月二十九日被正式逮捕，二〇〇〇年十一月份開始和律師接觸，二〇〇一年三月二十七日被正式起訴，並被裁定犯有受賄罪。

加拿大的移民官員是在一間空曠的房間裡對李紀周進行「詢問」的。屋子中間是一個長條桌，移民官道克伍德坐在桌子一側，翻譯劉女士和李紀周坐在桌子的另一側。屋子門口坐著女公安人員吳穎。房間裡還有加拿大駐北京大使館的蘇珊·格里格森女士和加拿大移民部的另一位官員，但是不在畫面裡。

李紀周穿著黑色的衣服，戴眼鏡，腳上穿的是北方人喜歡穿的黑色布鞋，整個人始終向後靠，塌坐在椅子裡，神情落寞。

問：你好，我的名字叫道克伍德，我是來自加拿大的移民官，我為加拿大政府工作，我跟中國政府沒有任何關係。請你看一下我的身份證件(站起身，將身份證件遞給李紀周，李紀周接過來看了一眼遞回去)。另外，在場的是劉淑華，她是位英文和中文翻譯。請問，你能聽得懂劉小姐的話嗎？

李：你說的是她嗎？

問：是的。

李：聽得懂。

問：劉小姐是加拿大的公民，她和我一起來中國採訪你。劉小姐並不是中華人民共和國的公民，同中華人民共和國沒有任何的關係和牽連。我們現在可以要求劉小姐做一個口頭聲明，請加拿大駐北京的移民官格里格森女士來主持這個儀式。

(蘇珊·格里格森走過來，帶領劉女士宣誓)

問：同樣，在這個屋子裡還有沃克頓先生，他也一樣是從加拿大來的移民官。最後，我們還有一位警員吳穎女士在場。她是從公安部來的。本次的面談都有錄音和錄像。本次所搜集的資料是用來處理一個移民的案件。是有關賴昌星的。本次的面談並不是針對你的。你不需要一定回答我們的問題。這個錄像帶的副本，將交給賴昌星的律師，這個錄像帶將在加拿大的有關的移民廳審時使用，我並不能保證在加拿大的移民聆訊時，您所講的話不被公開。

李：是公開，還是不公開？

問：可能公開。所以在任何時候，你都可以決定不回答我們的問題。到現在爲止，我所講的話，你都懂嗎？

李：明白。

問：你願意回答我的問題嗎？你的話將在加拿大的移民準法庭上使用。你所說的話，將是針對賴昌星先生案子的。您今天願意聲明您所講的話是事實嗎？

李：我願意。

問：同樣我們要求加拿大駐北京大使館的官員格里格森女士來主持這個儀式。請，蘇珊女士。

李：我需要站起來嗎？（隨後站起來）

蘇：請舉起你的右手，並且聲明說，你今天所講的都是事實。

李：我講的是事實。（蘇珊‧格里格森離開，李坐下）

問：現在是九點三十分，二〇〇〇年三月二十三日，星期六的早上。

李：今天二十四號吧？

翻譯：是二十四號。

問：在錄像機上面是三月二十三日，這紀錄的是溫哥華時間。李先生，在我們的錄像機打開之前，我們有跟你講過話嗎？

李：沒有。

問：在這個房間裡的每一個人，有人曾經跟你講過話嗎？
李：沒有。
問：我是否曾經向你保證過，如果你跟我們合作你就將得到什麼利益呢？
李；沒有。
問：有沒有任何人跟你保證過，如果你合作，將給你什麼利益呢？
李：沒有。
問：您的家人是否有人得到保證，如果跟我們合作的話將得到什麼利益？
李：沒有。
問：您的家人是否受到暴力的脅迫被要求來回答問題？
李：沒有。
問：中國政府是否脅迫過你，讓你回答我們的問題？
李：沒有。
問：請講你的全名。
李：李紀周。
問：你的出生地點以及出生日期？
李：我的出生地點？我們中國人講的是兩個，出生地和籍貫，是不一樣的。我的出生地是陝西延安。我的籍貫是安徽。

問：請問您現在居住在哪裡？
李：北京。
問：你有地址嗎？
李：現在沒有。
問：你結婚了嗎？
李：結了。
問：你太太叫什麼名字？
李：程辛聯。
問：你知道她的出生年、月、日嗎？
李：一九四五年八月十五日。
問：她是在哪裡出生的？
李：湖北省。
問：你們有小孩嗎？
李：有一個女兒。
問：她叫什麼名字？
李：李倩。
問：她的出生年、月、日呢？

李：一九七三年三月八日。

問：她現在住在哪裡？

李：她現在在美國。

問：可否跟我們講一下你的文化背景嗎？

李：我是大學畢業生，是學經濟的。

問：可否跟我們講，你是哪個大學上學嗎？

李：中國人民大學，經濟專業。

問：請問你的最高學歷是到什麼？

李：大學本科畢業。

問：你有學士學位嗎？

李：當時我們還沒有搞這個學士學位，按現在說，就算是。

問：你在大學是哪一年的事？

李：一九六九年。

問：也就是說，你是六四年開始上大學的。可以跟我們講一下你的工作經歷嗎？

李：我畢業以後，先是參軍。在部隊裡工作了將近十年。一九七九年十一月轉業。然後到公安部工作。

問：你在軍隊的時候最大的軍階是什麼？

李：連級，當時中國軍隊還沒有實行軍銜制，我屬於連級幹部。
問：當你到公安部工作的時候，你的第一個職位是在哪裡？
李：在公安部的消防局，當科員。
問：你在那裡工作了多久？
李：從辦公室的科員，到科長，到辦公室的負責人。一直到一九八三年的四月份。
問：那個時候是在哪個城市？
李：北京，公安部在北京。
問：在一九八三年之後，你去了哪裡？
李：到治安局當副局長。
問：也是在北京嗎？
李：公安部就是在北京嘛。你們不了解，公安部是警察的最高機關。
問：你在這個職位上做了多少年？
李：一直到一九八九年，從一九八九年作治安局的局長。
問：可以跟我們講一下，你身爲局長有什麼樣的職責？
李：我可以這樣跟你們講，從業務上，我因爲是治安局的局長，我負責管理全國的治安情況。對不起，這可能跟加拿大警方不一樣。
問：可否跟我們講，你的直屬上級是誰？他的職稱是什麼？

李：我的直屬上級首先是公安部部長，分管我們的，有公安部的一個副部長，他分管我們有關的幾個局的工作。當時分管我們的副部長叫俞雷。

問：他是你的直屬上司有多久的時間？

李：我當副局長和局長一共十年，他一直都是我的直屬上司。

問：可否告訴我們，你手下有多少人？

李：你這個問題我很難回答。就我們局本身有八十多人，就我的這個警察的治安部門來講，從全國來講有好幾十萬人，當時將近四十萬。全國警察分很多部門，這是其中的一個部門。

問：我想要弄清楚，你是管全國所有的警察，是嗎？

李：不是。我們的這個部門是管理有關社會治安的，相應的指導這個系統的警察的工作。

問：你可否告訴我們你的收入大概是多少？這個問題你到公安部，他們會具體告訴你的。

李：你指什麼時間？

問：當你是局長的時候。

李：因爲我們國家搞了好幾次工資改革，改革前和改革後很不一樣。我都忘了我當時是掙多少錢。因爲工資改革有好多次，我們當時的工資也不過七八百塊錢。

問：你講的是哪一年的事？

李：我講的是一九九三年以前的事。
問：從一九九三年之後，你的職位是升高了，還是降低了？
李：一九九三年之後，我的職務升高了。從一九九三年的三月份，我任公安部的部長助理。
問：你還記不記得那個時候你的薪水是多少？
李：一千元左右。
問：你在局長職位上收到最高的薪水是多少？
李：我當局長的時候，可以拿到中國警察當局長級的最高標準。我於九五年當了公安部的副部長，當時的薪水大概是一千三、四百人民幣。九八年之後，我們國家的工資再一次改革，應該比這個還多，具體多多少，我也不記得了。
問：你的夫人工作嗎？
李：我太太一直有工作，一直到一九九三年退休。

李紀周承認賴昌星給過三筆錢

問：我明白你現在是被拘留的狀態，你能講一下你被拘留的原因嗎？
李：我因爲觸犯了中華人民共和國的法律，是受賄罪。我能喝點水嗎？

問：請。你說你被判受賄罪，是一件受賄案呢，還是幾個案子？

李：罪名是一項受賄罪。但是，對我行賄的人涉及到三個人。

問：可以跟我們講這幾個人的名字嗎？

李：第一個是賴昌星。

問：其他的人呢？

李：梁耀華。

問：第三個人呢？

李：周民興。

問：可以跟我們講關於賴昌星的事嗎？

李：我的夫人……應該怎麼說呢？在一九九四年的年底，我的夫人當時退休了在家裡，賴昌星跟我說，如果她想做生意的話，他可以提供幫助。當時有很多人採取退休以後做生意這種做法。我剛才說一九九四年底，他給我夫人提供錢。但他提起這件事，是七、八月份。他那時到北京來，我和我夫人，還有一個朋友去酒店看他。他問我夫人做什麼工作。我說，我夫人已經退休了。

問：另外一個人是誰？

李：我的一個朋友，我不想說了，賴當時住在王府飯店。

問：從九四年以後，你跟賴昌星經常見面嗎？

李：不是，他來北京時才見面。那次，他問我夫人爲什麼不做點生意。我說，我太太不知道怎麼做生意。他說，如果我太太願意做生意，他可以提供幫助。但是，他當時沒有講怎麼幫助。我理解的是，他就是提供一些資金。但這件事說了以後，我也沒有把它當回事。後來我夫人說，有一個朋友想要一起做生意，想要開一個飯店。當時需要交定金，大概需要八、九十萬的定金吧。當時她和她的朋友到處找人借錢，沒有借到。我就跟他講，賴昌星不是說了嘛，你要做生意，他可以幫助你。你可以找他去借錢。她就自己去聯繫賴昌星了，借了一百萬元人民幣。這個時間大概就是一九九四年年底。我太太後來告訴我的，說她跟賴昌星借了一百萬元人民幣。一九九五年年初，賴昌星到北京來，我去看他，我說，你借給我夫人一百萬元人民幣，可是我夫人她根本就不會做生意，她可能會損失掉這些錢，因爲她根本就不懂怎麼做生意。賴昌星說，她不會做生意，做賠了，也就學會了。賴昌星當時雖然沒有明確說，這個錢他想怎麼樣，但是我理解就是，這筆錢他不要了。這筆錢我們也就沒有還。

問：你太太生意上的夥伴叫什麼名字？

李：劉延。

問：她大概多大年紀？

李：我不知道。我只見過她幾次，女士的歲數很難猜。

問：當賴昌星給你或者你夫人錢的時候，你怎麼知道他有能力提供這麼多錢呢？

李：因爲他做生意，我知道他的生意做得很大，搞房地產嘛。而且是他自己提出來可以幫我太太做生意。因爲當時是我夫人聯繫的他，具體怎麼聯繫的，我也不知道。但是，是我讓她聯繫的。

問：你說賴昌星做房地產生意和其它的生意，你知道他做其它的什麼生意嗎？

李：他具體作什麼生意我也不知道，我只是知道他生意做得很大。

問：賴昌星是怎麼樣把錢交給你太太的？

李：我的夫人告訴我說，是在北京的一個酒家，我也不知道名字了，是賴昌星的一個朋友把錢交給我夫人的。

問：你還是否記得是哪一個餐館？

李：我不知道，因爲不是我去的。

問：你知道賴昌星那個朋友的名字嗎？

李：我不認識，從來也沒見過。

問：錢是怎麼樣交的，是現金呢？還是支票呢？

李：她告訴我是現金。我說，如果是現金應該保存好，她說，已經存進銀行了。

問：這筆錢是一次就付清了嗎？

李：我想是吧。因爲我跟你講過了，不是我去取的，是我太太去取的。

問：錢是用一個袋子裝的，還是兩個袋子裝的。

李：具體情況我也不知道，我也沒去。她是在事後告訴我的。

問：你說，你的夫人把錢存到銀行賬户裡去了。
李：她跟我講是這樣的。
問：你是否記得是什麼銀行？
李：不知道。
問：你是否知道這錢是全部存到銀行去了，還是一部分？
李：不知道。
問：在她收到錢，和存到銀行之間，有多久時間？
李：她跟我講，拿到錢就存到銀行去了。
問：你的夫人是怎麼樣用這筆錢的？
李：我眞的不知道她是怎麼樣用這錢的，我看飯店她也沒有承包成嘛。
問：你有沒有從你夫人那裡看到過銀行存款的紀錄呢？
李：沒有。
問：你的夫人有沒有用這筆錢投資其它的事情呢？
李：不知道。
（休息十分鐘）
問；雖然你不知道你夫人如何具體從賴那裡拿到錢，但你知道她是從賴那裡拿到錢了。
李：對。

問：你覺得這錢，是賄賂的錢嗎？

李：從中國法律的角度講，應該算吧。因爲這個錢我沒有還給他嘛。

問：那我們講第二件事情。

李：第二件事情就是，我們有個女兒在美國，開了一家公司，當時她的公司面臨破産，好像是一九九六年十月份吧。賴昌星到北京來，我去見他。他問我，你的女兒在美國，美國經濟不景氣，她經濟上有沒有什麼困難。當時，我不知道他是不是知道我女兒的情況，可能這之前我太太或者我朋友對他説起過。他問我，是不是我女兒在美國有經濟上的困難。我説，我也是才知道。我還説，我很擔心我女兒的情況，我要跟她公司的人談一談，進一步了解一下她的情況。他對我説，别擔心，他會幫助我。當時他並沒有説會怎樣具體幫助她。我的理解是，他可能會在生意上幫助她，或者給她提供一些財政上的幫助。我回家告訴我太太，賴昌星願意幫助我們的女兒。我太太問，賴昌星要怎麼幫？我説，他也沒講明。我告訴我太太，他可能會在生意上幫一幫，或者提供一些資金。我告訴我太太，他這麼講了，肯定會做到的。我告訴我太太，他可能會找你聯絡。過了幾個月，我夫人告訴我，賴昌星已經匯了五十萬元美金到我們女兒美國的賬户。當時我很吃驚，他怎麼給這麼多錢呢？那是一筆很大的錢。開始，我很擔心她的安全，這麼一大筆錢在她賬户裡是件危險的事。而且我也擔心她會亂花錢，或者錢被人騙走。過了幾個月，賴昌星又到北京來，時間大概是九七年二、三月份。我到酒店去看他。我問他，你怎麼給我們孩子這麼多錢呢，這對她的安全都是個問題。她要是亂花，我怎麼辦呢？或者被人騙就麻煩了。賴昌星說，這事你別管了，這是我跟你女兒之間的事，只要告訴她別被人騙了就行了。我理解，這筆錢就是給我女兒了。因爲他說話都不是說得很明確，我理解就是，這錢是給我女兒去花的。

問：當你在一九九六年十月和賴昌星在飯店見面時，記不記得是在哪個飯店？

李：王府飯店。

問：那麼在一九九七年二、三月份，他也是住在王府飯店嘍？

李：是。他到北京來，好像都是住在王府飯店。

問：你剛剛講賴昌星是匯給你女兒五十萬美金，是嗎？

李：是。

問：你是否記得這個錢是匯到哪個銀行？哪個賬户？

李：我太太也許知道，具體的我也不知道。我太太只告訴我，賴昌星匯了錢給女兒。

問：你知道當初你女兒是在哪個城市嗎？

李：舊金山。

問：你怎麼知道錢眞的存入了你女兒的賬户呢？

李：我夫人告訴我的。

問：你知道你女兒是怎麼樣用這錢的？

李：不知道。

問：這筆錢是否還給賴昌星了呢？

李：應該還沒有還吧，因爲我沒聽我太太說起。

問：你是否曾經要求你女兒把這筆錢還回去呢？

李：沒有，我沒有跟我女兒談起過這事。我女兒也沒跟我談起過。

問：你能否告訴我們你被捕的日子？

李：我先是被捕、隔離審查。一九九八年的十二月十七日，我被隔離審查。正式逮捕是在九九年的十月二十九日。

問：在一九九八年十二月十七日，他們是不是對你說，你是被正式偵察了？

李：當時我是在被調查。

問：當賴昌星給你女兒提供五十萬美金時，你認不認爲這個行爲是他行賄，你是受賄呢？

李：從我們國家的法律上來說，是吧。

問：你知道是根據中國法律第幾條，收到這樣的錢是算受賄呢？

李：第幾條我記不清楚了。他們是依照法律起訴我的。實際上我是於今年，二〇〇一年二月二十七日被正式起訴的。

問：你說的正式起訴，是指開庭的那一天嗎？

李：是。

問：那麼這個案子已經終結了嗎？還是開庭終結了？

李：還沒有終結。
問：那是公開的開庭嗎？
李：是的。
問：所以說，一般大眾、你的家人、和傳播媒體都可以參與你的開庭，對嗎？
李：對。
問：你是否記得當初有多少人參加你的開庭？
李：我沒有數有多少人，但是我看到有幾十人。聽審的人我估計能有三、四十人。
問：你的案子有沒有在電視上廣播過？
李：沒有。
問：你有權雇用律師嗎？
李：有。
問：你的律師有沒有從旁協助呢？
李：有。
問：在開庭的這段時間，你和你的律師有多少時間可以討論？
李：是什麼時間？是開庭之前，還是指開庭期間？
問：是在開庭這段時間。
李：在開庭前，我就見過他幾次。

問：這個律師是由政府提供的嗎？

李：嗯……是我的家人提供的，我的家屬幫我提供的。

問：第三件事是什麼？

李：第三件事是在一九九七年的上半年，應該是三月份。賴昌星到北京來，我去看他，坐了一會兒，我就離開酒店回家了。他送我下樓上車。我上車後，他也坐進我的汽車。他問我需不需要用錢。我說，我沒有什麼地方需要用錢，不需要用錢。他這時拿出一疊錢塞到我手裡。我當時講，我不需要錢，就把錢還給他。後來，他把錢放在車座上就下車走了。我司機就把車開走了。我怕被司機看見，就把錢放起來了。當時也沒有看是多少錢，就回家了。後來，我把這錢交給我夫人了，她數了一下告訴我，是三萬港幣。

問：當賴先生把錢放在車裡下車後，你有沒有打算下車把錢還給他？

李：因爲他下車就走了嘛，我司機在他一下車就把車開走了。

問：你說，你把錢藏起來，你司機沒有看見？

李：他把錢放在車座上，我就把錢放在兜裡了。

問：是你外套的口袋，還是褲子口袋？

李：褲子口袋。

問：你夫人是在你面前數這錢的嗎？

李：我沒注意。

問：你夫人數錢時，你在場嗎？
李：我沒注意，後來她告訴我的。
問：你夫人是怎麼使用這筆錢的？
李：我就不知道了。
問：那麼這筆錢是否還給了賴昌星？
李：應該沒有。
問：你認爲這筆錢算是賴昌星行賄你嗎？
李：按照中國的法律，算吧。
問：你有沒有在口供書上簽字？
李：簽了。
問：你簽的口供是很多份嗎？
李：是。
問：你記不記得他們詢問你口供是哪一天？
李：我記不得了。他們問了好多次了。應該是從一九九九年十二月份。
問：你面談問話時是在哪裡？
李：看守所裡。
問：當時有幾個人在場？

李：有三、四個檢察官。
問：有律師嗎？
李：當時沒有在。
問：當時你可以跟律師見面嗎？
李：當時我還沒有律師。
問：你記不記得，你第一次和律師講話是什麼時候的事？
李：二〇〇〇年十一月份。

李紀周否認賴昌星要過任何好處

問：你接受了賴昌星這些錢，那麼你給賴昌星什麼好處了呢？
李：我沒有給他什麼好處。他沒有向我提出過什麼要求。只有一次，他讓我幫他換個汽車牌照，就是可以從香港到內地都可以用的。這是我們國家的一個經濟開放政策，爲了鼓勵香港人到國內投資，我們國家有個政策。中國有四個經濟特區，深圳、廈門、珠海、汕頭，對於在這四個經濟特區投資的香港商人，在投資達到一定的比例之後，按照當地政策可以掛香港和內地兩邊都能用的車牌。這樣他們就可以從香港直接把車開到廣東。

但是，需要在投資達到一定比例之後，由當地政府出一個證明。因爲賴昌星在廈門投資很快就達到了比例，很好的比例，所以廈門市政府就出了一個公函，公函還有市長的簽名。他拿著這個公函，按道理，到廣東就可以辦了。但是，這個牌照需要經過兩個部門的認可，一個是要經過廣東警察，公安部門的交通部門，由它審核之後再交給省政府。辦理了這些手續，這樣的話，車就可以直接從香港開到廣東。賴昌星讓我幫他辦。我說，你手續都有了，自己就可以辦。他說，我不認識人，排隊會排很長時間。這種手續有時會等很長時間，有時要等上半年。如果我打個招呼的話，時間就會縮短一些。那麼，我就寫了個條子，讓他去見廣東公安廳的副廳長，是主管交通的，這樣時間快一點。

我在他們廈門市政府的公函上，要求廣東公安廳副廳長協助一下。因爲按規定，他有廈門市政府的公函，他可以辦。這樣就快一點，當地是經過警察這套手續。

問：這個牌照要經過廣東省政府的批准？

李：對，這樣不用排很長時間，通過我的幫助就是比較方便一點。但他辦這個事的手續、條件都是合法的。

問：就你所知縮短多少時間？

李：不好說，有時需要半年時間。

問：你的干預保證縮短？

李：是這樣。

問：這個特別的牌照有什麼好處呢？

李：主要是方便一些。香港和大陸之間有兩個通道，一個是人走的，要排隊辦手續，不管你是坐車、坐飛機、還是走路，都要經過這個關辦手續，然後再重新叫的士也好，坐飛機也好，比較麻煩；爲了鼓勵香港的企業家、商人到內地投資，可以走另外一個通道，就是直接把車開進來。這種情況就像其它國家可以開著車旅行一樣。

問：除了節省時間，有無其它好處？

李：就是使用汽車上比較方便。但是，也要經出入境檢查，也要經簽證、蓋章，只是不需要再去排隊、打「的」，或換其它的交通工具。我說過，就像其它國家開車旅行一樣。

問：如果有特殊牌照，出入境是否不嚴格？

李：不是，唯一的好處就是可以把車開進來，檢查手續是一樣的。開車的通道是另外一個通道，出入境檢查是正常的。

問：這是唯一一次你協助賴昌星？

李：對。

問：那你有無在其它方面協助過賴昌星呢？

李：其它的事沒有。但是，他曾經向我反映過一次情況，告過一次狀。一九九七年上半年，他曾打過電話給我，向我告狀。因爲我在公安部是副部長，我主管邊防出入境。他說，他的一個朋友有一艘油船，叫「奧林匹克勇士號」，這個油船是香港和湛江合作的，到廣西。

他跟我講，他們這艘油船已經向廣西報了，各種手續都是合法的。在去廣西的路上，經過瓊州海峽時……

問：湛江石油公司的油船？

李：對。

問：賴昌星的朋友叫什麼名字？

李：他沒說。這是他向我告狀。我把這話說完了，你們就明白了。船在經過瓊州海峽時，被海南邊防局的海警部隊給扣住了。他們的船在廣西報了關，但是在海南，在半路上就給扣住了。他們認爲這樣做是不對的。因爲我主管邊防，管海警，所以他們向我告狀。他跟我講這個情況，說你們的邊防部隊、海警，無理亂扣船。我說，這個情況我不了解，我回頭問問是怎麼回事。我後來就給海南邊防局打電話問，海南邊防局長跟我講，是他們下邊的海警部隊做的事。他說，當時他們懷疑這船是走私。我問他們，這船是不是走私？查清楚了沒有？他說，沒有辦法進行，他們定不了性，所以他們通知了有關部門。我就說，如果你不能定走私，是不是海關管就交給海關處理，這個事情就跟當地政府商量。他們研究以後，請示了海關總署，還請示了當時的檢察院、法院、公安部，所有部門的回答都說：不能定性。所以我說，如果不能定是走私的話，那是不是就該交給海關處理。後來他們請示了當地政府，當地政府就轉給了海關。所以，我不認爲我在干預，因爲我管的是邊防。他向我告狀，說邊防亂扣船，所以我就問問情況。他們這件事的處理是請示了當地政府。如果這件事不涉及走私的話，這件事應該由海關管，所以他們這樣做是對的。在這種情況下，我沒有干預什麼。

問：你的確爲這個不認識的人打過幾個電話？

李：就打了一個電話，問問情況，因爲他們向我報告，而我在公安部裡主管邊防。

問：是否知道賴昌星的朋友是誰？

李：不知道。他只是向我反映情況，我也沒問。他知道我管邊防，他只是替他的朋友向我反映。在我過問之前，他們已經和海關、檢察院，當地的有關部門都商量過了。當時，這幾家已經都有了明確的態度。所以，我問的時候就得知了這個情況。我說，你們不能處理，就交給海關。最後交給了海關，也不是我來處理，是海南當地政府處理的。

問：可不可以問一下，海南邊防局局長的名字？

李：馮海龍。

問：最終下決定是誰？

李：能不能定是走私是關鍵問題。他們已經請示過海關總署，如果海關總署說，不能定走私，如果不是走私的話，不是公安邊防管的，最後也要交給海關。我想他們是不想交，因爲這裡面有他們邊防內部的問題。總之，最後是海南省政府做的決定。

問：海關的部門要花多少時間去處理這個案子，如果是走私的呢？

李：他們在我打電話去之前，這些工作都已經做過了。因爲我問他們這船是不是走私，他們說，不是走私。

問：這是多久以後有的決定？

李：賴昌星向我告狀的時候，這個事情可能已經發生很長時間了。海南離北京很遠呵！他請示了北京的海關總署、公安部、最高人民檢察院、最高人民法院。這麼多部門，他需要很長時間嘛。所以我給他打電話時，他這些事情已經做過了。

問：你跟他是通過電話溝通的嗎？

李：跟誰？

問：賴昌星。

李：他給我打電話，說：我要告你們邊防的狀。

問：你跟他對話有多長時間？

李：就兩、三句話。我說：你說的情況我不知道。後來我也沒有把我知道的情況告訴他。因爲他只是想告狀嘛。我說：我也不知道這情況是怎麼回事。後來我問的情況也沒有再跟他說。

問：在這個部門裡面，有沒有別人關心這個案子？

李：我不知道。

問：你這個部門裡面，有沒有處理投訴的人呢？

李：有。

問：有多少人？

李：具體的我記不清楚了。

問：你知道這個案子最終結果是什麼？

李：幾個月以後，海關邊防局長到北京來開會，見過我，跟我說，他們把這船油交給海關處理了。這個決定是海南省政府做的。

問：最後有沒有什麼懲罰呢？

李：後來這事我沒有再管了。

問：你知道這船油價值多少？

李：不知道。我也不清楚是多大的船。

問：你不知道有沒有罰款這個情況嗎？

李：不知道。海關和我不是一個部門。他們是這方面的主管部門，和我是兩個系統。

問：另外，有關賴先生給你三萬港幣的事情，你知道是誰負責偵察這個案子嗎？

李：我的案子一直是檢察院負責。

問：你知道他們的名字嗎？

李：我只知道他們有一個叫孫忠誠、王書和、嚴誠眞，嗯……孫忠誠，還有一個姓黃的檢察官，還有誰，我不記得了。

問：爲什麼沒有把這個錢還給對方，或者上繳單位呢？

李：當時他走了嘛，我還沒有來得及還給他。

問：你認識賴先生多久了？
李：九三年認識他的。
問：你記不記得是在什麼情況下認識的？
李：我是通過朋友介紹認識的，是通過我自己的下屬。
問：你認為他是和你私交好的朋友嗎？
李：是的。我覺得他當時挺好的，為人也不錯。
問：九六年的十月以後，你又再見到過你的女兒嗎？
李：九八年見過。
問：在哪裡見的？
李：北京。
問：她還在這裡，還是回美國去了？
李：回美國去了。
問：你記不記得她是哪個月回來的？
李：夏天吧，七、八月份。
問：你會不會擔心有人知道，你的家人曾經從賴先生那裡拿錢？
李：這是朋友之間的事，別人怎麼會知道？

李紀周：中國沒有權力鬥爭

問：在九七年，你是在陶駟駒的手下工作嗎？

李：對。

問：他在部長任上到什麼時候？

李：九八年三月份吧。這好像跟你們的問題沒有關係。

問：賴昌星說，九七年底的時候，陶駟駒由賈春旺代替。賈先生那時是不是安全部的負責人呢？

李：賈春旺是九八年三月份到公安部當部長的，原來是安全部的。

（休息十分鐘）

問：我的下一個問題是，爲什麼賈先生會代替陶先生？

李：這是國家安排的嘛。

問：你是否知道，賈先生和陶先生之間，有沒有權力的紛爭呢？

李：你這話沒什麼道理，中國不可能，我認爲沒有。任何人不可能永遠在一個位子上，何況陶部長也六十多了。

問：就你個人所知，他們之間沒有權力紛爭？

李：我認爲沒有。因爲政府換居是人大決定，正常的嘛。

問：你本身有沒有陷入兩個權力的紛爭中呢？
李：我已經講過，中國不存在這樣的事，所以也談不上有紛爭。
問：可以跟我們講一下你跟賈先生原來的關係怎麼樣嗎？
李：我們不是一個部門的。後來他到公安部當部長，就是我的領導了。我是副部長，是他的助手。
問：賈先生是否主動要求偵察你的案子？
李：我不知道有這種事。
問：你知道有個叫何勇的人嗎？
李：我知道這個人。
問：你能跟我講他是誰嗎？
李：他是我們國家監察部的部長。
問：你聽過一個叫梁耀華的人嗎？
李：是的。
問：你跟他之間的關係是怎麼樣的？
李：這跟你們的問題沒關係吧？
問：賴先生跟我們講過你認識一些人，我們問你的一些問題，是希望確認他所講的是眞的。

李：我認識是肯定認識，我見過這個人。
問：梁先生送錢給你是眞的嗎？
李：這個問題我不想回答，梁耀華沒有給我錢。
問：梁是否有給過你親屬錢呢？
李：我覺得這跟你們的問題沒關係。
問：我問你的問題，是想確認賴所講的是眞的。
李：我不想回答。
問：賴先生是否給你提供過安全用具？
李：沒有。
問：你及你的家人曾經三次從賴先生那裡收到錢，就我們所知，你收錢的事，違反了中國法律。
李：是。
問：你能否告訴我們，你被拘留了多久了？
李：我在一九九八年十二月十七日被隔離審查。一九九九年十月二十九日被逮捕。加起來有兩年多了。
問：前一段是一直被拘留？
李：隔離審查，就是限制自由了，九九年十月二十九號被定罪了。

問：你所說的「隔離審查」是什麼意思？
李：就是不准回家，不准看親屬、朋友了，但不是在監獄，場所不一樣。
問：你被拘留的時間，你曾提供證詞給有關當局，就是我們剛剛討論的這些事情？
李：一九九九年十月二十九號，我被正式逮捕的。談到這些事是一九九九年十二月份。
問：你所提供的這些證詞是自願的？
李：對。
問：他們有沒有在身體上，或者在精神上強迫過你？
李：沒有。
問：你懂得我提出的問題嗎？
李：懂。
問：你回答我的問題都是事實嗎？
李：是。
問：你對你剛剛回答的問題有地方要修改嗎？
李：沒有。
問：你在口供上簽名時，有機會看你的口供嗎？
李：有。
問：現在是十二點三十三分，當地時間，採訪結束了。

（李紀周被一直在現場陪同的女公安人員吳穎帶出房間，一拐一拐地消失在門後。）

李紀周在回答加拿大移民官有關賴昌星所給的錢是否是賄絡的錢時，三次都是用：「按照中華人民共和國的法律，算吧。」

顯得十分無奈。

筆者帶著疑問，查閱了《中華人民共和國刑法》第八章中關於貪污賄絡罪的有關條款。

第三百八十五：國家工作人員利用職務上的便利，索取他人財物的，或者非法收受他人財物，爲他人謀取利益的，是受賄罪。

第三百八十九：爲謀取不正當利益，給予國家工作人員以財物的，是行賄罪。

筆者明白了李紀周無奈的原因：索取或非法收受他人財務，爲他人謀取利益時，才能定「受賄罪」。

而在他的口供當中，他明白無誤的表示，他沒有爲賴昌星做過什麼，賴昌星也沒有向他提出過任何要求。也就是說，他們是朋友之間的來往。

李紀周也間接否認了中國官方一直報導的，李紀周收取了大走私犯梁耀華巨額賄絡的指控。

然而，據報導在本書進行最後一稿校對時（二〇〇一年六月），中國政府對李紀周犯有受賄罪的指控，已經從原來的九百萬元，上升到了兩千多萬元。

中國軍情頭子姬勝德家人竟都入了美國籍

據知情人士透露，在姬勝德的罪狀當中，最令江澤民憤怒的就是，這個中國最大的軍情頭子，家裡人竟然都入了美國籍，都成了美國公民。所以有人說：姬勝德到底是中國人民解放軍情報部的部長，還是美國中央情報局(CIA)的局長？

在一次政治局會議上，有人向江澤民彙報說，據瞭解，姬部長的太太、孩子長期在美國，目前仍然在美國波士頓。江澤民當時還想緩和一下氣氛，就說：那老姬的夫人和孩子也不至於拿了美國居民、綠卡了吧。這時，總參副總參謀長熊光楷站起來說：報告江主席，他們不僅拿了綠卡，他們是拿了美國護照，是美國公民。當時就有人說，這樣的話，說明我軍的情報部部長，對國家沒有起碼的忠實。這樣就是政治問題了。於是，姬勝德很快就被隔離起來了。

很快，「四二〇」專案組在賴昌星於香港的辦公室裡發現了一份文件，是註明賴昌星爲姬勝德的太太和孩子在美國加州洛杉磯花了兩百五十萬美金買下一棟豪宅。

問：你認爲姬勝德的情況會怎麼樣？

賴：他老婆和孩子是美國公民，這我知道。他的事，何勇這一級是做不了主的，要上邊的意見才行了。他們說他貪污八千萬。這種說貪污多少多少，太可怕了。都是誹謗，不是事實。不過我想，他是官家子弟嘛，應該不會死的，但是不管判多少年，都會一輩子在裡邊軟禁起來，不會放的。他知道的太多了，他原來的位子太敏感了。

問：你和姬勝德有金錢上的往來嗎？

賴：就是那件事嘛。姬勝德太太說，爲我看好了一棟房子，在美國洛杉磯的，是她介紹一棟房子給我。我就給他太太拿了兩百五十萬美金。買房子是用她的名字，是她的公司出面，因爲我還沒有到美國嘛。

問：這件事是誰說出來的？

賴：好像是「四二〇」專案組到香港，拿了我兩箱文件，從我的秘書那裡。他們應該是看到了賬目，賬目上有顯示給誰辦的什麼事。但是我也說了，那是她向我借的，他在香港已經還了我三百五十萬港幣。我也告訴他們了。

問：姬勝德的太太、孩子現在在哪裡？

賴：我估計他太太可能回中國去了。小孩應該還在美國，二十幾歲，個子很小，不是像他們那麼高大，而且很瘦。姬勝德很胖、高大，中央的這些領導都沒有他塊頭大。我和他的照片也在公司裡。「四二〇」他們都是看著照片抓人的。所以以後我這照片不能隨便照的。姬勝德他老爸姬鵬飛到最後也沒有辦法了，姬鵬飛死的時候，江澤民讓姬勝德見了最後一面，然後就正式抓了。開始時，就是因爲跟熊光楷合不來，姬勝德和他老婆、我、還有一個人在一起吃飯，他就說起這個事，他們矛盾非常嚴重。你知道嗎？那時姬勝德什麼都知道的比別人先，算什麼都算得很準的。一次，他跟我說：李嵐清要上常委了。我說：你怎麼知道？他說：你很快就見到了。過不久，李嵐清就上了常委了。

問：抓姬勝德的事到底是誰做的主？

賴：如果江不同意，誰敢動？誰也不敢動，是不是？我可以這樣說。姬勝德這是個太要害的位置了。就是因爲他不聽話嘛，我估計就是這樣了。就在動手抓他之前，他還立了一個功，就是美國炸中國在南斯拉夫大使館的事情。那個傷員、從飛機上抬下來的那個，就是他的手下。那個是解放軍，是總參二部的間諜，當時是以別的身份過去的。那個人成了英雄了嘛，姬勝德就有功了。所以，那時姬勝德很開心、很高興。因爲這之前就要動他了，有了這個事，就又拖了一段時間。

問：姬勝德的案子也是錯綜複雜呀！

賴：那時還有一件事影響到他。他的私人秘書在深圳貸款兩億九，結果出了事情，還不上，因爲量太大了。這個人最後頂不住了，就跑路了，可能一直躲在香港，可是沒有辦法找到，他有很多證件嘛。這樣的人，都有很多個名字，很多身份的。一直找不到，上邊就怪姬勝德嘍。

問：你對情報口的情況瞭解真不少！

賴：以前總參二部、三部、總政聯絡部，三個部長都跟我是好朋友。你看，二部部長是姬勝德，三部部長是張震的兒子張小洋，總政聯絡部部長是葉選寧。現在三個部長都換了。

問：姬勝德出事了，葉選寧退了，三部部長張小洋也換掉了嗎？

賴：換掉了嘛，要是他還在，能夠聽我的電話，我就沒事了。就是因爲要動我，把他也調走了。調到洛陽去當一個什麼院長。當時他也很牛氣的，他那個位子都是不錯的。他管那麼多人麼，光是監聽國際電話的就十三萬人。他們監聽電話的技術都很好的，要是注意誰，就能把和這個人差不多的聲音都打包，然後再來分析。他們連傳真都截收的，我那時在廈門，他們從上海就截到我的傳真，他們還拿來給我看。

問：姬勝德和「遠華案」到底是什麼關係？

賴：沒有什麼關係，他們就是要置他於死地，所以就把他裝到「遠華案」裡來，這樣才是「第一大案」嘛！沒有這些人，李紀周呀，姬勝德呀，王樂毅呀，什麼什麼人，怎麼算「第一大案」呢？

問：姬勝德的前景會怎麼樣？

賴：怎麼樣？除非換了一個領導人才行，不然，他一輩子不會放出來的。他要是能出來，全世界都會想要他，再小的國家都會想要他，他有資本。

我當時要是知道多一點就好了，可惜我都沒有存心去準備這些東西，那時，什麼東西我都可以問得到。

姬勝德狂妄犯眾怒

一位知情人士認爲，姬勝德也許是太狂妄了，把任何人都不放在眼裡，所以得罪了很多人。其中，得罪李鵬是完全可以避免的。

當初，當原北京市長陳希同出事時，中央決定要逮捕陳希同的兒子陳小同，在陳小同被抓的前一天，李鵬的兒子李小勇跟陳小同說：我已經收到消息，他們要抓你。我給你安排一條路，你先去香港吧。陳小同當時還不相信他真的不行了，就說：你放心吧，咱作不了劉胡蘭，也肯定是一個華子良。由於李小勇和陳小同是酒肉朋友，平常在一起什麼事都做，所以不希望陳小同出事。李小勇就說：這樣吧，你現在的行動已經不方便，你坐我的奔馳吉普車，到中南海去我家，然後，換上我爸爸的車出來，直接去深圳，我可以讓他們放你出去到香港。因爲李鵬是總理，李家的車可以自由進出中南海東、西、南、北門。而中紀委和高檢的車到了中南海，如果沒有預先申請是進不去的。所以全北京最安全的地方就是中南海。但陳小同還是嬉皮笑臉的那句話，結果當天晚上就被逮捕，然後就開始招供。陳小同被關進去的頭三天，講的全是李小勇的事。

第二天，中紀委辦案的人，約了李小勇到北京昆侖飯店吃韓國燒烤，就把陳小同的口供拿給李小勇看，給他通風報信說：勇哥，你這交的是什麼朋友？

中紀委針對李小勇的事，無法做出決定，就轉給了高檢。當年高檢的檢察長張思卿本來是要查李小勇的，後來在江澤民的干預下，讓李小勇最終過關。

自從陳希同案以後，熊光楷想擦李鵬的鞋，把李小勇保護到總參二部，如果李小勇一旦有什麼事，情報部可以出面給頂下來。可是，姬勝德不同意。熊光楷於是準備把李小勇調到海軍情報部，海軍情報部部長已經同意接受。但是，姬勝德在召開一個全軍情報部部長的會議上，把海軍情報部部長嚴厲地訓斥了一頓，說：李小勇是社會上一個混混，說白了，就是個流氓、地頭蛇，把他招來情報部幹嘛。

這一番話，就使得姬勝德和熊光楷的關係徹底的翻了。也把李鵬徹底得罪了。有人說，總參二部在社會上網羅了那麼多的三教九流、流氓混混，也不多李小勇這一個呀。

至於姬勝德爲什麼對李小勇如此不屑呢？有人認爲，姬鵬飛和周恩來是同輩人，而姬勝德跟李鵬是一個輩份的，因此不買李鵬的帳。從此以後，總參二部這條線上的人，要是姬勝德提的人要報副總長批，熊光楷肯定不批。同樣，只要熊光楷要調人進總參二部，姬勝德只要能頂回去，就頂回去。從此，熊光楷對姬勝德恨之入骨，而熊光楷是江澤民的愛將。在處理「遠華案」之前，江澤民就抓住機會，先把姬勝德貶到了軍事科學院，作戰條例部當副部長。負責編寫作戰條例。

賴昌星說：幸虧姬勝德是官家子弟，否則就殺定了。

“四二零”專案組在廈門長期駐地，
有武警把守

廈門市人民政府所在地

廈門市城市廣場街景

廈門市國家安全局

廈門海鑫大橋

廈門海關關長楊前線工作地點

廈門中級人民法院審判庭，楊前線等人均在此受審

廈門市人民檢察院反貪污賄賂局

廈門市人民會堂

中國工商銀行廈門分行

六 「遠華案」：走私案還是冤案？

賴昌星：中國權力鬥爭的代罪羔羊

中國「遠華案」首要嫌疑人賴昌星和妻子曾明娜於二〇〇一年三月十日，溫哥華當地時間中午十二點左右回到家中。賴昌星夫婦是在二〇〇〇年十一月被加拿大警方以違反移民法為由逮捕的，逮捕之後他們一直受到拘押，加拿大難民法庭的裁判官泰勒斯強調，對賴昌星及妻子曾明娜是以軟禁的方式取代拘押，而不是釋放。賴昌星夫婦在家中接受軟禁，共有七項條件需要滿足，包括：由保安公司對賴昌星夫婦實行二十四小時的監控，電話監聽，以及不能任意外出等。賴昌星夫婦每個星期要向保安公司交付兩萬加元的監視費用。賴昌星在電話裡向我表示，回到家裡感覺很好。

在賴昌星回到家裡接受軟禁五天之後，我第三次從多倫多到溫哥華，在賴昌星位於溫哥華伯納比麗晶大廈共管式公寓的家中繼續採訪。我讓賴昌星寫幾個字，賴昌星在我的採訪本上寫下了：

「遠華走私案是中國權力鬥爭的代罪羔羊。」

調查進展我隨時知道

問：專案組開始對你調查的過程怎樣？

賴：專案組的李本剛告訴我的朋友，他們六月份要到廈門來了。在他們來之前我就知道，六月十三號—可能是六月十三號。

問：你在什麼時候，什麼情況下，得到確切的消息說，他們要對你下手了？

賴：你聽我從頭給你講。他們要對我下手是一直都有安排的，一直要動，一直又沒有動。開始時他們派了兩個人到廈門來查我，這兩個人回去寫了報告，聽說報告寫得很好。那時候，從羅幹四月二十號簽了，到後來成立了「四二〇」，我就一直跟進，每天是什麼情況，我都隨時知道的。

問：報告裡沒有說什麼情況？

賴：對，什麼都查不到的。可是查不到他們就不死心，他們說我一定有事，感覺上明顯地一定有事。何勇說，明顯地一定有事。然後他們就定的六月十三號，大概就是這個日子再到廈門來。那天他們來了二十幾個人。

問：就是說，他們決定六月十三號來廈門重新查。

賴：整個廈門都準備好了，武警也站崗了，賓館也全部安排好了，所有的都佈置好了。就開始全面鋪下去查了，抓人了。也不需要先調查證據了。我還記得那一天正好胡錦濤在廈門。

問：你認爲這次是真的動手了？

賴：這件事從開始到後來，能夠整得那麼大，總的來說就是牟新生、張國勝、李本剛，還有何勇，這四個人是關鍵人物，因爲這四個人在調查這個案子上都各有私心。

問：你說何勇是爲了出名、出風頭。那麼另外幾個是什麼原因呢？

賴：對，這個專案組設立是幾方面的人組成的麼。當時，羅幹批示說：海關總署主查，中紀委協調。主要目的是說，有些人的官職比較大，海關可能查不動，就要由中紀委出面嘍，中紀委是查幹部的嘛。這裡面的幾個人是這樣的：何勇就是想出名，他主要負責的李紀周的案子，什麼也搞不出來，他也很沒有面子嘍。而牟新生呢，他和李紀周兩個，在公安部當副部長的時候就是死對頭了，兩個合不來的，互相都看著不順眼的那一種。另外就是張國勝，他是海關總署調查局的人，他和廈門海關關長楊前線本來是海關學校的同學，而楊前線的仕途就比張國勝好多了。張國勝和楊前線就成了海關裡頭的對頭了。

問：那麼你說李本剛這個人在裡邊是什麼角色？

賴：李本剛我不是太清楚，我看他只是裡邊的一個打手，他就是按照領導的指示辦事。

問：實際上一直到八月份才對你動手？

賴：他們先查我在海關的事，沒有。就查我貸款的事，又是沒有什麼事。他們發現沒有辦法抓我，因爲我所有貸款都是有房子做抵押的，還超過那個價值很多的，而且全有正式手續，所以這個罪名又是不能成立。

銅錢卜卦定查案，來而忽撤蹊蹺多

賴：你知道嘛，他們有的時候要來查案，經常還要抽籤決定呢。

問：噢？你是說他們要由抽籤來決定由誰來查，是嗎？

賴：不是決定由誰來查，而是要由抽籤來算一算是兇是吉。

問：怎麼個抽籤法？

賴：他們要抽籤就是因爲他們以爲我是黑道人物麼，是危險人物，有黑社會背景的那一種人。他們好像以爲來查我的案子說不定就會死，他們要先找人算一算，看看會不會怎麼樣。我的那個在中海集團的老總、那個姓錢的朋友有一個以前的錢幣，中間有孔的那一種。

問：是一種古錢幣，怎麼算？

賴：對，是個古錢幣。然後他就拿來和他們幾個算，小傅跟張國勝經常叫他算，小傅和張國勝兩個人用的手機都是他的。每次他給他們算完了就來告訴我嘍。

問：算一算是兇是吉？

賴：算一算什麼時候查，查下去會不會有麻煩。

問：每次都是你那個姓錢的朋友給他們算嗎？

賴：正式的時候不是他本人算，是他另外找一個人到他的公司來算的，會卜卦。

問：是他介紹的，所以每次算完，他都知道是怎麼說的？

賴：會算的人是一個高高大大的人。我也去找他算，我還記得很淸楚，他當時說，我這個事可以頂得過去。

問：就是說兩邊都找他算，那他可合算了。

賴：可是他給那邊算完了，會告訴我。

問：他要是給你算完了也去告訴對方呢？

賴：不知道嘍，不過我想不會的，他不會告訴他們的。他跟姓錢的是朋友，他只會告訴我的這個朋友，因爲這個案子和姓錢的也有點關係。

問：抽籤之後他們是怎麼決定的呢？

賴：他們還是不夠搞掂，何勇就又來花樣了。他說，有人打電話給他，威脅他，叫他放李紀周，不放李紀周就殺了他。

問：是誰打的電話？

賴：不知道是誰打的電話，他就到處說，是我賴昌星打的。說那個電話是從新加坡打過來的。就說是我，然後向上報，胡錦濤就批示：加強保衛。然後他就是副總理級待遇了，有警衛了。他就是要的這個。其實，那個電話我一直懷疑是他自己搞的，他因爲要別人重視他，要讓這個案子引起人注意，就想辦法了。說是我的聲音。不可能的，我的聲音是很特別的，一聽就聽出來的。他現在是正部級幹部，享受副總理級待遇了，身邊有兩個警衛，帶槍，還有，整個北京市都可以通行，哪裡都可以進，你說牛不牛？後來等到他的這些目的達到了，想跟我做交易，他又找人來說，那個電話查清楚了，不是我打的，叫我不要管了。

問：等於他處理「遠華案」提高了待遇。

賴：連一個處長級都有警衛呀，你說牛不牛？現在給他這個權力他就會亂用了。中國的正部級幹部有多少啊，哪有一個享受副總理待遇的？何勇就是呀。那個電話先說是我打的，後來又叫別人來跟我說，他相信這個跟我沒關係。當然跟我沒關係，我自己知道沒有。這種事是他自己想的，他什麼都想像得出來。

問：中紀委中你認識很多人嗎？

賴：我有時也想不通，怎麼會弄到這種地步？如果沒有這個何勇，我永遠都沒事。中紀委是專門查幹部的，我認識中紀委的處長以上的起碼十個以上。我可以說我認識的都有問題，最少七個有嚴重問題。像他們要判的話，起碼十五年以上。這些人都是何勇的手下，自己身邊的人都教育不好，你還能抓人嗎？這就是我想不通的。

問：等於是這些人在辦理「遠華案」？

賴：對呀，辦「遠華案」、辦李紀周案。我說出來，你寫出來，他們看到都會怕吶。說我知道的事情太多了，他們根本沒有想到這一些我會知道。

問：你的關係很厲害呀。

賴：他們看了很害怕，我那些朋友他們直接管我叫「所長」——就是派出所所長。我們有時候幾個朋友坐在一起吃飯，像李紀周、許甘露，莊如順嘍。有時我對公安破案也挺感興趣的，我也挺會動腦筋分析，有時候分析也挺準的。他們說，你這樣可以當所長。他們就一直叫我「所長」，我跟他們對叫，不叫名。

問：那麼，六月十三號那一天的行動他們有沒有算一下？

賴：他們那一天原來是計劃好的，大批人就到了廈門，很緊張的樣子。可是，那一天上邊、北京那邊突然來了兩個電話，好像是何勇打過來的，突然就叫所有的人撤，立即撤。沒有說是什麼原因，誰也不知道是什麼原因，張國勝也不知道。他們有的就說，可能是不用查了，這件事可能是過去了。

因爲那天胡錦濤就在廈門麼，我當時也以爲是那個石兆彬和胡錦濤講了一下，胡錦濤說不用查了。因爲胡錦濤和石兆彬的關係是很好的。石兆彬的老婆如果去北京，都是胡錦濤的老婆出來陪她的。可惜，現在石兆彬的老婆也因爲石兆彬被查自殺了。你說當共產黨的官多可怕。當時在廈門大家都以爲是這樣，大家以爲是石兆彬跟胡錦濤說，這樣查下去會對廈門影響很大，要考慮一下。然後，胡錦濤就指示說這樣不是辦法，先不用查了。連專案組的人也不知道怎麼回事，以爲就不用查了。

問：連專案組裡邊的人也以爲這事就算了？

賴：對，張國勝也不知道。還有一個中紀委的副主任叫孫文健(音)的，他一看人到了廈門又撤了，就開始吹牛了。他告訴我的那個姓錢的朋友，他對我的朋友說：「我是看著你的面子，叫他們停了，這個事就不再查了」。他還說：「賴昌星應該叫你爸爸，我跟他不熟，我幹嘛要幫他，我是在幫你。」他就開始這樣跟我的朋友吹牛了。我想他是想從我的朋友那裡得到好處吧。

問：現在朱牛牛在幹什麼呢？

賴：配合「四二〇」查案呀。

問：那他欠國家、私人的那些款也就一筆勾銷了？

賴：當然勾銷了。還有什麼辦法，他現在也變成幹部了。還帶人到菲律賓抓人呢。

賴昌星說：專案組ｘｘｘ去上海一夜睡了三個小姐

賴昌星說：「四二〇」專案組是最腐敗的。他說，專案組的腐敗就像中紀委的腐敗一樣，是不可避免的。就像中紀委本來專門是管幹部的，但是現在誰沒有事。所以就是你整我材料，我整你材料了，只要靠山夠硬，什麼辦法都可以用，因爲上面的領導如果希望你逼出一些口供，他們當然不會管你是用什麼辦法得到的。他說：「四二〇」裡邊有人辦案發財了，反正他們辦案的也明白，上邊就是要讓他們整出東西來，他們就可以放心地去做手腳了，總之，拿出東西給上邊就行了。

賴：其實，那一天只是何勇的戰術不一樣。然後，那一天到廈門的人就全部回去。驚動了那麼多人，從各處來了，就立即又撤了。ＸＸ當天沒有回北京，而是去了上海。

問：ＸＸ是上海人嗎？

賴：他是北京的，他去上海去瀟灑了──我就只好把這個就叫作他去瀟灑嘍。他到了上海，錦江飯店禮品店的部門經理張德生就去接他了，然後這個人就打電話給我的一個朋友，轉告我，叫我給他四十萬港幣。

問：幹嘛？

賴：張德生說，他要用這筆錢接待ＸＸ嘛。ＸＸ是專案組的人，他們也知道他在查我的事。ＸＸ到上海肯定要花一些錢嘛。這個人說，這是給ＸＸ花的應酬費。我說：「我不給，我又不認識他。」我很討厭他，我很恨他。

問：爲什麼？

賴：我知道他是楊前線的同學，他和楊前線不好，他對我的朋友不好，我就恨他。我不給他。我的那個朋友叫謝東風，就叫我不要跟他拗，給他算了。我說：現在錢也挺緊張的，沒辦法。再說，我也根本沒有什麼事去給他查，沒有這個必要。謝東風說，他也是要幫我呀，他說，四十萬算什麼錢哪？這個謝東風到過我的賭船，還欠我賭船的錢呢。

其實我看他們這些人都很討厭，不是那種乾淨的人。

問：你沒有給他錢？

賴：沒有。XX那一天到了上海，你知道嗎？他一個晚上就睡了三個小姐。

問：專案組的這個姓張的？

賴：不是他還是誰？爲什麼我會知道呢？那天我知道他在錦江飯店麼，我就一直通過朋友打聽他在幹什麼。我也想知道他到上海是不是和案子有什麼關係嘛，是不是有什麼特別的安排嘛。我的朋友就一直把他的情況隨時通知我，什麼時候他在唱卡拉OK，什麼時候他在桑拿，什麼時候他進房了，換了幾個小姐了。他一個晚上就睡了三個小姐。他玩完了一個晚上，第二天就回北京了。他就是以爲這個事情已經完了麼，在回北京之前就先去上海那邊瀟灑一下嘍，然後再回北京嘍。

問：但實際上他們在下邊已經重新部署了？

賴：還有就是，那個牟新生也去找了公安部出入境管理局局長許甘露，因爲許甘露也在朱牛牛的那個告狀信裡麼，也被他告了。那一天之後，牟新生到許甘露家裡去做客，讓許甘露幫他的忙，因爲牟新生有一個女兒要到美國去讀書，讓許甘露給幫忙辦簽證，許甘露出一個信就可以了麼，因爲大使館那邊也要向他買好麼，也要巴結他。那時許甘露好像還沒有給他辦好。他們談話中就提到我這個事，許甘露就想問問他，牟新生就說：不要緊了，這個事過去就過去了，以前的事就過去了，以後沒有做就行了。

問：牟新生這時是什麼意思？

賴：也不知道他是什麼意思。牟新生就透露這些給許甘露，許甘露回來就告訴我。當時許甘露就要調來海關當局長。有一天，許甘露說，牟新生還要帶他到我這邊來，我就不讓他過來，你明白嗎？我說：外邊傳說我走私，你這種人和我來往，到我這邊來，對你影響很大，你知道嗎。他說，我說得有道理。我對他說：你在出入境管理局已經時間太長了，很快就會調，還不知道會調到哪裡去。外邊一直傳說，說我走私，你到我這邊來，會對你的前途有影響。

問：那一段時間你在哪裡？

賴：五、六月份一段時間我一直在北京，天天打聽我的事情，在和朋友研究，我以為我能夠頂得住，所以我什麼也沒有準備，什麼也沒有賣，也沒挪出來錢呀什麼的。所以我真是兩手空空出來的。當時確實是香港入境處的梁錦光告訴我那個情況，我才離開的。不然我真的不會離開。

問：專案組本身就夠腐敗的了。

賴：我跟你說，被抓的這些人不應該判二十年的，不應該判死刑的，但他們抓住你有錯的地方就判你有罪。我只是將這件事告訴大家，讓大家知道，也讓那些被抓、被判刑的人明白，我不是背叛，也不會配合「四二〇」。你看到那被判死刑的，我根本沒有想到有人會死啊。我一直認為莊如順、楊前線他們根本沒事，很快就可以放了，沒有想到還給他們判死刑。判死刑的罪名是什麼？只有一個泄密，通風報信，說他通知我跑。根本這就不是事實。另外，楊前線的虎皮跟淩志車，如果說我送他這部車，應該換上他的名字才對，你看有沒有？這個可以查得到的，送他車難道不給他上戶口？

這裡面有背景就麻煩了，江澤民在人大會上講的這個話：這是一場經濟鬥爭，是一場嚴厲的政治鬥爭。就是要見一個就要殺一個。這就登在《廈門日報》上，在槍斃他們七個人的那一天，二十四號。

問：專案組腐敗的例子給我舉幾個。

賴：我知道有一個叫劉魯夏的，他被抓的時候身上有八千塊。他是我公司一個手下的哥哥，他跟我也熟，就被抓了。後來人出來了，錢沒了。

問：這是什麼時間的事？

賴：這個可以查，打電話問問那天包圍公司的人。還有他們拿了一個二十五萬，一個六萬。這個二十五萬是在湖里區的一個咖啡廳拿的。還有一個香港人叫張志民的，說是我公司的人。他們自己說的，我不認識這個人，私下拿五十萬給「四二〇」的人，才出來的。

問：你跟這個人都不認識，他們是怎麼找上他的？

賴：總之這些做生意的他們都是一個一個的抓，然後全部歸到我頭上。

問：他是拿錢保出來的嗎？

賴：對，這個人拿五十萬來擔保，就跟辦案的人熟了，然後就出去唱歌嘍，找女孩子嘍，一起唱卡拉ＯＫ，請他們吃飯。在廈門，「四二〇」的兩個人就私下裡拿了另一個香港人二十五萬。他哥哥也是被抓了。他們還說，「四二〇」裡面有公安局的，跟他說要找女孩子。

問：「四二〇」的這兩個人是誰？

賴：我就是不知道他們的名字。這事我是怎麼知道的呢，我可以講給你聽。我在香港有一個朋友，他的弟弟在大陸，張志民跟他很熟。這個人被抓了之後，這個朋友的弟弟去找張志民。他就說，他有這個門路可以知道「四二〇」要抓的人名單。然後就介紹他的弟弟給「四二〇」，他的弟弟找好飯店，「四二〇」的人就來跟他說：這個案子跟你哥哥沒有關係，你哥哥是另外的事，表示一下就好解決了。他們就是想法發財，他弟弟一聽，給了他們六萬，後來又給了二十五萬，兩次就是三十一萬，哥哥還是沒回來。

問：拿了錢也不一定辦事？

賴：那個劉魯夏最近還被抓去打，你可以去採訪他，他會告訴你的。我會讓他實事求是地說，進去是怎麼問話，怎麼樣打？另外，還有三個人的家屬要到廈門的寶龍公司做工。

問：誰的家屬？

賴：專案組的人。

問：知道是誰嗎？

賴：他說是天津的，別的沒有告訴我，肯定是裡面的頭。「四二〇」共分六個組，下面再各分六個組，總共有三十幾個組，連武警有一千二百多人。這個消息是絕對可靠的。我告訴過「四二〇」的劉曉輝，那個在香港花了四十幾萬的李ｘｘ，還有誰給了三十萬，這些人我都告訴過他。

問：請你把李ｘｘ的事情說的詳細一點。

賴：李ｘｘ在香港去「中海公司」時，老總派來一個小姐，他很喜歡這個小姐，這個小姐就陪了他十幾天，花了四十幾萬，全部用信用卡簽的單，花的都是我朋友的錢。我的朋友要我幫他出一些錢，然後要我給他五萬美金，我拿了五萬美金叫公司一個姓王的給那個女的送過去了。你想這種人，又看重錢，又看重女人，能用這種人查案子嗎？

問：這大概是什麼時候的事？

賴：九九年六月份左右，中紀委也知道，最後查沒查我就不知道了。

問：中紀委知道後採取行動了嗎？

賴：何勇和中紀委的人本身就是腐敗的。何勇原來的一個秘書，姓林，這個人後來調去了中紀委一室當主任，他通過一個人找我聯繫，在香港香格里拉飯店見的面，這個人說，姓林的孩子要在北京上重點學校，需要二十萬，讓我出。我不給，一點都沒有給。另外一次，何勇的女婿到深圳，通過人找我，叫我送二十五萬過去打點他們。我不想給，就只給了五萬。

問：李ｘｘ還在「專案組」吧？

賴：好像李ｘｘ也進去過，但有人給擔保出來了。要不是他們的人，一進去就出不來了，有事沒事都出不來。

其實「四二〇」他們才是最腐敗的。比楊前線、莊如順都嚴重不知多少倍。你說泄密，他李ｘｘ泄的最多了，不然我怎麼知道這麼多啊，什麼在哪裡開會，在什麼郊區的地方啊，他們不說我怎麼會知道？他就是要吹牛嘛，他跟我的朋友說，我今天辦的什麼什麼案子，你請我是應該的。

問：除了李ｘｘ一個，還有誰？

賴：我多說幾句，小傅，張國勝，李本剛，孫文健，牟新生，這些都是開始就在裡邊了。當時我的朋友告訴他們，如果搞這個事，說不定最後連你們都拖進去，所以他們一起抽籤決定，因爲他們講的太邪門了。

問：小傅在裡面有什麼具體的事？

賴：我知道他拿過一個三十萬。

問：怎麼拿的這個錢？

賴：好像是錢日昌給他的，他是「中海集團」老總，可能這個姓錢的也進去了。

問：這錢是怎麼要的？什麼名目？

賴：從這個案子剛開始他們就熟了，像小傅用的電話都是「中海集團」這個老總的，給他買手機，又給他錢，這是貪錢的那種人。就是要辦這個案子給的。

問：還能具體點嗎？比如什麼地方？

賴：不知道，他只是告訴我給了三十萬，說這事你放心，我安排好了。就是像他們這班人，只要抓起來一問就知道了。要是像對楊前線、莊如順他們那樣，什麼都得吐出來。還有陸志強，是海關走私犯罪偵察局的局長，我也給他送過東西。有沒有錢我想不起來了，不敢肯定，但有勞力士手錶等七七八八的，在王府飯店給他的。當時專案組他們來找我，我也說這個人我給過的。我說陸志強也有拿我的東西，我早就跟他認識，在公安部我就認識他，大概有七八年了，但是你不敢動他。因爲他是牟新生的人。

還有一個比李紀周官還大的，我也告訴他，我給李紀周的錢是他太太的朋友來向我借，另一筆五十萬美金，是他太太和我說，借給他女兒辦美國綠卡的，是正當的錢。李紀周根本不知道。他們說：他不知道，你也是看在李紀周的面子上。我說：是看在李紀周面子上借的，這也是實事求是。我說：我也是看在另一個的臉面上，借給他兒子五十萬的，你們爲什麼不敢去查呀，就是因爲他比李紀周還大。他們說：你不要嚇我們。

公安部長的兒子賭博無本萬利

問：你剛才說比李紀周還大，指的是誰？

賴：賈春旺，我說的是賈春旺的兒子。我跟他們說：是比李紀周大的。他就應該知道了。我沒有明說，我讓他們去猜。

問：你給了賈春旺他兒子多少錢？

賴：他還到我的賭船上去賭錢，就拿我的錢，輸掉就輸掉了，贏了就拿走，這也是錢啊。

他上我的「集美號」賭船，這是有證據的。那天正好香港的影星洪欣去賭船玩。就有雜誌說我包洪欣在賭船上過夜，把她說成是我的人。其實根本不是這麼回事，她爸爸和我是老朋友，也是老鄉，我跟她這種男女關係是絕對沒有的。那天晚上，他們幾個跟我上賭船去的，正好有人給我們偷偷的拍照。

問：賈春旺的兒子、洪欣，還有誰？

賴：還有洪欣的妹妹。我這邊還有個史明良也去了。在《東周刊》上可以找得到這張照片，當時有雜誌社人在偷拍，正好我們一前一後走下來，賈春旺的兒子也被拍到了。

問：拍照的人知道那是賈春旺的兒子嗎？

賴：我們走在前面，他們在後面偷拍，拍到了我們的後影，沒有人知道是賈春旺的兒子。

問：他大概用了你多少錢？

賴：跟我上去兩三次，三百來萬應該有了。

問：你和他有生意上的來往嗎？

賴：沒有，後來他也想讓我撥一塊地給他，也是幾百萬的投資，我沒有答應。我跟他好，全是看在他爸爸的臉面上。我爲什麼跟他熟的？他在上海做股票虧了兩千多萬，安全部的一個姓丁的人告訴我的，他跟賈春旺家關係很好，賈春旺的老婆跟他很熟，就通過他來找我，讓我幫他兒子賺點錢。他一直叫我去跟賈春旺見面，賈春旺我已經見過了。人家想跟我認識就認識，不想跟我認識，我也沒什麼，因爲我怕人家爲難，我有這種心理。然後他就說，想讓我幫助彌補這件事，跟姓丁的說的一樣。賈春旺好像不喜歡這個兒子，他想弄點錢去彌補他那邊的事，就這樣我跟他就熟了。

問：賈春旺有幾個兒子？

賴：我也不太清楚，這個叫小方，二十多歲。是屬於不成才、混混那種人。另外，我還跟專案組說那個海關總署走私犯罪偵查局的局長陸志強，他拿過我的東西，我說：但是我相信他已經交給你們了。他說：你怎麼知道？我說：我算也算出來了。他們沒有承認，也沒有不承認。問我裡面有什麼東西，我說：可能有點錢，是多少我也忘了，不是我給的，是施文頂給他的。

問：是你托他給的？

賴：在王府飯店，我自己不願意直接給他，就托施文頂拿給他。施文頂是福建石獅市公安局局長。我說：如果他不是那麼腐敗的話，他不會到我出事前才把東西和錢吐出來，我給他的應該不是這個時間。應該是九九年二、三月份給的。到了安全局要來查我，他把這些就吐出來，那就沒事了。那像莊如順的那部車子也不是我給他的，我和他經濟上絕對清楚，我做什麼生意他都不知道，真的是這樣的，因爲我不想讓他爲難，我不跟他談生意上的事，我們就是朋友。

「四二〇」在廈門牛得很

問：專案組辦案分別對待？

賴：開始進專案組的這幾個人全都是腐敗的。張國勝也是，他拿了一個人的錢，因爲這個錢裡有我給的二十萬，就是通過這個人給他的。這個是在九八年的事，張國勝跟牟新生去香港，我在香港的一個朋友叫姚志勝的告訴我，他在北京開會時就跟張國勝很熟，姚志勝是全國政協委員嘛。姚志勝說要去看張國勝和牟新生他們，我就拿給他二十萬港幣和兩斤燕窩，我把錢放在燕窩裡，送到他的家裡，當時只有他太太在家，他太太就立即打了電話給他，跟他講什麼人來看他。張國勝也知道這是怎麼回事，所以就避開了，沒有回來。那些東西就交給他太太了。

問：這是什麼時候？

賴：開政協會的時候，具體我也不記得。後來張國勝的老婆跟他的小舅子要到廈門來，通過王家輝來找我，我也不見他們。王家輝以前是海關的人，後來出來混，和張國勝的小舅子很熟，後來他們就到了深圳，說是要到廈門來，要我接待，絕對沒有錯的。

問：你不喜歡和有目的的人打交道？

賴：還有他和楊前線不好，就是爲了這個，我連面都不見。我所有接觸過的人裡面，只有藍甫總是開口向我借錢，其他的人都沒有。藍甫這個人就是喜歡吹牛，到處騙。我跟他不怎麼來往，我們公司的人往返去香港的，他要是批了，就馬上打電話跟我說。我跟他說，我不知道這件事。

問：他是想在你這裡拿好處？

賴：我跟他說，我是正規去辦的，我不知道這事，我也不領他的情。我不喜歡他，一點都不喜歡。

問：那你跟他有什麼交往？

賴：沒有，只有他向我借錢。借了二百萬左右吧。

問：你借給他了？還了嗎？

賴：借了，沒有還。他就是用「借」做個說法。我一見到藍甫就很討厭。這個人本質不好。

問：「四二〇」專案組在當地反映怎麼樣？

賴：他們在當地誰都怕他們的，很牛的。

問：你怎麼知道的？

賴：我經常打電話去問的。廈門和福州對我是有聲控監聽的，別的地方應該還沒有。他們把我的聲音打包起來，一聽到是我的聲音，就馬上自動接通監聽。如果說的不是很明顯，他們也聽不出什麼來。如果你要瞭解「四二〇」的事，我可以找那邊人告訴你。你如果到娛樂場所去，那才厲害，開始的時候，他們爲了尊嚴啊什麼的，哪裡也不敢去。時間一長他們也就去了，去卡拉ＯＫ歌舞廳，就有媽咪帶小姐過來，有些人還怕人家不知道他是「四二〇」

的呢，「四二〇」在廈門很牛啊。

問：他們公開這樣做了？

賴：對對，有的還怕人家不知道，還出示證件給小姐看，給媽咪看。媽咪跟我的朋友熟，她說，現在來玩的人都是「四二〇」的。現在廈門那邊經濟不好了，捧場的也是「四二〇」的了，因爲他們有一千多人在那邊辦案，既然有人請，他們就去了。在廈門他們開著四輪驅動車闖紅燈，被交警攔下來，他們就把「四二〇」證件拿出來衝著警察叫，很牛的。他們是有指標的，商人要抓多少，海關要抓多少，公安的也有，配套來的。誰都怕呀。

「遠華案」的立案和審理，經過了一個不平凡的過程。從針對主要涉案人賴昌星的處理程序能夠很清楚地看出這一點：一九九八年年底、一九九九年年初，朱牛牛開始遞交告狀信；當年四月二十日，羅幹簽字設立專案組決定進行調查；六月十三日，專案組大批人馬抵達廈門準備展開調查工作，但是當天就全部撤下來；五、六月間，賴昌星本人一直在追蹤專案組的辦案過程，對辦案細節瞭如指掌；八月初賴昌星從香港返回廈門被專案組發現，賴昌星立即出境返回香港；隨即，賴昌星於八月十四日離開香港，飛抵加拿大溫哥華。而中國政府在一九九九年十月二十二日，才由廈門海關走私犯罪偵察分局簽發逮捕證。賴昌星在加拿大一直保持同專案組的聯繫，到二〇〇〇年六月，中國方面才「知會」加拿大皇家騎警駐北京代表。而就在同時，「四二〇」專案組專程到加拿大面見賴昌星，要求他回國配合調查工作。

賴昌星夫婦於二〇〇〇年六月份，向加拿大政府提出難民申請，要求政治庇護。直到二〇〇一年一月份，加拿大移民部收到了從中國方面轉來的，對「遠華案」涉案人員的錯漏百出的一些「判決書」、「審訊紀錄」等材料。拿賴昌星的話說：他們花著國家的錢，辦案太不認真。

神秘的紅樓

在有關「遠華案」的許多聳人聽聞的傳說中，有關「紅樓」的種種繪聲繪色的描述，可以說是最「引人入勝」的。坊間有部被稱作是「第一本詳細披露全案經過的專著」，並被算作是「紀實報導」的書，在有關「紅樓」一節中，有這樣的精彩段落：

「後來，他(賴昌星)乾脆在廈門湖里建了一座紅樓，完全按五星級酒店裝修，內設卡拉OK、桑拿浴室及夜總會，並高薪聘請來自上海、北京等地絕色女子在紅樓做服務員。這座紅樓就是賴昌星的後宮，這些服務員就是嬪妃和宮女。賴昌星的辦公室設在樓頂層，一有需要，隨時叫服務員上來爲他提供特別服務，有時他也搞點新花樣，模仿西方成人片中的情節，大玩集體性遊戲。除了滿足自己的需要外，賴昌星還將部分玩膩了的妃子介紹給前來巴結他的省、市級官員和得力手下，作爲獎賞。」

另外，港台一些報刊雜誌也對此有大量報導，內容類似。無非是介紹「紅樓」中的荒淫無度，和賴昌星是如何利用紅樓這個據點，利用在紅樓工作的女子們作爲工具，來拉攏腐蝕一些政府官員，使得這些人在被拉下水之後，只能被賴昌星牽著鼻子走，爲他的走私大開方便之門。報導說，賴昌星在紅樓裡安裝了針孔式秘密攝錄機、監視器、秘密照相機等等，他把那些高官在紅樓的種種淫穢行徑，全部拍錄下來，以此要挾那些官員，不怕他們不合作。

賴昌星說，有關紅樓的種種說法，是「四二〇」專案組編造的，這是專案組的陰謀。也就是說，如果人們相信了有關紅樓的謠言，那麼，他這個走私犯的作案動機(利用高官貪財、好色來換取走私利益)、作案手段(利用女色腐蝕高官)、作案工具(女色)、作案地點(紅樓)就全齊了。賴昌星建議，紅樓應該開放讓記者去採訪，讓人們去參觀，這樣就有說服力了。

問：有人說看過你在紅樓給人家偷拍的錄影帶。

賴：沒有這回事。

問：可是有人說自己本人都被你拍過。

賴：絕對沒有這種事，絕對沒有的。

問：說賈慶林的錄像帶在政治局常委裡都放給常委們看了。

賴：我跟你說沒有這種事，你不要聽他們胡說，他們就是有意要這樣傳。

問：可是有人說，錄像帶裡賈慶林在紅樓同兩個女人在一起。還有政治局的人看完後說：怎麼找了個流氓來做北京的市委書記？

賴：沒有，絕對沒有這個事。我發誓，一千零一個沒有的。
問：有人說親眼看到了。
賴：胡說八道，絕對沒有。因爲這個事只有我最清楚嘛。
問：當然是只有你最清楚了。
賴：我可以這樣說，如果有這種事，我馬上回去。

知情人談紅樓眞相

我幾經波折聯絡到六位曾經在紅樓工作的服務員。二〇〇一年二月中旬的一天(在做書稿最後校對時決定還是將具體日期刪除，以免電話紀錄被查而使這些受訪者受害)，我打通了國內某大城市的一個長途電話。這裡記錄的是同其中四位談話的內容。

知情者一

(採訪對象是一位女士)

問：有關紅樓的那些報導你看過嗎？
答：我在很多報紙上也看到了。這裡有很多報紙報了。
問：你看到後是什麼感覺？

答：很可笑，哈哈，覺得很不可思議。麻煩你可不可以不寫出我的名字？

問：沒問題，我可以向你保證。

答：你知道，有些情況……我在國內，我是個女孩子，不想找一些不必要的麻煩，請你理解。

問：我可以做到，沒有問題。你在紅樓工作多長時間？

答：兩年。從九七年到那件事情後就回來了。

問：你認爲外界對紅樓的報導是事實嗎？

答：我眞的憑良心說，我不明白爲什麼外面會傳成這個樣子，我覺得根本不可能，根本不像上面所寫的那個樣子。因爲國內這些報導也不是很多，點點滴滴我看到一些，也不是很具體，其中有一部分有寫紅樓的，看到以後就覺得很奇怪，覺得不可思議。

問：你看到些什麼樣的說法？

答：說我們的，說有些客人來，讓我們陪，就這一點，我就覺得太不可思議啦，我不明白爲什麼會這樣寫。

問：紅樓裡邊是否安裝了一些隱藏的攝像機？

答：攝像機？那太不可能了，這怎麼會呢？我想這是絕對不可能的吧。

問：爲什麼？

答：因爲我在紅樓工作已經兩年了，其間和老闆接觸的比較多。首先，我個人認爲老闆這個人相當的好，我覺得他不可能做出這樣的事情來。再有，我也曾經作過客房一段時間，而且我也在二樓的餐廳做，一樓的大堂值班，如果裝了這種東西的話，我們不可能不知道，天天在那裡上班，這不可能啊？

問：有沒有可能裝在隱蔽的地方？

答：我認爲絕對不可能，這是不現實的，每個角落我們每天都要打掃衛生的，如果要是眞的裝了的話，兩年來我不可能不發現一點點蛛絲馬跡的。

問：紅樓是一個多大的建築物，裡面都有什麼用途？

答：紅樓一共有七層，一樓就是大堂，二樓是餐廳，三樓是桑拿，四樓是卡拉OK，五樓是客房，六樓是總統套房，但是很少有人住，七樓是老闆的辦公室。老闆都是住在五樓的客房裡的。

問：實際上可供住宿的地方並不多？

答：是很少的，你看五樓只有四間客房，老闆已經住了一間。六樓是總統套房。以前老闆和老闆娘是住六樓的。六樓的總統套房很少有人來住，一般都是空著的。來的客人一般都是住五樓剩下的三間客房了。

問：那裡面的裝飾、擺設、設備、設施等等都是怎樣的？

答：有報導說，像西方的那種特別豪華的，這我不知道，我從來沒有去過西方，不知道那是什麼樣子。可是我看這裡就和普通賓館一樣，說特別豪華，我覺得沒有。因爲上海有很多賓館，比較起來差不多都是這樣，和賓館的裝潢一樣。

問：經常都有一些什麼人來賓館住？

答：具體的人我也不認識，讓我說是誰，我也說不出來。我沒有看到過像是很大的官什麼的，也許有一些政府裡的人吧。也沒有什麼很特別的誰。也有一些娛樂圈的，一些總政的演員什麼的。就是這樣，很特別的人我眞的沒有印象。

問：那其他的地方就是大家來玩，比如卡拉ＯＫ、桑拿。

答：就是一般來唱唱歌什麼的，也沒有說有很重要的人物過來，也很少有人住我們的客房。你看，因爲我們的客房只有兩個服務員打掃，平時大家都很空，基本上不是很多人住的，而且只有這麼幾間房。

問：紅樓本身有什麼經濟效益嗎？

答：紅樓是專門供給自己公司用的，公司的很多人在這邊吃飯、唱歌什麼的，就是這樣，我們自己私下管紅樓叫做公司的一個旅館。

問：那就跟外面報導的差距很大。

答：對，所以我在國内看報，我也不知道爲什麼這麼寫，這樣傳。對我來說就是很不可思議了。眞的，從裝潢來說，就和外面的賓館四、五星級的差不多，一些娛樂場所都是很普通的，一共只有七層的樓，也不是很大，就是這樣，而且都是供給内部員工的。當然也有一些客户之間的，也有一些客人來，吃飯唱歌，住的眞的很少。

問：報導最引人矚目的內容，就是賴昌星在紅樓裡養了許多女孩子。

答：那如果是這個樣子，我們應當最清楚了，可是我們沒有見到。

問：有多少服務員在裡面？

答：我們共有十幾個人從這裡去的，我算算看，共有十七個人，其中還有夫婦。

問：大家都做什麼？

答：我們主要做客房、餐廳，另外一樓不是大堂嗎？大堂的總台，我們接個電話什麼的，主要就做這些。大家輪流換班。我們這十七個人都是旅遊學校畢業的，以前我自己一直是做餐飲的，我們的二樓不是就有餐飲嗎，另外我們這些人當中還有人以前在上海賓館裡做客房的，那裡五、六樓都是客房嘛。

問：那你們是怎麼去到紅樓工作的呢？

答：因爲老闆以前到上海來時，都是住在老錦江，就認識一個餐廳做服務員的，因爲她是優秀員工，工作好，老闆就問他有什麼其他服務員能介紹到廈門去工作，然後就找了我和其他人一起到那邊去工作了。

問：那桑拿、卡拉OK對外經營嗎？

答：也不對外。

問：你說那些演藝界的人到過紅樓來玩？

答：不是來玩，那時是廈門有什麼活動，請他們來演出。老闆招待的，就是請他們吃頓飯。給我的感覺就是這樣。

問：你有沒有在桑拿和卡拉OK做過？那兩層有什麼特別？

答：沒有，因爲我沒學過。但像外邊報的那些事不大可能，我們都是在一層樓的，就算不是一個部門，但大家也都認識，我們工作之餘也到四樓找他們去玩。我想不可能。眞的太可惡了，毀人清白。

問：你開始說老闆是個好人，能夠說得詳細一點嗎？

答：我剛開始到那邊的時候，我們那裡有個洗碗的阿姨，她好像家裡老人的身體不好啦，不知是病了還是去世了，她好像想回家。老闆知道了這件事，老闆就給了她一、二萬元錢，還准許她放假回去。我以前也打過工，好像一般老闆都不重視下人。還有就是在我去之前，他們跟我講，有一個老頭，他們說這個人是個乞丐，有次路過公司，老闆好像看到他，就讓他來公司裡的食堂來吃飯。後來我在的那兩年，他天天都到食堂來吃飯，老闆讓他來的，在我來之前他就在，一直在公司吃飯了。你想這樣的老闆是不是心腸很好呀？

問：這個人很有同情心？

答：相當有，而且對我們沒有一點架子，很關心我們的生活，如果我們有誰生病，他都會讓你回家休息。從來不像別的老闆擺架子，發脾氣，絕對不會，從來就沒有。如果我們上錯了菜，他從來不會罵人，只是說：算了，擺著吧。然後就吃了。是相當平易近人的一個人。我可以說，一起工作的女孩子、男孩子都說老闆是一個很好的人，大家都覺得他是個好人啊，不應該會這個樣子，我們都覺得好人應當有好報。

問：即使國內對「遠華案」報導得不多，但你們也知道，判死刑的已經有十四個人了，六百多人涉案。你們在知道這個消息之後，你自己心裡的感覺或感受是怎麼樣的？

答：很難過呀！後來在電視上看到公司很多人，比如說老闆的哥哥不是判了刑了嗎，這些人以前都認識嘛，以前都到公司來的，吃飯什麼的，當看到這些人判刑，心裡非常難過，因爲我們覺得他們人很好，但他們到底犯了什麼樣的案呀？平時都做了什麼？工作上我們根本不知道，可是接觸下來，我們感覺他們人都很好，這樣子很難過。

問：賴昌星的兄弟們人怎麼樣？

答：爲人也相當好。我覺得跟老闆眞的很像，都很客氣。他們家的人都很客氣的，如果在外面看到他，眞的不會認爲他是一個大老闆。他只是受過小學三年級的教育，但老闆是很聰明的。我們都服老闆這一點，學歷不好，可是很聰明。我記得我剛進公司的時候，我們裡面的人跟我講，說老闆以前年輕的時候，那時候他還沒有發跡，出去身上只有十塊錢，有個乞丐問他討錢，他把身上僅有的十塊錢全都給了人家，這都是裡面的人這樣講，而且老闆眞的心腸非常好，而且這不只我一個人講老闆的好話，我們回來的十幾個人大家都在講老闆是一個好人，希望他好人有好報，希望他沒事。

問：你眞的喜歡在紅樓工作嗎？

答：眞的願意。公司有食堂，我們上班每天在那裡吃飯。公司有住房，是紅樓以外的宿舍，我們在那裡工作眞的很開心，公司的人對我們都很好。每個月收入三千，雖然不多，比上海要好一些。一開始，我父母都不讓我去，女孩子嘛，年齡又那麼小，到一個陌生的地方，也不知道到底怎麼樣。我當時去的時候剛好二十歲。後來我和兩個同學，我們三個人是一起去的。後來我的一個同學的爸爸還特地到廈門看一看我們的工作環境，看後覺得放心了，回上海跟我的爸媽講，說這邊可以的，條件不錯等等。後來我爸媽也去看了，認爲可以，後來才放心讓我呆在那裡。

問：莊如順、楊前線這兩個名字你知道嗎？

答：像莊局長這個人我知道，他經常來。楊前線也知道。

問：莊如順、楊前線每次來，你們看到他們都在做什麼？

答：就是吃飯。老闆陪他們一起吃飯。

問：他們有沒有在這裡留宿過夜？

答：沒有，從來沒有在紅樓住過。

問：有沒有娛樂、桑拿、唱卡拉OK呀？

答：沒有，據我所知就是吃飯，然後就走了。

二月xx日夜裡，我再次打通了國內的長途電話。這次我有機會和三個原來在紅樓工作的人通了話。

知情者二

（採訪對象是一位女士）

問：你是什麼時候在紅樓工作的？

答：九六年九月到九九年，我們是八月底回來的。

問：你在紅樓工作的時候是什麼職務？

答：這個我不能說。我是在中國，現在是這樣的情形，你明白嗎？

問：那好。那你能否告訴我「紅樓」大概是個什麼概念，都有些什麼部門？

答：這我可以告訴你，紅樓分餐廳、大堂、客房、健身房。它是一個內部的招待所。

問：你可能看到了一些報導，說賴昌星在紅樓裡面，給來的一些官員提供女孩子，你怎麼看待這個說法？

答：我們是做客房的，這個事情我們不管的。再何況，比如說有客人需要小姐，這些都不歸我們管，也都沒有看到過，這些都不在我們眼前的。

問：你的職務涉及不到是吧。

答：對，我們只是做服務的。做餐廳服務，做客房服務，做大堂服務，就是這樣。

問：在你工作的這麼長時間以來，在紅樓你見過什麼特殊人物？

答：因爲老闆不會跟我們介紹這是誰，那是誰，他不會介紹的，他只是說，這是我的老闊。只是這樣說，他不會介紹這位客人是哪裡的。

問：如果真是有位比較不尋常的客人到了，比如說省長來了，中央的什麼官員來了……

答：但是他不可能告訴你：這位是省長。他只是告訴你，這位客人是很重要的。

問：對，但問題是你們在當地，省長是什麼樣子你們應該知道，對不對？省長來了，他不說你們也應該認得出來呀？

答：沒有，我們沒有。在廈門我們一般都不看國內的新聞，只是看台灣的新聞。所以我們也覺得很可笑，人家可能都不相信，連廈門的什麼市長我們都不認識。因爲在廈門，我們一般都是看台灣方面的電視，這裡的省長啊、市長啊我們都是看不到的，中國的新聞我們都不看的，而且做餐廳的，新聞時間正好是我們開飯的時間。

問：那麼你對賴昌星先生這個人有什麼樣的評價呢？

答：我覺得他很好啊，我們覺得他人很好。

問：能不能說得具體一點？爲什麼你認爲他人好？

答：他好像比較關心人吧，反正像國家有什麼賑災活動，他這個人比較熱心的，比較有良心。

問：那麼你在紅樓的時候，是什麼時間聽說他出事了？

答：在九九年六月份吧。

問：當時有人來傳達這樣的文件或通知嗎？

答：沒有，只是裡面有人在說，到九九年八月份就都知道了。

問：那時候大家所傳說的是什麼樣的情況？

答：嗯，好像是說走私啊什麼的，但這些具體的我們都不知道，也不懂啦，到了八月份才知道好像在查他，後來紅樓就關了。

問：你怎麼看待遠華這個走私案呢？

答：這個事，我肯定是不懂嘍，但我只知道他人是可以的。他是不是走私，這個東西我們都不懂，更何況我們跟他接觸也只是短短的三年，你說要具體的，我們只是做餐飲，做客房，根本就不涉及這些東西，所以根本沒有辦法去看待，而且我們也是第一次碰到這樣的事情，嚇死人了。

知情者三

（採訪對象是一位女士）

問：你在那邊工作是從什麼時候到什麼時候？

答：我是從九六年的九月份到九九年的八月份。

問：你在那工作了三年，你對賴昌星先生這個人有什麼基本印象？

答：覺得他眞的是挺不錯的。我們去就是打工的嘛，作爲一個普通服務員，他是一個老闆，不管是從哪個方面都很關心我們，對我們沒有什麼特別的要求。他也很體諒我們的工作。

比如說我們剛去的時候也不太習慣，肯定很想在上海的親戚啊，朋友啊，他就會給我們安裝電話，然後兩個月左右就讓我們回去探親一次。從各個方面來說，他對我們眞是很關心的。

問：你在這裡工作了這麼長時間，你覺得有哪些當地特別的官員到紅樓來過？

答：當地的官員好像沒有什麼，因爲他們都不會介紹，都說是老闆的客人，然後他們就來吃飯。我們當然也不會去問，所以我也不知道是什麼官員，一般來說一聽是老闆的客人，我們就接待一下，僅此而以。

問：有報導說，紅樓當中養了很多女孩子，一些官員來了以後，賴昌星會向這些官員提供這些女孩子，你覺得這個可能性有多少？

答：我是沒有看到過這種情況，因爲紅樓是有好幾層樓，共有七層。我們餐廳在二樓，很普通的，就是一般的吃飯，吃完就走了。三樓有個桑拿，四樓是個電影院，他們有時會上去。象報導上說的什麼小姐，我們不是做桑拿的，所以我們不清楚。有些報導說有什麼監控設備啊，這些好像都沒有的。

問：你覺得這不大可能是嗎？

答：對。這肯定是沒有的。

問：爲什麼這麼肯定？

答：因爲我們對紅樓還是比較瞭解的、熟悉的，不可能有這種事。

問：桑拿這一層你有去過嗎？

答：進去過。

問：你能不能描述一下裡面大概是一種什麼樣的情況？

答：和外面普通的桑拿浴室一樣的，有一個很大的休息室，是很公開的休息室，還有一間桑拿，一間蒸汽室，還有一些運動裝置，供人家健身用的。

問：有沒有見過一些可疑的女孩子在裡面進出，或者是住宿什麼的？

答：沒有，住肯定是沒有的，因爲我們的餐廳和客房是一起管理的，客房裡肯定是不會允許有一些亂七八糟的人進去。我覺得在我工作的這三年裡，都是很正常的，不像外間所報導的那樣，有什麼不可告人的事。也就等於是賴昌星自己有這樣一個俱樂部，這個俱樂部就是紅樓，用來招待他的一些客人，僅此而已。

問：是從什麼時候開始對紅樓進行檢查的？

答：好像也是八月初的時候，剛好那個時候我回去探親了，然後一起在廈門的人打電話通知我，說有人要進紅樓什麼的，要我們馬上回去，然後我就中斷探親馬上趕回來了。我回到廈門紅樓的時候，好像已經有人到紅樓來過了，我不知道，我沒有看見。

知情者四

（採訪對象是一位男性）

問：你是什麼時候到什麼時候在紅樓工作的？

答：我是從九六年九月到九九年八月。

問：你們都是同一個時間？

答：對，我們是一起去的。

問：那你在紅樓具體是負責什麼工作的？

答：我們是一起的，都是負責餐廳和客房服務的。

問：你在紅樓工作的三年中，肯定也是和賴昌星有過很多接觸了，你能不能大概描述一下你印象當中的他是個什麼樣的人？

答：他是個非常好的人。

問：能舉些事例嗎？

答：他關心每一個人，如果有人需要他幫助的話。例如裡面有一個做清潔的中年女工，她的小孩因爲面部神經出現了問題，普通話叫「面癱」吧，那麼就要送到好一點的醫院去醫治，他們是福建比較偏遠的地方。要送到省城啊，或上海、北京的醫院去醫治。但因爲她本身經濟條件不是很好，跟老闆說了一下，他就非常慷慨地拿了兩萬塊給她，跟她說：你去看吧，小孩的身體重要，如果現在不治，對他將來會有很大的影響。像這些比較低級的工作人員，多數是家庭條件不是很好的人，比如說家裡有一些情況了，只要對他說，他都非常慷慨地去幫助別人，包括一些工作表現並不很好的人，因爲有些需要幫助的困難，跟他說，他都非常樂意去幫助，這一點別人是很難辦到的。我從前也接觸過一些大老闆，如果事情對他沒有什麼利益，基本上那些人是不會來幫你的，是不會無償地幫助別人的。

問：你怎樣看待說他是個頭號大走私犯？

答：就國內說的，他是頭號走私犯，他生意上的事我們接觸不到，我們僅僅是紅樓的普通服務員。但是我們覺得就他的人來說，我認爲他是個很好的人，很少有人能夠做到像他那樣。我覺得他們家裡人對人也很和氣，沒有因爲他是有錢人，而我們是給他們打工的服務員，就看不起我們。我們有差錯的時候，比如某一項工作沒有做好，他們都能非常客氣的告訴我們，並沒有趾高氣揚地來指使你，他們家裡人包括他本身都是很好的人。

問：現在國內對遠華案的處理，我想你也知道一些吧。

答：從報上看到一些。

問：今天報紙有關於二審的消息吧？

答：今天報紙沒有寫，新聞也沒有。

更神秘的白樓

在有關紅樓的各種傳說安靜下去之後，媒體報導中出現了一座白樓，並指這是賴昌星的另一座行宮。報導說：這座行宮的內容與紅樓大同小異，只是裡邊的女子更爲絕色而已。曾有幸到過這裡的人透露，這裡的這些女子個個國色天香，整日無所事事，隨時等待賴昌星及其他達官貴人的寵幸。這座白樓，是賴昌星最秘密的據點，只有與賴昌星關係最親密的朋友和重要高官，才有機會得以到此一遊。

我帶著疑問，又在三月ｘｘ日夜，撥通了國內的電話。可惜我不能寫出對方的名字。在電話上，她聽了我給她念的一段有關描述，大聲地抗議，原本柔和的聲音中帶著難以抑制的憤怒。她說：這太過分了，這些人爲什麼要這樣報導？我們也聽說了，這是一場什麼政治鬥爭，我們也都不懂，爲什麼拿我們做犧牲品？

她告訴我，連出去找工作時，都不敢把在廈門的工作經歷塡寫上去，生怕會引起別人的誤會。

我問她有關白樓的情況，她說，根本就不知道哪座被稱爲「白樓」。想了半天說，也許說的是跟紅樓相似的那座吧。「可是，我們大家是輪流到那邊去工作的，那邊和紅樓的性質差不多，也就是紅樓這邊不夠住的時候，才用到那座賓館。平常裡邊配備四個服務員就夠了，三個女的，一個男的，沒有任何特別」。

賴氏企業：遠華電子有限公司現已封閉，
有軍警把守，內有大量遠華汽車

八十八層遠華大廈工地占地四十多畝

賴昌星仿造的乾清宮一比一大小

賴昌星企業：遠華總部

遠華總部門口的商標
是賴昌星的想法

遠華公司的房地產，居民樓現
空置

紅樓

正在建設中的遠華酒店已停工

遠華影視城，98 年建成，占地一千畝

正在建設中的海濱別墅，一百多棟，
與金門隔海相望

遠華影視城入口處

賴昌星的房地產：東卉花園

遲浩田爲賴昌星的海濱別墅題詞：天泉。
原字掛在紅樓

七 楊前線、莊如順是犧牲品

賴昌星：楊、莊這樣的幹部判死刑，共產黨就完了！

在廈門遠華案首批被判處死刑的十四名犯人當中，賴昌星說，有些人他連認識都不認識，怎麼會成爲同一個案子的走私犯呢？而這其中有幾個人，他認爲，絕對是冤案，是天大的冤案。他說：像楊前線、莊如順這樣清廉的共產黨的官，太少了。如果上邊是因爲要搞權力鬥爭就判他們死刑，那共產黨就完了。

問：你說「遠華案」當中，很多人是冤枉的，能解釋一下嗎？

賴：在第一批被判死刑的這十四個人當中，其中就有幾個肯定是冤枉的。比如說，福建省公安廳副廳長兼福州市公安局局長莊如順，還有一個廈門海關關長楊前線。對他們兩個，我是太瞭解了。我可以說，這兩個都是國家太廉潔的幹部，他們太不值了。最開始看到報導說，莊如順是因爲通風報信給我，而引起他被判死刑，我心裡很不好受，其實根本沒有這回事，事實真的不是這樣的。另外，開始報導說，楊前線他拿了我幾千萬，然後他幫我走私，這些都是不對的。其實我到現在爲止所做的生意，從來就沒有找過他，他也沒有幫過我一點，一點都沒有。他沒有做過對不起國家的事。

這兩個人和我，我們之間金錢往來都沒有，那些都是胡說八道的。這個你也可以看判決書，看看他的口供裡有沒有說到和我有這種關係。我說的那些都是實話，他們都是冤枉的。

問：可是這些說法有什麼證據呢？

賴：就說楊前線。楊前線的廈門海關關長才當多久啊，這之前的關長我和他熟嗎？我跟他不熟啊！如果說我走私，那我應該個個關長都熟才可以，可是，那前一任的關長我連見都沒見過，這樣我怎麼走私呢？

這是不是疑點呢？我只知道廈門以前的海關關長姓秦，還有一個姓張的副關長，就是這兩個人管業務，我跟他們一點都不熟。而楊前線是從九六，還是九七年作關長到被抓，那麼前幾年我是怎麼做的呢？他們說楊前線有口供指控我，說他自己幫過我。可是，加拿大移民部轉過來的材料裡，其他人都有口供，只是沒有他的。他真的有沒有說，我心裡有數。他有沒有幫過我，我也是最清楚的。他們一直搞我就是這樣搞的。我說的幾點，你自己可以去想，如果我生意是那樣做，那麼廈門工商局的、邊防的，還有在楊前線之前的那些個關長，我應該比較熟才可以做那種事。對嗎？可是我根本不熟呀。

問：楊前線的事，事實是怎麼樣的呢？

賴：就是一張虎皮，一個車呀，就這兩個。判揚前線的那一百四十萬，一分錢都不能成立。這張虎皮是我的一個手下送給我的，這個手下是我公司的保安，是一個東北人，他也被抓了。我把這張虎皮放在辦公室裡看著有點不舒服，它是那種連頭還在的整張的。我就把虎皮放在家裡，這棟房子楊前線只是來過而已。他有時出差，借我的車子，來我這棟房子找我的司機。我的那部淩志牌車子挂的是公安的牌，他出遠門的時候用一下，因爲過橋也不用交錢，去到那裡都會給方便，就是這樣。

「四二〇」就是在我的那棟房子裡撿到一個有他名字的代表證，那個代表證還是他到哪裡開會時用的。有時他到我那邊去找我的司機，不知道他什麼時候順手放在我那裡。那房子是我的，虎皮是我的，車子也是我的。「四二〇」說的沒有一樣是真的。如果開過我的車就算是接受我賄賂，那我給當地的公安捐了多少車？我起碼捐過五、六輛麵包車、還有五、六十輛摩托車。用這些車的人算不算是吃我賄賂？

現在說楊前線受賄的證據是這兩樣：一部日本淩志四〇〇型轎車，算了六十三萬元；那張虎皮算了七十七萬七千元。現在就是爲這兩個來判他死刑。如果這樣判，那你說應該判多少人死刑，你說冤不冤？中國領導人有多少人退休後，開的奔馳車，這些都不是國家給他的，國家只是派給他們奧迪車，那麼他們的奔馳車是從哪裡來的，不都是朋友送的嗎？所以楊前線他剛被抓了的時候，我還不怎麼著急，我跟所有的朋友說：他不會有事的。後來一直到一級警備、秘密審判，什麼什麼的，我知道完了。我知道了他們要的是這背後的東西，所以，如果他們不能把那筆錢掛在楊前線身上，他們也會說他是「掩護走私」。楊前線他真的是國家太好、太好的幹部呀。

筆者在即將交出書稿時，從賴昌星那裡得到了中國政府剛剛交給加拿大政府的一份楊前線的口供：

楊前線口供：我確實受了賄

福建省人民檢察院

詢問犯罪嫌疑人筆錄

時間：二〇〇〇年七月十九日九時十分至十九日十一時二十三分

地點：秦城監獄

詢問人：徐敬波

紀錄人：曾斌

犯罪嫌疑人：楊前線

問：我們是檢察機關工作人員，今天依法詢問你。你要如實回答，不得隱匿罪證，否則將追究你的刑事責任。你是否聽清楚？

答：我聽清楚了。

問：你的自然情況？

答：我叫楊前線，男，一九五五年二月十六日出生，漢族，福建漳州人，中共黨員，大學文化，原任廈門海關關長，原福建省第九屆人大代表。家住廈門市虎園路六號海關宿舍四〇一室。

問：你的個人簡歷？

答：一九六一年至一九六七年，就讀於廈門五通小學

一九六七年至一九七三年一月，就讀於廈門ＸＸ一中

一九七七年一月至一九八〇年七月，就讀於北京經貿大學

一九八〇年八月至一九八二年，就職於廈門海關查私科

一九八二年至一九八四年三月，任廈門海關辦公室秘書

一九八四年三月至一九八五年十月，任廈門海關查私科副科長

一九八五年十月至一九八八年七月，任廈門海關查私處處長

一九八八年七月至一九九〇年七月，任泉洲海關關長

一九九〇年七月至一九九四年三月，任廈門海關副關長

一九九四年三月至一九九九年八月，任廈門海關關長

問：你是否認識賴昌星？

答：認識。

問：你是如何認識賴昌星的？

答：我是一九九三年任廈門海關副關長時經朋友介紹，認識了賴昌星。一九九三年我隨

廈門市政府代表團去香港，和賴昌星見過面。那時我對他還不怎麼了解，但覺得賴昌星性格很好處，很大方。我對賴昌星印象很好，覺得賴昌星有誠意，慢慢地我和賴昌星交往比較多了，關係也熟了。一九九四年底，賴昌星在廈門成立了一家公司，具體什麼名字我忘記了。一九九五年，賴昌星成立了廈門遠華公司。

問：你與周兵是什麼關係？

答：周兵是我的情人，周兵爲我生了一個兒子。

問：你是如何認識周兵的？

答：一九九五年，具體時間記不清了。有一天賴昌星打電話給我，說他和香港的一位姓周的……(以下九行在複印時被蓋住)。

……在一起，對周兵的感覺不錯。這樣周兵來廈門幾次，我們的交往慢慢地深了，關係變密切。交往一段時間後，周兵成了我的情人。

……(中間有幾行字在複印時被遮住)

答：一九九五年在我認識周兵以後，賴昌星對我說，他買下了廈門富豪花園F2別墅，他說可以借給我。我當時說不用這樣做，賴昌星就沒說什麼。周兵成爲我情人後，我們想要一個孩子。周兵懷孕後，賴昌星又找到我，對我說，這棟房子空著，讓我和周兵搬進去住，並告訴我他另外還有一棟房子也空著，讓我選。我就說要富豪花園F2別墅這一套，然後我就和周兵搬進F2別墅居住。

問：接著談。

答：周兵是由她姐姐周玲陪著去美國生孩子的，在美國住了二十多天，生完孩子後，她們把孩子帶回香港，然後再帶回廈門。孩子周兵帶，她妹妹周燕從杭州過來廈門幫助帶孩子，我把周燕丈夫鄭X介紹到賴昌星的遠華公司做事，負責裝修和採購。我和周兵住富豪花園F2別墅二樓，鄭X、周燕他們倆住三樓。

問：周兵是否長住在富豪花園F2別墅？

答：周兵從香港回廈門就住在別墅。周兵來廈門我會去F2別墅看她。周兵不在廈門時，由鄭X、周燕領著我兒子住在F2別墅，我也會去那裡看我兒子。

問：你是否知道賴昌星在廈門走私？

答：剛開始朦朦朧朧，到後來才知道賴昌星在廈門走私。一九九五年的時候，就有人反映廈門保稅區內有人走私香煙，說是賴昌星做的。一九九六年、一九九七年的時候，我們海關查獲了不少香煙，外界說那都是賴昌星的。賴昌星的司機洪國番在F2別墅和我喝酒，他說起過賴昌星的香煙、汽車被扣、資金來源。後來在一九九七年賴昌星收購了遠華足球隊和要蓋八十八層大樓時，我已經感覺到他在走私。我想賴昌星即使走私，數額也不會太大，所以對他說，如果做走私就別做了，否則會給廈門丟臉。

問：你身爲廈門海關關長，既然已經知道賴昌星在走私，爲什麼不採取措施查處？

答：因爲按照廈門每年統計的貿易額，我想賴昌星走私的量不會很大。而且爲了搞活地方，繁榮廈門經濟，有一些走私的生意也是存在的。作爲海關，對存在一些小範圍內的走私可以促進地方經濟的繁榮，是可以理解的。要不然卡得太死，經濟發展不上去。我知道賴昌星和我交往是有一定目的的，現在看來我是被利用了，我沒有想到賴昌星的走私量這麼大，給國家造成這麼大的損失，闖下這麼大的禍，我是罪有應得的。

問：你和賴昌星之間有什麼不正當的經濟活動？

答：我曾經先後從賴昌星那裡拿了一輛淩志四〇〇型黑色轎車，牌照爲閩D-三〇五〇〇，和一張虎皮。

問：你把拿淩志轎車的經過詳細談一談。

答：一九九五年初，具體日期我已經記不清了，有一天我和賴昌星在他的華景別墅一樓餐廳裡吃飯，洪國番也在場，賴昌星對我說，你開公家車跑來跑去，讓人看見影響不好，你用著也不方便。賴昌星說要拿一輛車給我，但當時賴昌星沒有講明是拿哪一輛車給我。以後賴昌星不止一次提起過他要把車給我的事，我沒有明確表態。過後一段時間，有一次，具體時間我記不清了，洪國番告訴我賴昌星有一輛淩志新轎車，要拿去送人。洪問我要不要。我聽說賴昌星經常把汽車送人，洪說要我把車要過來。幾天以後，洪打電話來說賴昌星讓他把那輛淩志給我送過來，他把車子開到我家樓下，我下樓取車時，洪自己回去了。

問：接著說。

答：這是一輛淩志四〇〇型黑色轎車，車開來後，魏鵬幫忙給這輛車上了北京的牌照，具體號碼我記不清了。一九九七年上半年，具體時間我記不清了，有一次魏鵬告訴我部隊下發文件，準備把部隊編外的生產經營車輛改掛地方牌，他們問我是否有車需要改掛。我就說魏鵬的淩志轎車辦理相關軍改掛手續。從一九九五年初淩志車拿來到一九九七年底，都由我個人使用，但有時魏鵬也使用。

問：你把賴昌星送你老虎皮的經過詳細說一下。

答：一九九八年上半年，具體日期我記不清了。富豪花園F2別墅進行裝修，我和周兵、鄭X和周燕搬到賴昌星的華景別墅暫住。有一天，賴昌星給我打電話，問我在哪裡。我說，我在華景別墅。賴昌星說，他有一張老虎皮要給我。我說，好。過了一會，賴昌星與沖沖地拿了一個布包裝的一張老虎皮，在華景別墅大廳裡，當著我、周兵、鄭X、周燕幾個人的面，把一張老虎皮攤在地板上給我們看。賴昌星說，老虎皮可以避邪。說把老虎皮送給我，讓我放在辦公室用。我對賴昌星說，我又不是座山雕，放張老虎皮在辦公室裡做什麼？就推辭幾句，認爲把老虎皮放辦公……(以下十八行在複印時被遮住)。

答：我不知道他們之間是否有生意往來。

問：你與魏鵬是什麼關係？

答：我與魏鵬是親屬關係，魏鵬是我的小舅子。

問：你的愛人叫什麼名字？

答：我愛人叫張琳。

問：你愛人姓張，魏鵬姓魏，她們倆是親姐弟嗎？

答：他們兩個是親姐弟關係，張琳隨母姓，魏鵬隨父姓。

問：以前提審你時你說，這部車我交給魏鵬，由魏鵬和賴昌星結算。這句話你到底和魏鵬說了沒有？

答：當時我是想對魏鵬說讓他和賴昌星去算，但實際上沒有對魏鵬說過。由於有這個印象，所以在以前提審時說，這部車交給魏鵬，由魏鵬和賴昌星去算。實際上我沒有對魏鵬講這話。

問：這輛淩志轎車你使用期間停放在那裡？

答：我平時停放在虎園路海關宿舍車庫裡，在海關辦公樓下停放過，富豪花園F2別墅車庫也停放過。

問：這輛淩志轎車改掛地方牌照(閩D-三〇五〇〇)後你是否使用過？

答：沒有使用過。

問：賴昌星送你的老虎皮哪裡去了？

答：我們在華景别墅住時，這張老虎皮放在華景别墅，後來富豪花園F2别墅裝修好，我們搬回去住，老虎皮就帶回F2别墅。因爲這張老虎皮比較珍貴，所以我告訴……(以下一行被遮住)。

問：你和賴昌星是用普通話還是用閩南話交談？

答：我和賴昌星當時用閩南話交談的。
問：對賴昌星送老虎皮給你這件事，你是怎樣看的？
答：賴昌星那天來確實是要把老虎皮送給我。這張老虎皮也一直放在我和周兵住的F2別墅保管著。這個事實是清楚的，我承認這張老虎皮是賴昌星送給我的，而且一直沒拿走。
問：你從賴昌星處收受哪些財物？
答：我收受一輛凌志四〇〇型黑色轎車，收受一張老虎皮。
問：你這是什麼行爲？
答：是受賄犯罪行爲。
問：你認罪伏法嗎？
答：我認罪伏法。
問：你以上所說是否屬實？
答：屬實。

（以下爲楊前線本人所寫）

以上筆錄經本人看過屬實
楊前線，二〇〇〇．七．十九

賴昌星說，楊前線沒有說實話。

賴：那個房子原來是我司機住。後來，我香港公司的職員周兵，介紹她的妹妹周燕的老公姓鄭的來給我做裝修，他從日本學的裝修。周兵介紹他來給我公司工作，到廈門沒有地方住，就住我的富豪花園了。如果說，我有說過把房子送給楊前線，那也是我有時開玩笑說的。他如果說，你這房子真不錯，我也會說，怎麼樣，你喜歡，我送給你。如果我是送了這個房子給他，應該改成他的名字才對嘛。這房子就是周兵的妹妹周燕兩口子在那裡住，有時周兵到廈門來，就暫時在裡邊住一下。關於虎皮和車，他說的也不對。我不知道他爲什麼這樣說，他有他的難處吧。但是，你從他的口供里也能夠看出一點，他什麼都沒有幫過我，我什麼也沒有讓他爲我做過。他在裡邊關著，這一點他不可能說謊吧，如果真的有什麼，早就讓他們給逼出來了，可是什麼都沒有。你看，他口供裡還說，他是從別人那裡聽說我走私，你說好笑不好笑？

莊如順：我是政治鬥爭的犧牲品

有報導說：一審判處死刑的福建省公安廳原副廳長莊如順，在法官向他宣佈判決後，問他是否上訴，他大聲表示不服，並說：我是政治鬥爭的犧牲品。但是，話沒說完，就被法官打斷了，法官向他喝道：「我是問你要不要上訴。」

問：莊如順在經濟上是什麼問題？

賴：沒有啊，真的沒有。判他死刑，是說他通知我跑路，其實真的不是這樣的。他也已經被抓進去快兩年了，如果他真拿了我的什麼錢，早就被他們折磨出來了，也不會扛到現在。所以你看，這說明根本就沒有這些事。所以他們連審判都不敢給人聽，太不講道理了。我跟莊如順是很久就認識了，很久就是好朋友了。但這跟「遠華案」根本就扯不上關係。以前莊如順是搞外聯辦的，也就是搞情報的，這方面與我有很多聯繫，因為我在香港比較有名氣，所以他們有需要就會找我一起做事的。

我自己認為，他們這個事為什麼一直整不完，就是他們有人懷疑賈慶林和我有關係，不只是要整到我有事，而是要一直整到他有事，你明白嗎？下面這些判死刑的都是犧牲品呀。這就是為什麼莊如順在庭上說，他是政治鬥爭的犧牲品。確實是這樣。

據中國官方媒體的報導，莊如順從一個福建省交警總隊的一個小警察，到當上交警支隊副支隊長，省公安廳外聯辦副主任、主任，漳州市公安局局長，最後到福建省公安廳副廳長兼福州市公安局局長。莊如順一直口碑很好，經常被評為模範。他在漳州市任公安局局長期間，因爲開發設立了「一一〇現代化衛星定位系統」，而使漳州市公安局被公安部評爲全國先進單位。「一一〇現代化衛星定位系統」是利用現代化的衛星定位技術，將市區劃片巡邏，一旦有警報，指揮人員可以在指揮中心內，立即指揮附近的公安人員在五分鐘之內趕到事發地點。這一系統對打擊刑事犯罪事件發揮過很好的作用，並在全國推廣。

二〇〇一年二月二十三日，「廈門遠華特大走私案」首批七名死刑犯，分別在福建省廈門、福州、泉州、漳州、莆田五市執行死刑。報導說：一審被判處死刑的福建省公安廳副廳長、福州市公安局局長莊如順、廈門海關關長楊前線、廈門市副市長藍甫等人因提出重要的檢舉內容有待核實，故押後二審宣判。報導說：莊如順在一審判處死刑後，表示不服並上訴。上訴期間，莊如順每日都寫出數千字揭發材料和思想彙報，涉及包括公安部副部長李紀周、福建省委副書記石兆彬等官員。高院和專案組仔細研究了莊如順的上訴書後，認爲莊如順在一審判決前已有揭發表現，接受賴昌星賄賂的房車在案發前也已退還，與一審判決的受賄事實有一定出入，但因爲他爲賴昌星通風報信罪不可赦，因此雖可逃過一死，但也將面臨無期徒刑。

二〇〇一年二月二十四日，即首批七名死刑犯被執行槍決的第二天，《廈門日報》發表本報評論員文章，文章說：「廈門遠華特大走私案在偵查、公訴、一審、二審的全過程，司法機關嚴格依法辦案，遵守法律程序」。

然而，有報導披露，「四二〇」專案組是採用公、檢、法配合辦案的方式辦案的。而且事實上是由專案組，而不是法院，決定犯人的量刑輕重和刑期的。在首批死刑犯被處決的前一天，中共廈門市委宣傳部還特地爲「遠華案」的辯護律師開了一個思想工作會，在會上，市委領導宣佈了可以接受外界採訪的律師名單，而且還爲這些可以接受採訪的律師擬定好了講話稿。

所以有律師說：以前社會上總說我們這些人是花瓶、擺設，我看我們連花瓶、擺設都算不上。報導說，「四二〇」專案組儼然是一個司法機關，且淩駕於司法機關之上。在法庭「公開審理」廈門走私案期間，唯一能夠到庭旁聽的是北京中央電視台的記者，記者證背後蓋的章，不是法院的，也不是任何司法部門的，而是「四二〇」專案組的。

專案組決定：兩兄弟犯案只能活一個

賴：那個廈門海關的副關長叫接培勇的，根本就跟我沒有一點事，也被判二十年。他這個人特別的被冤枉，這個人是山東人吶，是非常、非常好的一個幹部，真的，哎呀，怎麼想也沒想到，他的弟弟接培功被槍斃了。

問：你認爲他有什麼冤情呢？

賴：唉！其實他的弟弟也是因爲他被槍斃的，因爲他的事怎麼也算不上槍斃嘛，就從他弟弟身上找事情，都是配套的。接培勇被判了二十年，是怎樣判的你知道嗎？我可以說，這個人從進海關到現在，他每次收到人家的紅包，什麼的，他馬上就退回去，一分錢都不會拿。有的人就在他不在家的時候，到他家裡去，有人偷放的紅包，幾千塊啦，多少錢啦，私下塞給他家裡人的，家裡也不會要。有的人來坐坐，家裡人沒注意，就像今天你來坐，明天他來坐，幾個人來坐坐，有時就把紅包放下了，幾天才發現吶，你明白嗎？

問：你的意思是說，這個人沒有貪污，只是別人偷偷塞給家裡的小錢？

賴：嗯，大的錢他都拿去交，那種一千、兩千的給小孩子的那種，總共加起來十幾萬，給他判了二十年。

問：怎麼抓的他？

賴：把他抓起來是因爲專案組認爲，我肯定和海關有內外勾結什麼的。以爲他幫助我很多了，真的，他從來沒有拿過我什麼，是很廉潔的一個人。他真的是個好人。這我就不懂了，真的，他是一個窮光蛋，有時候連買衣服的錢都沒有，他都不會拿人家的錢。我不會吹牛的。

問：你跟他是什麼時候認識的？

賴：認識是很早很早了。我還沒來香港時就認識了。當時，因爲他和香港的一家公司「福源公司」有一些朋友，這家公司是福建公安廳的。他跟裡邊的人熟，我跟那個公司的人也熟，通過跟他們往來，就見過接培勇，就認識了。

問：他的罪狀是什麼？

賴：接培勇的判決書裡面說他受賄，就是因爲我送他一套書嘛，那套書好像是按七萬八算的，說是我賄賂他的，還有一些字。

問：什麼書？怎麼回事？

賴：接培勇是個喜歡讀書的人，又喜歡書法，愛寫字的人，也喜歡結交一些這樣的朋友。就是他給我的「遠華牌香煙」和「遠華影視城」題的字。他們看到這些字，就想到他跟我認識了，他們就憑這幾個字就覺得應該判他了。

問：他字寫得好？

賴：他喜歡寫字，他喜歡這些東西。有一次，姜昆呀、書法家米南楊呀，他們到我公司來玩，在我紅樓。大家都很高興嘛，他們幾個人都會寫字，字都寫得好，我就叫了接培勇一起見個面，就拿了幾個字送給了接培勇。這也是他的一個罪狀，可是他經濟上的事我太清楚了，非常清楚。我認識他有十多年了，他平時連幾千塊都沒有的。我就送過他這一套書，叫《毛澤東批二十四史》，就算我賄賂，算了七萬七，還是七萬八。

問：那麼他的兄弟接培功被判死刑是什麼原因？

賴：他那些罪狀範圍，都是正當的化工生意，怎麼樣做的我是不知道了。判決書一上來就講的他是走私，採取貨物不報關，違報貿易性質，違報貨物品名等等手法。主要是講的這幾樣，香煙、成品油、汽車、天燃橡膠等等。其實，他們都是胡說八道，隨便抓到點東西，就給他裝上去，這也太可怕了，人家問他上訴不上訴，他家裡人知道上訴也沒用的，因為專案組已經定好了，兩個兄弟犯案的，必須死一個，不管涉案多少錢。你看那個王可象（廈門市公安局外聯處處長，被判死緩）、王金挺（香港聯發貿易有限公司經理、已處決）兄弟也是一樣的。那個王可象有批了幾個香港的單程證，他是外聯處的處長，外聯辦有這種業務的嘛。然後現在就推翻，說他是私下搞的，非法什麼的。這些在當時是完全走了政府手續的。

問：當初他是合法批的香港單程證，現在就說是他是非法批的？

賴：不這麼說的話，怎麼判他死刑呢？他是王金挺的哥哥。他們外聯辦就是搞政保的，本身就是有這種業務的嘛。

問：判決書說，接培功走私天然橡膠，熱水器等貨物，你覺得這種說法沒有事實依據嗎？

賴：沒有，他們就是隨便來的。

問：問題是，那是他的生意，你怎麼知道沒有事實根據呢？

賴：我聽到這種生意，我就知道是怎麼樣的了，這算什麼走私，既然要走私，我要走私那種利潤高的東西，我幹嗎要走私這一種，有什麼利潤呢？這些是正常的生意。你說那個熱水器，我要走私熱水器的話，幹嘛不去走私電視機呢，電視機要比這個賺得多得多吶，很簡單的。

問：那麼他自己是不是認罪了呢？

賴：進去以後人都給打得很厲害，什麼都會說是自己做的了。現在他人都死了，還說這些有什麼用。但是判決書沒有用，都是胡說的，對不對？審訊接培勇時，整整六天沒有讓他睡覺，用燈光照六天啊，輪番換人一句一句地問，最後也就祇是問出來春節時接過一些紅包，總共不到十幾萬，判了他二十年。他是廈門海關的副關長嘛，問題應該是很嚴重才對，所以他的兄弟接培功就沒法活了。我看這就是「草菅人命」、「殺人滅口」。

楊前線老婆被酷刑修理得癱瘓

賴：楊前線的老婆，現在已經是癱瘓，你知道嗎？

問：怎麼會癱瘓的？

賴：他老婆叫張琳，四十歲左右吧。她老婆原來曾經紅過的，被毛澤東接見過的。張琳現在癱瘓是因爲「四二〇」把她叫去問話，叫她坐冰上，冰呀！當做椅子給她，然後才來問話，坐了兩天吶！然後審訊完了，就癱瘓了。

問：你是怎麼知道這些情況的？

賴：不是廈門海關的副關長接培勇的弟弟接培功被槍斃嘛，我心裡很難過，我也不知道應該怎麼說，也不是我害了他，但是他們又都被算在「遠華」裡。我就叫了一個原來在廚房做的，去給他點支香，我跟他說：你去給他點幾支香，這個事這麼冤枉，他一定死不瞑目的。他去了之後告訴我，他在那邊也哭了。當時接培功的老婆也在，還有幾個在那邊關照的朋友吧。他就聽接培功老婆在那邊一邊哭，一邊說冤枉。她還衝著接培功的靈檯說：你要看清楚到底是誰把你害成這樣，他們這樣搞，一定要報應的。接培功、接培勇他們是山東人，很好的人。接培功的老婆也是一個很老實的人，也是山東人，非常老實的人，他們說的話是最可靠的。我就怕他們個個都怪我害了那麼多人，但這種事是沒辦法的。

問：他們並沒有怪你害了他們？

賴：莊如順、楊前線我是敢保證的。遠華案最開始抓的就是這兩個人，開始報導說他們拿了我多少千萬，「四二〇」他們可能想象也是這樣。查來查去，由於這裡面有很多假的東西，專案組有的人看到是冤案就不想幹了，他們就換人，換了好幾次人了，換了一批又一批，老說他們的辦案水準不夠。問題就出在爲什麼老換人？還有，你在哪裡聽說過，案子要請專家研究怎麼樣才能夠得上判死刑？他們專門請來了兩個專家來研究對楊前線、莊如順能不能判死刑，兩個專家一個說可以，一個說不可以。結果還是一樣，按照配套的來的。我也懷疑這是上面既定的。我這個消息絕對可靠。

問：你的消息挺靈通的？

賴：加拿大這邊總理去大陸時，我的一個朋友告訴我說，他們的「買賣做不好」。我是這樣猜想，這邊總理去那邊，大陸就利用這個時間，找他談要把我送回去，而這邊的總理沒有答應，不肯，所以他們的這個「買賣」就做不好了。他有什麼事都告訴我，我有時問，楊前線情況怎麼樣？他就說，「楊小姐」身體非常不好，兩個專家來看過，有一個說可以治，有一個說不可以治，說希望不大。他的意思就是說，一個認爲應該判死刑，另一個認爲不應該判死刑。

知情人不敢說眞情

針對賴昌星所說的「冤情」，我想，他作爲主要涉案人，一定有他的立場。還應該從其它方面核對。於是，我想方設法聯絡到一位在廈門工作的朋友，這位朋友竟然找到一個當地公安部門工作，並協助專案組辦案的人。我想，「遠華案」是如此的轟動，從內部一定能聽到一些外邊不知道的事，至少從當地人的嘴裡，總能聽到一些說法吧。

三月三號夜裡，我打通了這位人士的電話：(因爲眾所周知的原因，我不能透露他的姓名)

問：你好，我是個作家，我看到有些關於「遠華案」的報導，覺得有很多疑問，所以我想跟你隨便聊幾句，看您是否能夠給我介紹一些情況？

答：我聽朋友講了，你想知道什麼情況，我可以把我知道的告訴你，但是電話裡面不好講，你看，我現在在這個地方，講話不是很方便。你如果能從香港過來這裡，我可以給你約一些人，他們知道得清楚。

問：不好意思，我不在香港，我去不了，我想和你在電話上談談。

答：電話上不能談，我不能談了，這邊對這件事很敏感的。

……

電話掛斷了。

我不甘心，兩天以後又打通了這個電話。

問：不好意思，我還是想和你隨便問一點情況，現在和你談幾句方便嗎？

答：你想知道什麼情況？

問：我聽說這個案子的實際情況並不像新聞中所報導的那樣，就你所知，有對嫌疑人用刑的情況嗎？

答：有。

問：對哪些人用過刑，你能告訴我嗎？

答：很多人。

問：那個賴先生你知道嗎？

答：知道。

問：你和他熟悉嗎？他的事你都知道些什麼？

答：他很出名的，他母親去世時，很多地方降了半旗。

問：那位楊先生(我指的是楊前線)你認識嗎？

答：認識。

問：他現在的情況怎麼樣？

答：他說的情況還在待查，所以他現在不能處理。
問：不是說了，維持原判嗎？
答：那是二審，但現在又說不對他處理，有些事情待查，不能馬上處理。
問：你看這個事情會拖多久？
答：最近還是很緊張。一月份，他們又從菲律賓抓了一些人回來。你要能來，我給你介紹人談。我認識一些比較重要的人，他們都進去過，經歷過。
問：你認識那個接先生(接培勇)嗎？
答：認識，還有楊的太太。
問：有可能和楊太太通電話嗎？
答：那不可能，他太太已經癱瘓了，送進了精神病院，看得很嚴，沒法見。
問：對楊先生的父母也看得很嚴嗎？我和他們通電話也行。
答：在電話裡少說吧，我覺得電話裡有回音。

……

電話再次掛斷了。

廈門探險：接家兄弟的遭遇

我應該到廈門去一趟，但是由於我的背景和身份，無法入境。於是，我請了一位在國內的朋友去廈門。我的朋友於三月中旬到了廈門，奔波了十天。

回到家裡，他給我發來三頁傳真，講述在廈門的經歷。

他說，他到了廈門，沒太費事就找到了接培利，接家老四。接培利對兩位哥哥的遭遇相當傷心與不服。接培利介紹，接家共兄弟四人，老大和老四與遠華案無關，而二哥接培勇被判二十年，三哥接培功被判死刑，已經執行。他首先認爲二哥冤情重大，二哥原爲廈門海關副關長，主管業務。他相信二哥與賴昌星之間不會有什麼金錢往來，因爲接培勇生活嚴謹，作風正派，非常愛好書法，善寫字畫畫，喜歡與文化人交往。然而，由於在海關工作的原因，常有做生意的朋友上門送禮，禮物多數是煙、酒、茶等物品。而接培勇自己其實只抽自己買的廈門產「金橋牌」香煙。每當他發現有人將現金裝入禮盒送來時，他無論多忙都會立即退還。

「四二〇」在對接培勇實行「雙規」期間，沒有任何收穫，但是，想當然地認爲他身爲副關長必定吃過賄賂，所以就把他的妻子也拘押起來，經過幾天的審訊(據接培利說，二嫂回來以後對審訊過程隻字不肯提)，接培勇的妻子承認，曾經在一個禮品盒裡收到二十萬現金，自己當時把錢留下來，沒有跟接培勇提起。於是，專案組對接培勇展開了轟炸式的審訊，連續多天用大燈照射，不讓睡覺，讓他承認其妻子交待的事情。接培利表示，二哥在這種情況下心想，承認了可以保住妻兒，就對專案組說；她說什麼，就算什麼吧，你們決定吧。但是堅決否認自己見到過這二十萬元。專案組無奈，到接培勇家中搜查，最後只搜到一套《毛澤東批二十四史》精裝本，算了七萬七千元。賴昌星承認這部書是他送的，但那時買下來是五萬元。專案組說，這部書已經升値了，所以算七萬七千元。另外搜到一幅國畫，算了十萬元了事。法庭以此判接培勇二十年有期徒刑。

接培利接著說三哥的情況，三哥接培功原是廈門特區貿易有限公司的副總經理，這個公司由劉姓兩兄弟負責。三哥確實參與了進口天然橡膠的生意，公司被裁定偷逃稅款兩千六百多萬元。但是，三哥在整個生意中只賺了十一萬元人民幣，而劉姓兄弟已經帶著大筆錢潛逃。在接培功受審期間，接培功竟敢痛罵專案組，並指明，他之所以被捕，就是因爲他是接培勇的弟弟。於是，接培功很快被判了死刑。

另外讓接培利感到無法接受的一點是，三哥在被執行死刑之前，不允許和家屬見面，幾位死刑犯都是在二月二十三日淩晨四點左右，在福建幾個地點同時執行的。到了八點左右，家裡人接到通知，說是讓死刑犯家屬到廈門中級人民法院門口集合，開始，家裡人還以爲是要召開公審大會，到了中級人民法院門口才知道，是通知家屬去領骨灰。眞可謂是：活不見人，死不見屍呀！接培利落下淚來。

我的朋友幾經波折秘密見到了一位在當地協助辦案的人，證明涉案嫌疑人在被審訊和關押時，確實有人遭受酷刑。這位專案組內知情人士還透露，嫌疑人在被審訊時經常會被修理，包括拳打腳踢、搧耳光、用電刑，當然也少不了辱罵。專案組爲防止有人逃跑，會給一些重要嫌疑人的四肢綁上夾板，致使他們無法邁開腳步行走。

我的朋友在接下來的幾天裡，和出租車司機、飯館食客、酒店服務員等，多次談到「遠華案」，許多人都表示，感覺對此案的處理像嚴打、搞運動、搞配套，許多人更認爲，廈門是中國政府最早設立的幾個經濟特區之一，有許多政策很模糊，特別是在進出口權、保稅區、保稅品等等方面，經常是有幾套政策，甚至有些人在經營的過程當中，根本就不懂這些區別。人們說：當初政府鼓勵發展特區經濟，好像什麼都能做，做什麼都受鼓勵，都是爲推動特區經濟發展做貢獻。一個出租汽車司機說：就像賴昌星吧，他身上的政協委員、人大代表、榮譽市民，這些頭銜不知有多少，不都是政府給的嘛。各級政府一直不知道他在做什麼嗎？今天突然回過頭來要把過去的總賬一起算，怎麼算得清楚？共產黨的事情就是這樣，什麼都搞運動，什麼運動都有他們的目的，老百姓就是「運動員」，「運動會」開始了就只好上場，連跑帶跳、有死有傷，沒有辦法，只有等著「運動會」結束。

我的朋友間接地證實了楊前線妻子的情況。他在發給我的傳真上說：楊前線老婆現已癱瘓。此人身體一直不好，性格倔強，是副廳級幹部，與楊感情一般。癱瘓原因，是「四二〇專案組」在審訊時逼迫她說話，竟然用冰袋凍其下身，以至癱瘓。現此人住在醫院，有數人監守，根本無法接近。

律師連花瓶都不是

我朋友在廈門最後的兩天時間裡，幸運的找到了一位死刑犯的律師，但是，這位律師非常謹慎，不肯多講。他說，「四二〇」專案組向律師宣佈了紀律，不准向任何人透露有關「遠華案」的審理和審判內情。包括：不准提哪些人被「雙規」；不准提對嫌疑人的前期拘押審訊情況；不准提「專案組」限制律師與嫌疑人接觸的情況；不准提律師不准爲當事人做無罪辯護的情況；最後，不准任何人將以上這些內幕透露出去。所以，他說：作爲一個主要案犯的辯護律師，他覺得非常無奈。他一直希望能夠爲這位當事人做「犯有失職罪」的辯護，因爲沒有任何證據證明他的當事人收取了賴昌星的賄賂。而所謂犯有失職罪，只是他的當事人對賴昌星的走私活動略知一二，他的當事人沒有主動阻止賴昌星的做法。律師認爲，頂多也只能給他的當事人判「失職罪」，但現在卻是判了死刑。這位律師說：中國的立法、司法、執法機關都是一體的，是屬於黨和政府的，都是「專政」機關，律師只是走個過場，有時連過場都沒有機會走，要看政府需不需要。現在不是法律要判處我的當事人死刑，而是黨和政府要判他死刑。

據我的朋友在廈門當地瞭解，「四二〇」專案組的辦案人員中，目前只有六個人是檢察院的專業人員，懂法律，而其他人都是從河南、河北一帶調來的軍隊轉業人員，他們只懂得使用軍事手段對涉案人員進行審訊，如：用電燈照、不讓睡覺、輪番轟炸、拍桌子瞪眼睛、拳打腳踢等手段。當這些轉業軍人來到廈門，進入涉案人員家中，他們發現有些人家裡客廳和臥室竟然都有電視機，他們就覺得這樣的人肯定收取了賄賂。而事實上，有兩台以上的電視機在南方的家庭中是很普遍的。

我對我的朋友在廈門呆了十天，只得到這些情況感到不甘心。我希望他能給我詳細講一講整個過程，但是又怕電話被監聽(聽了賴昌星對總參三部的介紹，知道中國政府有十三萬大軍日夜監聽國際長途電話，我就更擔心這一點)。我的朋友很機智地把他在廈門的所見所聞，用了兩盤流行歌曲的錄音帶，錄了下來給我郵寄來了。

他講到，有幾天，他陷入了無法找到人瞭解情況的困境。他只好利用這個時間到處去拍照，把那些和賴昌星及遠華公司等案件有關的地點盡量拍些照片。沒想到，差點給他帶來麻煩。那天，他到「四二〇」專案組在廈門的長期駐地「金雁酒店」門前去拍照，出租車司機問，你到「金雁酒店」去幹嗎?他說，想去拍個照片。司機說：你是要自找麻煩，我給你停在附近，你自己走過去，那個門口不准停車的。我的朋友不敢不信，只好走得遠一點，到馬路對面去拍。隔著馬路，只能看到門口持槍的兩個武警，他離著老遠，對著樓頂匆匆摁下了快門，沒想到，就在這時聽到一聲大吼：「咳!你幹什麼的?不准拍照，過來」。我的朋友聞聲，見門口的武警已經要過馬路來追，撒腿就跑，跑了兩條街才敢停下來喘口氣，已經是一身大汗。於是，當天晚上就發燒了，「還做了個被人追的噩夢」。他在錄音帶中調侃地說。

中國著名女歌唱家、總政歌舞團演員董文華

前解放軍總參二部部長姬勝德檔案照

中國公安部原副部長李紀周檔案照片

中國公安部原副部長、全國打擊走私領導小組原副組長李紀周涉嫌遠華走私等大案在北京接受審判 （多維社）

原中共福建省委書記陳明義

(多維社)

原國家人事部部長、現任中共福建省委書記宋德福　(多維社)

中國全國人大委員長李鵬的夫人朱琳出席珠海航展開幕式（多維社）

李鵬之子李小勇與太太葉小燕檔案照

廈門海關關長楊前線在聽取法庭審判時一臉從容的表情　(多維社)

廈門海關關長楊前線的情婦周兵

2000年11月8日，廈門特大走私案首批25起案件一審公開宣判，楊前線、莊如順、藍甫、葉季謀等14人被依法判處死刑

中國工商銀行廈門市分行行長葉季謀在法庭受審時的神情(多維社)

圖爲廈門市副市長藍甫在法庭受審時雙目緊閉的神情　(多維社)

福建省公安廳副廳長、福州市公安局局長庄如順在法庭受審時一付凜然的神情　(多維社)

賴昌圖在法庭受審時的情景(多維社)

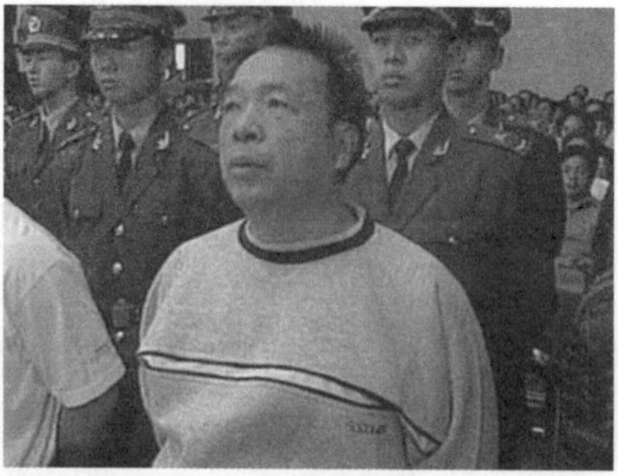

賴水強在法庭受審時的情景　(多維社)

中共廈門市委原副書記劉丰被捕時的情景
(多維社)

武警福建省總隊海警二支隊原隊長
張永定在法庭受審時的神情　(多維社)

原中共福建省委副書記、
原廈門市委書記石兆彬

原廈門市副市長
趙克明　（多維社）

李鵬同賀國強（左）交談

八 是生意還是走私？

中國政府：賴昌星是走私犯

中國政府在向加拿大移民部提交的「賴昌星進行走私、行賄犯罪的基本情況及其刑事責任」文件中指出：

「賴昌星走私犯罪集團涉嫌走私普通貨物、物品一案，經廈門海關走私犯罪偵察分局立案偵查，已查明：走私集團首要分子賴昌星自一九九四年從晉江來到廈門，網羅同夥，進行走私活動，並對其親屬狂言：『不搞走私發不了大財』。一九九六年一月至一九九六年六月期間，賴昌星及其同夥採取僞報貨品、僞報貿易方式和直接闖關等手段，走私汽車、香煙、成品油等普通貨物案值二五二·六億元人民幣，偷逃應繳稅款一一五·八億元人民幣。此外，賴昌星及其同夥爲了順利進行走私活動，大肆向海關官員行賄汽車、人民幣等，爲其走私活動提供便利。

「賴昌星走私集團於一九九九年三月到五月，從境外組織各種品牌的走私香煙三一四個集裝箱計二九八七三七件，分別由『蘇達』輪等運抵廈門海域，停泊錨地後，賴昌星走私集團主犯侯小虎(已批捕在逃)指示廈門市海滄鎮的卓文輝駕交通艇靠泊輪船，把侯小虎製作的假艙單等單證交給周燁玲（『蘇達』輪船長）等船長，換回隨船單證後交侯占武，再由運走私香煙的輪船船長把僞造的艙單向海關、商檢等部門申報。在通關時，賴昌星走私集團利用廈門開元外貿集團有限公司等企業的進出口經營權，由侯小虎把走私香煙改爲『木漿』、『聚丙烯』、『苯乙烯-丙烯晴共聚物』等低稅率商品，製作假單，指使該公司報關員吳家英向廈門海關報關。通關後，走私香煙由賴水強、賴文峰、陳永建等貨主提取銷售。期間，裝有走私香煙的集裝箱被海關調入廈門海鑫集裝箱有限公司堆場查驗。賴昌星指使侯小虎、曾明育，向廈門海關駐堆場監管組組長陳昭忠先後行賄一〇〇餘萬元人民幣，爲其走私活動提供便利。海鑫堆場的職員陳國俊（係走私集團成員，已被逮捕）根據主犯的指令，開箱調包，把走私香煙換成『木漿』等貨物，欺騙海關查驗。賴昌星走私犯罪集團採取僞報貨品手段，走私『五五五』、『萬寶路』、『希爾頓』、『健牌』、『紅雙喜』等……。」（文中有個別語法、標點錯誤，原文如此）

賴昌星：我是合法生意人

賴昌星說：這個案子實在是太冤枉了，太冤枉了，他們真是太黑了。我能列舉出三、四個理由來證明這一點。第一，這個案子爲什麼辦了兩年多了，還沒有結案？因爲他們結不了案，上邊還沒有擺平。另外，他們說我腐敗。我腐蝕多少多少幹部。現在被抓了的官員那麼多，你要拿出證據說，讓大家看看每個人的判決書，看他們跟我有什麼關係。就說海關的這幾個判了死刑的，看看他們的口供，他們拿了我多少錢，爲我辦過什麼事？爲什麼判他們死刑的。大家都只是看到是因「遠華案」判的，都以爲跟我有什麼關係，都往我身上想，現在你把整個福建的生意都算在我身上，我怎麼能說得清楚？你不能只是說：情節特別嚴重，給國家造成重大損失，什麼什麼的。爲什麼要一級警備、秘密審判？再有，你說我走私，你也要拿出證據來，說我哪一筆生意上怎麼做的。我做生意這麼多年，有二十多年了，你現在突然說我走私幾百個億，說我沒有做過正經生意。那你以前有沒有知道我走私，爲什麼年年評我「優秀企業家」？這麼多年我爲國家捐款、出錢的事有多少？一有什麼事，你們就找我出來捐款，算起來至少也有上億了，你國家難道是在用我走私的錢？

問：政府說你做香煙走私，說你沒有進出口權？

賴：沒錯，我的公司沒有進出口權。但是我讓他們去查，我的公司在哪個海關，有過任何一筆進出口生意？我是讓別人的公司去進，只是由我「遠華公司」出錢，讓一些有進出口權的政府的公司去做，海關報關的事情都由他們去做，與我無關。我自己主要是做一些轉口的生意。

問：你能不能詳細解釋一下？

賴：我這個貿易是這樣做的。廈門市是特區，跟其他不是特區的地方的做法就不一樣了，特區可以享受特區的貿易權。比如說：特區可以做汽車的轉口貿易，可以做轉口的燃料油，做轉口香煙。如果不是特區，比如說上海、杭州等地，就不可以這樣做了。

比如說，在香煙的貿易上有一個差價，英美煙草公司賣給菲律賓是一塊二，賣給大陸是八毛，日本呀、新加坡呀，每一個地區的價錢都不一樣。我這種做法是，他賣給中國的煙，不讓他先印好是賣給中國的牌子。如果我要一百個貨櫃，運到廈門，對於他們的代理來說，這煙已經銷往大陸了，他就不管我怎麼樣去做了。但是，如果我要在大陸賣，我就要繳稅，一包煙繳兩包的稅，沒有賺，還要賠錢，所以要轉口出去。因爲他賣給菲律賓是一塊二，我如果不在大陸賣，轉口出去賣給菲律賓一塊一，那我還可以賺三毛嘍。菲律賓的客戶會找我來買，我就裝船給他。我也是經過海關監管、驗貨，然後上船，開出去到公海，賣給他們之後，他們怎麼樣去做，我也就不管了，他運到哪裡我都不管了。我也可能賣到了南韓、日本，因爲生意也有競爭嘛，我也不想讓別人知道我生意的底。別人買了我的貨，他也有可能在公海就賣掉了，撥給小船了，沒有運到菲律賓，也有可能這樣了。但是廈門做這種轉口貿易是合法的。

我把貨運到廈門之後，先放在保稅倉，這是由海關監管的，保稅倉裡邊的貨，不能夠拖到外邊來，要在保稅艙的碼頭再裝貨櫃，通過海關驗貨再出去。我跟海X關的也不熟，他們每天當班的也不一樣的人，隨時就得叫人來查，驗貨的是誰我也不知道。裝好了貨櫃，又再吊上船，要由他們監管的，上面有封條給封好，船就開出去了，船開去哪裡我就不管了。

他們「專案組」發現我有這麼多香煙轉口銷往菲律賓，他們就到菲律賓去查，發現這些香煙沒有到菲律賓。菲律賓海關提供證據說，這些東西沒有到菲律賓，他們就說：你走私，你沒有轉口。這個就叫「證據」。

問：爲什麼你能拿到貨呢？

賴：英美煙草公司是國際上最大的煙草代理公司，代理包括「萬寶路」、「希爾頓」、「總督」、「三五牌」等香煙。他們每個月給全世界各地煙草配額，是按照指標來的，指標是固定的，煙草的好壞還要搭配。他們的貨是搶得要命的，不是什麼人都可以拿到。這個指標我能拿到，別人拿不到，我當然能賺很多錢了。你去香港去打聽一下，看是不是。我在這家英美煙草公司開了一個戶口就可以拿貨了。他們不願意賣給散客，因爲我要的量大，而且他要給公司有經營權的才行。我做這樣正常的香煙貿易，一個貨櫃一次就可以賺二、三十萬，那麼我一個月做一百個貨櫃，我就可以賺兩、三千萬了嘛。電影演員鞏俐的那個老公黃和祥，就是中國部的經理嘛，他也到過我紅樓嘛。到了香港他也要請我一起吃飯的，我沒有去。當然也有人在外邊拿到那個指標來賣，不用到中國境內，在外邊就可以直接賣了，這樣一個櫃就可以賺十來萬。要是到廈門再轉出來，價格又不一樣，可賺二十來萬。這個謝英武是那個特貿公司的，也是跟他們做了很久，你也可以到那個天茂公司查查看，因爲這都是政府的公司，看他們的單證、轉口的有多少。但是他們卻說我是走私。這些都是正正當當的生意走出去的，不管我的貨走到南韓，還是菲律賓，或者我在海上賣掉了也好，我只要不在你海關監管範圍內就行了，他們爲什麼要抓我的人？他們查了那麼久，什麼都沒有查到。

問：你覺得指控沒有事實根據？

賴：誰都知道做生意當然有很多技巧了，對不對？生意也是有很多秘密的，不是完全都能公開的。實際上，大陸到處都是走私煙，哪裡都能買到走私煙，政府根本就沒有拿到稅。如果他說我是做香煙走私，那麼現在廈門到處還都有賣，全國也到處都有，又是誰走私的？我在這邊也看過報紙，有一天他們總共抓了四條船，全是做香煙的。

走私起碼一個櫃可以賺幾十萬。像那個蔡雙敏的口供當中說，她和我們合作走私生意，做了五十個、六十個集裝箱，她交給我老婆每個集裝箱四、五萬元，那我們除去船運費、陸運費、箱租費、海關稅、拖車費、開信用證的利息費等等開支，每個櫃我們只能賺一、兩萬。這種生意他們也說成「走私」，他們自己都搞糊塗了。

蔡雙敏指控曾明娜

現將中國政府向加拿大政府遞交的蔡雙敏的證詞抄錄如下：

詢問筆錄

時間：二〇〇〇年八月十二日十六時

地點：福建省泉州市看守所

偵察員：張東明　楊建偉　記錄員：焦德高
犯罪嫌疑人：蔡雙敏

問：我們是廈門海關走私犯罪偵查分局的工作人員，現就有關走私案件向你進行詢問。依據《中華人民共和國刑事訴訟法》規定，你要如實回答詢問，否則要負法律責任。

答：知道了。

問：你的個人簡況。

答：蔡雙敏，女，一九六一年十月二十日生人。漢族，原籍福建省晉江市人。現住香港特區德輔道西四三四-四四〇號均益一期地下五號。現爲香港超記貿易有限公司、超記貿易董事、總經理。香港身份證號〇六四一七四〇。一九九九年九月二十一日因涉嫌走私普通貨物，因罪被廈門走私犯罪偵查分局刑事拘留。一九九九年十月二十五日因涉嫌走私普通貨物罪被逮捕，現關押在泉州市看守所，等待法庭審判。

問：你認識曾明娜嗎？

答：認識。

問：把經過談談。

答：大約在一九九八年十二月份，在香港集友銀行在香港舉辦的一個酒會上，我通過香港人洪清源的太太蔡秀平認識了賴昌星，賴當時給了我名片。賴的名片上是香港遠華集團公司的老闆。後來，到大陸銷售的生意越來越不好做。我聽我在生意場上的朋友周建志、陳振朝等人講，遠華集團在大陸的路子廣，有辦法把貨弄到境内。我就按賴昌星留下的名片電話，打電話找賴太，並約賴太晚上吃飯。賴太正好晚上有時間，這樣我在晚上在香港的一家酒店請賴太，酒店的名字叫港麗。賴太給我的名片上的名字叫曾明娜。

問：爲什麼叫曾明娜賴太？

答：在香港一般都將太太的名字不用，而是將太太隨著丈夫的姓叫。曾明娜的丈夫姓賴，所以稱賴太。我的丈夫叫謝百超，人們一般稱我謝太。

問：你爲什麼請曾明娜？

答：一九九八年又半年後，我們的貨運往大陸越來越困難。大陸政府的限制嚴格。我以往的客户無法將貨物報關進口，遠華集團能把貨物拉到大陸。在香港許多人都知道遠華的路子廣，與一些海關人員的關係好，也就是賄賂海關人員，可以將貨物非法運到大陸。我請曾的意思就是，讓遠華集團把我的貨運到境内。考慮到賴昌星是老闆太忙，我也是女人，找賴太好講話，就找了曾明娜。

問：當時怎麼講的？

答：當時講，我把貨給遠華集團，他們把貨運到境内，並通過大陸的鐵路運輸，運到我在大陸的客户手中。我按貨物的不同，付給遠華集團水費，一般每一個四十尺的滌綸長絲付六萬人民幣，短絲在五萬人民幣。在具體付費時，按港幣與人民幣的匯率換算成港幣付給曾明娜。曾明娜同意後，她讓我具體事找張小姐聯繫。張小姐曾給過我名片，現在她具體叫什麼名，我想不起來了。我與曾、張小姐一起吃過飯。

問：以後的運作過程？

答：大概在一九九九年的三、四月開始，具體日期記不起了。我開始讓她們爲我向大陸送貨。每次都是我或我的夥計（就是我公司的職工）把電話找張小姐，張小姐聯繫空集裝箱來我公司裝貨，並辦理由香港到大陸的運輸手續。貨到大陸的廈門，曾明娜讓我與廈門的「黑克」聯繫，「黑克」負責將我的貨在廈門通過鐵路運到我在大陸的客户手中。

問：你共向曾明娜提供多少貨，付了多少錢？

答：通過上述方式大概讓曾明娜向大陸運送了五十到六十個集裝箱的貨，付給曾明娜二五〇港幣（原文如此，應爲二二五〇萬港幣）左右。錢都匯到了曾明娜在香港的個人賬户上。

問：你付曾明娜的是什麼錢？

答：我們叫「水費」，是包括運費在内，所有在香港和大陸的通關費用。

問：貨運到你在大陸的客户手中時，曾明娜向你提供什麼通關手續？

答：我們都明白，曾明娜不會用正常、合法的辦法在大陸通關。所以我不向她要任何合法的手續。至於她們用什麼辦法騙海關我就不清楚了。但如果是正常通關的話，是有合法證明的。曾明娜肯定不會有手續。

問：你已在大陸有客户了，爲什麼還要用曾明娜？

答：正常是我在大陸的客户表示要貨，我在香港發貨。我的客户要向大陸海關申報，貨才能進到大陸。因爲我的客户不能辦理報關手續，我要想做生意，就要把貨送到客户手中，變成在大陸的國内貿易，所以才找曾明娜。曾明娜解決通關的問題，實際上是將我的貨走私到大陸，我再在大陸收回自己的貨，送到客户手中。

問：如果我們將曾明娜的相片給你看，你能認得出來嗎？

答：可以認得出。

問：曾明娜的名片是怎麼寫的？

答：就寫了香港遠華集團公司，曾明娜，下面是香港遠華的地址和聯繫電話，就寫職務。

問：你請賴太，即曾明娜吃飯的具體時間？

答：記不起了，大概在一九九九年的三月份左右。

問：「黑克」叫什麼名字？

答：不知道。黑在福建話中與「烏」相同，又稱「烏克」。在給「烏克」發傳眞時，寫上「黑克」收就可以了。

問：你以上講的屬實嗎？

答：是屬實的。是我自願向你們執法部門提供的。

問：你還有什麼要補充的？

答：沒有什麼補充了。

以上筆錄我看過，是我自願向廈門海關走私犯罪偵查分局作證，記錄同我所說的一樣。

蔡雙敏　二〇〇〇，八，十二

（文中有字、詞、語法錯誤，原文如此）

誰的走私油影響中國油價市場？

問：你其他方面的生意呢？

賴：比如說我做成品油的生意，荷蘭有一個公司，和廈門當地的一個公司合資建了一個油庫，這個油庫是可以辦理對外寄存業務的，可以做轉口油生意的。他們是把油庫租出去，我就利用這個油庫來做一些油的轉口。這個油庫進出和寄存量是可以查的，他們就說是我走私。比如說，海關那裡是報了二十萬噸的進口關稅，但是油庫進出的油有一百萬噸，他們就說那另外八十萬噸是我做的「走私油」，根本就沒有通過海關的手續。說是我的，也不管是什麼渠道來的。

問：據說你的石油走私使得中國三分之一的石油市場受到影響？

賴：那一年中國的油田爲什麼會停呢？他們說是我的走私油供停的。你到廣州問一問，香港有一種油叫「紅油」，是因爲他們加了紅色的顏料進去了。大陸那一段時間油價漲得很厲害，在廣東沿海漁船打魚打不到，賺不到錢，就有很多那種普通的漁船，在船上改裝一個很大的油箱，到香港載油。他們是空船開過來，到香港加上油，拉到大陸去賣。那是，光是廣東就有上千條這樣的漁船，福建也有三百多條船，一下子就可以載幾百噸。大陸油價是受這個影響，並不是受我的影響。爲什麼大陸政府要下一條文，要求各地見了「紅油」就要抓嘛，因爲你這個加油站如果賣「紅油」，那就是從香港走私來的。後來不管查到的船載多少油，都要抓，才卡死了這條路，油价又慢慢漲回來。

問：那是哪一年？你的意思是說老百姓用漁船去拉油，而影響到中國的市場嗎？

賴：是九六、九七年吧，他們都是幾百噸、幾百噸的搞，後來全中國做油的都知道這回事。至於說影響到油價，也不全是這樣的。油價不論在哪裡都會有波動嘛。有時好，有時會不好，包括工廠的效益也是這樣。現在他們只有這樣說了，不然領導怎麼會重視呢？他們說得太誇張了。你做了一船，他們就說你做了一百船。

問：做一船和做一百船是不同，但是做與沒做更不同。

賴：我是做過油的生意，沒錯，但是我是做轉口的。我買油就跟買期貨一樣的。那一年我有一船油，是五萬噸，賣不出去，只好轉到浙江舟山油庫先存起來。那一年我虧了八千多萬呢！平時做油都賺，但是那一年虧了。

問：怎麼虧的？

賴：本來算的是要漲價嘛，但是後來油價跌了，我也沒有辦法。還有，在大陸做貿易的人都一定懂得海關是怎麼樣的，一般都不是跟你很認真的，大家很多都是靠報少一點來賺一點錢。或者利用關係，不同的品牌、不同的關稅，就利用這些賺一點差價。

國庫裡面的錢我不掏

問：可是我看判決書上說的，有些人走私油，逃稅幾千萬，那生意應該做得很大。

賴：比如說接培功做的那個生意，我看賺不到三、五十萬，說他逃稅兩千多萬。說莊銘田逃稅九千多萬，莊銘田賺的錢我看不過幾百萬。他們專案組都是胡來的，我相信莊銘田他還欠錢，你信不信，不信可以去查，他起碼還欠外面的錢。我敢這樣說，我知道他這個人又不賭錢，這裡怎麼算的？他們這種關稅愛怎麼開單就怎麼開，海關就是要給他們開，都要討好他們，拿這些假證明來說這些人有罪。

如果我靠的是那種內外勾結來走私，我應該花很多錢在海關的人身上，如果我能逃稅一百多億，我應該花在這些官員身上很多錢。就說吳宇波吧，說他收我兩百萬—我看報紙上說二百萬。如果我做這條船就跟海關營運科長熟，我就只需要花錢給他一個人嗎，其他人呢？工商局的局長我也不認識，我怎麼能做到這樣的事？你想想。油是按海關的手續來辦事，他有技巧，很多人都會動腦筋，他們都是能多賺一點就多賺一點啦。

當時北京下來一個查違法做外匯退稅什麼的小組，開始他們也是以爲我做很多這種事，查完後發現，跟我一分錢都沒關係，他們自己都想不到。

有一次，有人來找我，說可以搞退稅，出口一百萬，我們可以說是一千萬。我說：這錢在國庫裡面，我不會去挖的。「四二〇」專案組的劉曉輝到加拿大來見我時，我也說給他聽，我說：我起碼不會挖國庫的錢，即使公司的業務操作上在外面有一點不嚴格。他說：這樣也等於挖國庫的錢。我說：性質不一樣。我說：這個錢已經在國庫裡面了，你再給他偷出來，這樣的事我是不做的。我說：這錢還沒有進去的時候，我在外面就給攔住了一點。我說的這個意思是，起碼我對得起國家，起碼這錢還沒進去，還不是國家的錢。但有些人憑關係硬，是從國庫裡往外掏錢，這樣的人很多，你們應該查這樣的人。大部分人做都是比如一百斤報八十斤，賣一百塊就報八十塊，那稅就少一點了，都是利用這樣去做的，哪一家公司沒這樣去做？整個大陸的生意都是這樣做的。

問：你是覺得制度上有漏洞？

賴：他們自己的人怎麼做都沒有人管的。如果他想搞你了，就說你是走私。不管他們怎麼說，我自己所有的錢是可以平衡的。我可以這樣說，我賺的錢有十幾億，到現在折算起來也有十幾億。我捐出去的錢都有一億了，什麼什麼事我都捐款，如果我是走私的，我幹嗎要把錢捐在大陸，我把錢匯出去不好嗎？我從來沒有想到我會出事，從來沒有想到過我要跑。而且，現在我外面還欠人家的錢呢，銀行有貸款。如果我買的地升值了，這是我自己的事，大家都看到的，我在廈門留下來的大概有十個億，但我銀行就有四個億，那剩下的還有五、六億左右，我從香港匯了六千萬美金過來，會不會平衡呢？可以算的嘛，我怎麼會逃稅兩百多億呢？

問：你認爲他們這麼算沒有根據？

賴：你說北京的大國營企業，哪一家不是這樣做的？因爲一般公司到海關去驗貨，你說拿了幾個櫃來，就說拿幾個櫃來。我覺得他們不會管很嚴。如果說我是跟他們內外勾結，那我應該跟他們裡面的官員談判，叫他要怎麼樣怎麼樣才行。你看這些官員的判決書裡面有沒有提到過我。我看到蔡海鵬判了十五年，我看他在裡邊給關傻了，什麼事都胡講出來了，說我給他十五萬。我記得這十五萬，是有這個事：他是廈門海關緝查處的處長，他找我借了十五萬，當時他們幾個人買了一塊地準備蓋工廠，這是他們私人找我借的。他在裡面就說，這錢不是找我借的，是我自己要給他的，怎麼會這個樣子呢？他還找我弟弟借三十萬，總共四十五萬。在廈門海關他當緝查處處長那麼久，我在廈門做的生意那麼大，如果像他說的這樣，我會只給他四十五萬嗎？我是這種人嗎？我給他四千五百萬還差不多。你從這裡就可以看出一些問題來了。他只拿這四十五萬就會放棄管理胡來嗎？你去廈門工商局調查，如果我是這種情況，我跟廈門港務局的頭也應當很熟，不然我怎麼才能這樣操作？可是我不熟呀。

問：還有什麼事你認爲是有出入的？

賴：像李保民的那船油，根本是沒有的事，現在就爲這個判他死刑了。我注意到這一點，那個武警福建海警二支隊支隊長張永定（被判無期）有一件事。正好這個張永定抓的「東方公司」李保民(已於二〇〇一年四月底被執行槍決)的一條油船，當時他在總隊是參謀長，他懷疑那個李保民的「保卸函」是假的，就要抓人了。你知道，這種油船算是危險品，油船一到海關碼頭就要馬上先卸油，不能停在那裡等著辦這些手續，不管什麼時候，海關就會先出一張「保卸函」，同意你先卸油，因爲這是危險品嘛。油船要卸上兩三天，然後卸完油再來辦手續，申報報關。李保民他們在卸油的時候就被張永定他們扣留了，說是「走私」。李保民就拿這張「保卸函」給他們看，可他們說這張是假的，也不去海關查，就刁難他。然後就是福州市檢察院反貪局一個副局長就下令開始逮捕，來抓人。據我所知，這張「保卸函」不是假的，這一船油確實是正當生意，正常報關，正常轉口出去。他們說，你是空的轉口。這船油我當時最有印象，因爲是福州檢察院來的兩個人扣的，我記得很淸楚。李保民還在裡面和他們吵架，當時因爲他爸爸在海南島好像是船務公司港務局的，被人搶劫，殺死在家裡，可他們還不放他回去，因爲這樣我就看不下去了，所以我才來插手這件事。我當時還和檢察院的人吵架。據我瞭解，這條船的油絕對是是正宗的，他們說是「走私」。你可以用這一船去查，哪一天？哪一夜？哪一條船？由哪一門入線？由海關開的一張「保卸函」，你可以查一查那底，這張「保卸函」有沒有？有呀！他們電腦裡都有的，就說他「走私」。爲這個事吵架就變成熟人了。

後來張永定被調來調去，又調到廈門這邊來了。那時張永定剛剛到廈門，他沒到廈門之前跟邊防局、海軍軍隊都不認識，誰都不知道。他就來找我啦，他當時當副支隊長，還不是一把手。他來找我說，他的兒子要在這裡讀學校，要讀好的學校一定要有所房子做擔保才可以進這個學校，租的房子也不行。然後他找我商量這個事，說能不能借個房子給他，讓他的孩子先進那所學校。我就答應了。我交給了司機去給他辦，要把房子辦成他老婆的名字，他的兒子才可以來這邊讀書。但房子並沒有給他，只是借。就是這樣。我也沒有找他辦過什麼事。我這樣也不行嗎？朋友之間也會幫這樣的忙嘛。就是以前這條油船他幫過我，也不是他幫我，這條油船本來就是合法的，不是不合法的，可以去調查看那些原始文件嘛。

問：你認爲這件事是冤枉的，那麼其它的呢？

賴：當然啦，我的生意上也是有一點差錯的，就是大家都這樣做的，不是像他們所說的那樣。就是說，比如：這個生意按道理如果走私做，可以賺一百萬，如果按正常貿易做，可以賺五萬，但是，如果按少報一點、用不同的品名呀這種辦法，大概可以賺三十萬。那我就按這種還說得過去的方法去做了。

海關莫非是虛設？

中國政府向加拿大移民部提供了部分「遠華案」案犯的刑事判決書。筆者對一些刑事判決書進行了初步研究，因爲沒有任何相關佐證材料，無法對其中所謂犯罪事實做出判斷。其中有一點令本人十分震驚，如果判決書所列案犯各項走私犯罪活動屬實的話，我真不敢相信，中國是否有正常的海關作業？在「遠華案」被查處之後，是否當地的走私活動已經停止？是否幾年以後會有新的走私犯罪集團被揭發出來？是否其它的口岸、海關的走私活動等著被揭露？

福建省泉州市中級人民法院在對王金挺的刑事判決書中，羅列了王金挺等六人，所走私成品油的時間、油輪名稱、走私油噸數、價值、以及偷、漏稅款等。判決書中列明：王金挺等人從一九九六年十月二十六日，到一九九八年三月七日的不到一年半時間裡，共走私成品油四十一艘油輪，共走私七十一萬六千二百〇四‧三二三噸成品油，價值十九億三千九百九十二萬七千四百一十九元，合計偷逃稅款三億六千七百二十萬〇三千一百八十四‧〇六元。

這只是「遠華案」中的一宗走私案。我們無法判斷，王金挺等人在九六年十月份之前，是否沒有走私活動？於九八年三月份之後，他們是否已經預知政府要查處「遠華案」（「遠華案」是於九九年四月立案的，然而是從同年六月才開始展開調查的），而自動停止了走私活動？

「遠華」是個筐，壞事往裡裝

問：你說，生意中不可能沒錯，那你認爲你錯的是哪些？

賴：其實我公司業務上的操作都是我手下他們操作，我不明白的。我從來沒有去過海關，操作上的那些事我都不懂。我從來也沒有到過那幾個部門去求情，都是下面的人具體去做。

特別是外面有很多人去做一些事，卻都說是我公司的。有一個人叫任軍，開始是和朱牛牛一起做事的，他到處說，他是我公司的人，其實他根本就不是我公司的人，卻打著我公司的名義。

九八年底有一次，我剛要出門，傳達室的就叫住我，說有很多退回來的信。我一看，就叫下邊去查，原來是有人冒充我們「遠華」公司向外發訂貨單，上邊的地址是我公司的，但是電話一個都不是，都是手機號碼。我就報案了。然後也有很多公司收到那張單，說是有走私車賣，就有人也報案了。中央電視台的「焦點訪談」節目就要做這個節目，來到我公司瞭解情況，還是從我這裡拿了十萬塊錢，假裝是買家，去交定金。我看那些人就是要賺一點定金，他們其實什麼都沒有的，「焦點訪談」從我這裡拿了錢去聯繫他們，就見了面。「焦點訪談」的人帶的眼鏡是那種針孔攝影機，後邊有一條線，他穿著風衣，用帽子把那條線蓋起來。對方也不知道，以爲他們真的是買家，就全都錄下來了。警察到他們的地址去抓的時候，他們還有三千多封信沒有來得及發。當時，廈門海關很多人都接受採訪了。

還有一件事很好笑的，有一次，我公司的一個人到一家卡拉ＯＫ去玩，結果見到在那邊有一個四十幾歲的人跟人家說，他是我的兒子。他就這樣在卡拉ＯＫ裡吹牛，我公司的人一聽就走過去問他，說：你多大年紀啦？他說：四十多歲了。我公司的人就說：你知道嗎？如果說賴昌星是你爸爸，你爸爸還沒有你大呢。弄得大家全笑。因爲我二十幾歲就很出名了，有的人沒有想到我這麼年輕，還以爲我是個老人家了。其實，我從來沒去過舞廳，保龍公司有一個舞廳，有一天舞廳的經理非叫我過去一下，當時有幾個香港人要談事情，我不好拒絕就去了。連那裡的服務員看到我都很驚訝，說「遠華」的老總來了，這就是「遠華」的老總。我真的很少去歌舞廳，到現在也一首歌不會唱。那天晚上一談完事，我就走了。第二天就有人說，「遠華」的老總昨天去保龍，給了每個人五百美金的小費。就這樣傳開了，我真的一分錢也沒給，這都是他們傳出來的。

問：別人喜歡說你的傳奇故事了。

賴：有一次，有一個人在開遠去報案，說是他的汽車被人偷了，他那可能是一部好車子，想讓公安局重視，他說他是「遠華」的部門經理。公安局就打電話給我，說什麼什麼人，怎麼回事，讓我核實一下。我一聽，我連這個名字從來沒有聽過，他卻說是進出口部的經理。然後我就去看一下，我真的不認識，我問他：你怎麼說是「遠華」的呢？他說他是給一個叫王松明的人的兒子開車的——王松明是我公司的，但他的兒子根本不是我公司的。他們就喜歡這樣說。

我自己都不願意到外邊去說，另外一次，我自己騎摩托車帶老婆到公司門外轉一轉，當時正碰上查車，我就被攔下了。因爲我沒帶安全帽，我只是到門口外邊轉一下嘛，我就被公安扣留了。我自己都不敢說是「遠華」的，我說要回去取證件，他們不允許，只有打電話回公司，公司的人跟他們都熟，公司的人來了對他們講：這就是我們的老闆。他們好像還不相信。

還有一次開車，開得快一點，就被警察把我拉了下來，我也不敢說我是「遠華」的老闆，我只說手續在公司，不遠，我去拿。他問我：你是「遠華」的？我說：是。但也沒有說自己是老闆。沒錯，可以說整個福建都會給我面子，但我從來不求他們去做什麼事了。

問：這樣一來，有些壞事也要讓你公司背上了？

賴：一說是我公司的，不管哪個部門一定給面子的。有人連撞死人了也要說是「遠華」的，多可怕。當然我是不知道的。

問：在這次「遠華案」的審理當中，也遇到這樣的情況了嗎？

賴：他們就爲了說這是全國最大的案子，全福建省的事情，不是「遠華」的，也給挂到「遠華」了。整個福建走私到底是多少，才可以說多少。有證據是關於我的，你拿出來，沒有證據的，你不能憑感覺胡來。你不能說有一百個櫃，你找到一個櫃的問題，就說一百個櫃有問題，你不能這樣說的。說多少億多少億，如果真正拿證據，我相信他們連一千萬都找不到。

問：你說的一千萬，是指按偷、漏稅款算，還是按照走私的商品總額算？

賴：我每年繳的稅也有上億了，稅單都有的，記錄不是在我的公司，是其它和我合作的公司。因爲我的公司沒有進出口權呀。據我所知，大陸不管在哪裡抓走私，反正要先抓到這批貨，然後再抓人、再封賬戶什麼的。對我這個案子就不同了，他們是從我九二年的生意開始查，所有在廈門的倉庫，不管是公家的也好私人的也好，全部封起來查，我所有賬號全部封。他們查那些倉庫，就是要看有沒有我「遠華」寄存的東西，沒有，一件都沒有查到。然後他們就抓人，反正就是誰都抓。他們只要這些人個個說，老闆是走私起家的，他們就喜歡聽這句。他們也不懂我是怎樣做的，沒有說具體是怎麼做的，他們都說知道「遠華」就是做走私，話說出來是一樣的。但是，他們應該查清楚的是，說明賴昌星是把錢給了誰？誰幫他放貨？這貨是找誰買的，賣給了誰？我一直都是按照規定去做的，其中有我的技巧，像我這樣做，根本就算不上什麼走私，我都經過海關，經過驗貨，有問題是你海關笨。走私不是我這樣做，是直接衝進來。「四二〇」專案組說，只要有三個人說我走私就可以了，他們查得下去嗎？沒有，何勇這樣就不好交待了，他們只有按這樣去做下去。

問：你是說，他們並沒有確實的人指證你嗎？

賴：你看，那些判死刑被槍決的這七個人當中，根本就沒有一個人的口供跟我賴昌星有錢的往來，不論是說幫到過我什麼，還是買過我的貨，或者是賣過我的貨，根本就沒有。原來他們有一份材料指控我，說在我的紅樓裡五〇三號房間找到一些船運單，運貨的清單。我看到了那一份指控，我說：他錯了，我是住在紅樓五〇二，不是五〇三，你在五〇三是根本找不到什麼東西的。反正，我已和律師說了。我說他們都是胡來，胡說八道的。後來他們知道我是睡在五〇二的，現在他們又改了，說這個東西是在我太太辦公室裡找到的，是在她的辦公室的保險櫃。我太太根本什麼保險櫃都沒有，有沒有，我最清楚了，我怎麼不知道哪？

問：你兄弟的指控怎麼說的？

賴：他們說我哥哥揭發我走私，我弟弟、我侄子也有口供了。我想，因爲我是已經跑出來在這邊了，反正愛怎麼說就怎麼說，叫他們怎麼說就怎麼說了，少一點麻煩了。你明白這意思吧？我侄子是四月份抓的，那個口供是六月份的簽字，難道抓起來兩個月才審的嗎？那爲什麼不拿前邊的口供，還是沒有他們滿意的口供，就再怎樣也做一份出來？

他們以前不是一直說這是個「遠華走私集團」嗎？好！我跟他們說：你這樣講根本就沒有根據，你可以查我「遠華集團」在大陸哪個港口、哪個口岸做過一分錢的進出口？你海關查出來一個，我就承認一個，我自己一個人承認。我說：你說我賴昌星走私還差不多。那麼，好，他們現在就不一樣了，現在就改說「賴昌星走私集團」了——這些都是我教給他們了，他才改過來的。噢，你怎麼說遠華集團走私呢？我說：要是一個部隊的團長殺死一個人，那你是指整個團去殺人了？

親屬指證異口同聲

根據中國官方的有關報導，賴家除了賴昌星和妻子曾明娜在逃外，其他涉案人員還包括：賴昌星的大哥賴水強被判處七年有期徒刑；四弟賴昌圖被判十五年有期徒刑；大姐的兒子陳文遠被判死刑；大哥的女婿黃克臻被判死刑，緩期執行；妻子曾明娜的弟弟曾明鐵被判十年有期徒刑；另一個弟弟曾明育在逃；還有賴昌星二哥的兒子賴文曲被捕；賴昌星大哥的兒子賴文峰在監視居住時逃跑；丈人、丈母娘在押等等。我從賴昌星的律師那裡拿到了賴昌星的兄弟賴水強、賴昌圖、侄子賴文峰、外甥黃克臻，以及一些相關人士的證詞，這是中國政府提供給加拿大移民部的。證詞是問答形式的詢問筆錄。在此如實摘錄部分內容(文中「?」代表「問」，「：」代表「答」，原始資料如此，保持原貌)：

賴昌星大哥賴水強的證詞：

時間：二〇〇〇年六月二十一日

地點：廈門金雁賓館八樓談話室

偵察員：張東明 劉于龍 記錄員：劉于龍

犯罪嫌疑人：賴水強

?談一下你的個人情況

：我叫賴水強，男，今年五十二歲，漢族，初小文化，家住福建省晉江市青陽鎮燒厝村，係個體從業者。一九九九年八月十四日受賴昌星委託全權負責遠華集團事務。因涉嫌走私普通貨物罪被監視居住至今。

?我們是廈門海關走私犯罪偵察分局的工作人員，今天向你了解一些情況，你要如實提供，不得做僞證，否則要負相應的法律責任。

：我知道。

？你和賴昌星是什麼關係？

：我們是兄弟關係，他是我三弟。

？談一下賴昌星的簡況。

：賴昌星，男，一九五八年九月十五日出生，一九九一年他通過關係在陝西辦理了赴香港定居的單程證。一九九九年六月上旬因爲他的遠華集團涉嫌走私的問題被專案組調（查），他就逃到境外去了。

？你把賴昌星參與走私的情況說一下。

：賴昌星是從一九九一年開始走私的，他和石獅的幾個人合夥從境外進口布料，然後在布料的集裝箱裡夾帶香煙、電視機，這個時候他做走私的規模還比較小。到九四年以後，賴昌星先後註冊在廈門成立了遠華電子有限公司，海鑫集裝箱儲運有限公司（海鑫堆場），廈門遠華集團。應該說賴昌星大規模的搞走私香煙、汽車等是從這個時候開始的。

？賴昌星爲什麼要成立這些公司？

：一九九四年五月份，我母親去世的時候，賴昌星在燒厝家中當著我們兄弟幾個的面就說，做正當生意就賺不到錢，只有搞香煙、汽車走私生意才會發財。所以他成立這幾家公司不是爲了做正當生意，而是做一個對外的招牌，是爲了掩護他大規模走私活動才成立的。因爲我知道，他註冊的這幾家公司根本就沒有進出口經營權，更沒有經營香煙、汽車進口業務的權力。

……

這裡值得一提的是，在賴昌星大哥賴水強的證詞中，證實了關於中國著名玉女歌星楊鈺瑩是賴昌星侄子、也就是賴水強兒子賴文峰的女朋友的說法。

有報導說，楊鈺瑩自出道以來，快速竄紅，由於她嗓音甜美、容貌嬌俏，被稱爲是前途無量的玉女歌星。但是，她在事業正蒸蒸日上的時候，突然退出歌壇，引起許多猜測。後來有人得知，她是找到了「大款」，不用再出頭露面了。但是，隨著「遠華案」爆發，賴昌星出逃，賴文峰也被監視居住，後來又逃亡海外，楊鈺瑩失去了依靠，只好再戰江湖。去年六月，廣州一家報章刊登了一篇《「男友」退出商界，伊人重踏歌壇—楊鈺瑩「復出」揭秘》的文章，該篇文章指楊鈺瑩幾年前淡出歌壇是因爲得到了廈門遠華走私案首腦賴昌星之侄的「照顧」。楊鈺瑩對此則堅決否認，並聲言要以「侵害名譽權」爲由控告該報。

在賴水強的證詞記錄中寫道：楊鈺瑩(賴文峰的女朋友，原名楊 x 麗)28 歲，江西南昌人，沒參加走私。

賴昌星也透露，他在廈門老家見過楊鈺瑩，是賴文峰帶楊鈺瑩到家裡來的。

賴昌星侄子賴文峰的證詞：

時間：二〇〇〇年六月二日
地點：廈門金雁賓館八樓談話室
偵察員：張東明 劉于龍 記錄員：劉于龍
犯罪嫌疑人：賴文峰

？你的個人簡況

：我叫賴文峰，男，一九七三年二月十五日出生，漢族，小學文化，家住晉江市青陽鎮燒厝村，一九九二年移居香港，本人係個體從業者，二〇〇〇年四月七日因涉嫌走私普通貨物罪投案自首，現被監視居住。

？我們是廈門海關走私犯罪偵察分局的工作人員，今天向你了解一些情況，你要如實提供，不得做僞證，否則要負相應的法律責任。

：我明白。

？你和賴昌星是什麼關係？

：賴昌星是我三叔，他一九九一年在陝西通過關係辦了單程證到香港。一九九二年他幫我也在陝西辦了赴港的單程證，我在香港呆了一年半，到九三年回來。

？這個時候賴昌星在幹什麼。

：他從九一年開始和王敏等人做走私生意，採取往進口貨櫃中夾帶的方式走私家用電器，這個時期都是他自己在具體操作，和海關等單位的人拉關係，給人家送錢，送禮。他也是這一段時間搞走私家電發的家。到九四年以後，他在廈門先後辦了遠華電子有限公司，海鑫集裝箱儲運有限公司，遠華集團公司以後，才開始大規模搞走私生意，在這以前他和王敏等人走私家電數量比較小，有了這幾家公司以後，幾乎沒有做過正當生意，他用走私賺的錢在香港和廈門兩地投資的房地產都虧了本，所以這些年賴昌星全靠走私賺錢，他開辦的這幾家公司都是一個形式，是爲了掩護走私才搞的。

……

賴昌星的大哥賴水強的女婿黃克臻的證詞：

時間：二〇〇〇年八月五日九時五十分至五日十一時

地點：廈門市第一看守所

偵察員：張新廣 記錄員：林志兵

犯罪嫌疑人：黃克臻

問：你本人情況？

答：我是黃克臻，男，一九六六年七月十四日出生，香港居民，原籍福建晉江。

問：你因何被逮捕？

答：我因涉嫌走私被逮捕。
問：你與賴昌星的關係？
答：我是賴昌星大哥賴水強的女婿。
問：賴昌星本人情況？
答：賴昌星原籍福建晉江，四十多歲，他九十年代初已移居香港，但主要是在廈門搞走私活動。
問：賴昌星有何走私活動？
答：賴昌星有搞香煙、汽車、油、化工原料走私，我主要是幫賴昌星負責走私香煙的發貨、調度。賴昌星在九四年成立的廈門遠華電子廠，以及後來成立的廈門遠華集團都是爲掩蓋他的走私生意而成立的。賴昌星爲搞走私，叫了不少人幫他的忙，在走私香煙這一塊，賴昌星叫賴昌標、曾明育負責走私香煙的銷售，侯小虎、任軍、王泰成、侯占武等負責走私香煙的通關。我和陳文遠負責走私香煙的調度和發貨。

從以上證詞可以看出，被詢問的每個人都非常配合專案組的工作，他們不但對自己所犯罪行清楚明白，而且，在對賴昌星的指控上，可以說是「異口同聲」，倒好像是他們爲了指控賴昌星而預先「串過供」。

而賴昌星自己，當然了，極力要洗清自己。

賴昌星矢口爲自己辯解

問：中國政府對你的指控說，你的公司沒有進出口貿易權，更沒有香煙進出口經營權，那麼你的生意是怎麼做的呢？

賴：我的公司是沒有進出口權，但是那些政府的公司有呀。我只是出錢由他們自己的公司去做嘛。我就是借用人家的公司，我是合法做的。他們還說，有人走私來找我要指標，走私還要有指標嗎？我說這是你們自己按「四二〇」的指標辦案還差不多。

問：這一次當地的政府官員有很多涉案的？

賴：他們就是什麼都往我「遠華」裡面裝。說我走私，廈門以前的關長我都不熟的，楊前線是我的好兄弟，但跟我沒有一點金錢關係的。廈門姓秦的關長原來是市政府的秘書長，調過去的，是正關長。我跟他一點都不熟。廈門的市長、市委書記我都不熟，我就在廈門混了幾年。後來廈門市委書記石兆彬被抓也算到我這裡。如果那些被判死刑的口供能公開的話，其實大家可以從裡面看一看，是否和我賴昌星有關。從海關被抓的人的口供也可以看出問題。看看那個被判死刑的吳宇波的判決書也好，吳宇波是廈門海關東渡辦事處船管科科長，看能不能找到他曾經幫過我的證據。還有那個廈門海關走私緝查處處長蔡海鵬、廈門海關關長楊前線，大家都應該看一看這些口供，要是這些口供能公開的話。另外，那些被判死刑的人，只要被查到五十萬，他就可以被幹掉。中國的法律！五十萬就可以幹掉一個人。

問：你看了中國提供給加拿大移民部的那些判決書了嗎？

賴：我都看過。按道理，個人的判決書都是一個人一張的，可他們卻是幾個人合著做一個，一判下去就是十幾個人，有這樣判的嗎？你看，現在一份判決書裡面十幾個人、二十來個人在一起判，而且上面這些人也互相不認識。另外有的判決書上，辯護律師說：有些事跟賴昌星無關，判罪事實不足什麼的。他們說的這些都是事實，可惜在大陸的律師根本沒有用的。其他沒有什麼了。有些人的口供也有問題的，因爲我知道有幾個人被抓後，又放了出來的，現在我也不方便說是誰，他們一進去就先打，打完再來問話。我自己做的事情我自己非常清楚，我一直做好事，一直很同情人，所以我才有這條路可以走，因爲大家信我。

問：你的做法是不是用軍情的特權？我知道軍情部有海關免檢章。

賴：沒有，我從來沒有用過。我的侄子用過一次。

問：這讓我很吃驚，你和姬勝德的關係那麼好。怎麼會讓人相信呢？

賴：我認識的官員是很多，在中國像我認識那麼多的人是很少。但是，像我這樣沒有占他們什麼便宜的也很少，我也是一個傻瓜。

問：人人都說你這人很大方，給官員送錢、送房子，一出手就是上百萬、千萬。

賴：你可以看到這個案子總共抓了多少人？總共加在一起是多少錢？有多少和我有關係？除了李紀周、姬勝德、藍甫，剩下還有幾個？全是事實的也才有一百八十萬左右，我如果是真走私，我的錢還不轉移出去？

問：所以有人說你是有點有恃無恐，以爲自己後面的後台夠硬了。

賴：我主要還是想做地產，這種才能賺大錢，是大生意，我買的那塊地皮可以賺十幾億呀。我在廈門有三千多畝地。

問：主要感興趣的是地產方面的事？

賴：我是這麼想，人會越來越多，地終歸是那麼多，很多事都要從怎麼樣用地想辦法，我的想法就是要做地產。現在一直追蹤「遠華案」很頭痛，一直感覺要結案了，卻一直拖，一直拖，沒有想到那麼慘，如果當時知道要搞幾年的話，我不會這樣的。

問：你這麼多生意當中，親力親爲的有哪些？

賴：地產。

問：你是負責哪一部分工作？

賴：貿易也好，地產也好，我底下人既然認爲這筆生意可以賺，提供給我，問一下，然後我就說：做。他們就去做了。

問：你是負責前期疏通關係，然後拍板？

賴：也不用疏通關係，十幾家公司的報關員，每一家都他們自己去做的。

問：這份材料裡說：利用手中職權和工具，例如軍艦、海關走私。

賴：開頭就是這樣說的，沒有這回事。別人的船泊下來，他就說是我的走私船。他抓到別人就裝在我這邊，都是這樣套的。法庭指空我是單靠走私起家，沒有做過正當生意。我在申請難民的那張表裡面要填我做過什麼。我有很多正當生意呀，我人在外面，手上什麼都沒有。我一直找，我看能不能找一些證據出來。現在找到了我在廈門「金龍製造廠」的，生產大巴、油線車、小車、麵包車，這個證據我找到了，在電腦的股票那裡可以打出來，我已經打出來了。現在我是第三大股東，原來是第一大，後來我賣掉私人股的那一種，我賣掉了一部分。這個我可以找專家來鑑定。

問：有一些問題還是弄不清楚，這個案子涉案八百多個億呀，不是隨便一個數位，十萬？百萬？八百多億走私和偷稅漏稅的錢，你就說一句，從來沒有走過私，能夠解釋清楚嗎？

賴：他現在說我沒有八百多億，說我二百多億了。我可以說清楚，他說我做香煙、做油、做汽車。

問：你舉兩個例子，比如假設判決書提到某一個生意，你的解釋是什麼？

賴：他就提到了假貨櫃出口、假託銷，但是，這不是我做的，這個公司做過一百單，一百單裡有一單這樣，他就說是全部，算在一起，多少個億。

問：你的意思是說，你有一百個同類的生意，他查了一件，這一件裡面有問題的話，他們就把一百件都算成是有問題的。

賴：判決書裡面判的那些油，不是說我拿指標嗎？說我什麼指標都能弄出來。什麼叫指標？根本跟我一點關係都沒有。但有很多人冒充是「遠華」的，那是因爲只要是「遠華」的大家都會讓一條路，我敢這樣說。

問：報導說說你身價上百億。

賴：沒有，我的錢是可以平衡的。還有我的地價升值算不算？如果算的話，當然有二三十億了，我那個地是幾億，我就可以賺幾十億了。

問：你說是二三十億的身價。我們今天把這個話講出去，你是正正當當在大陸做生意，然後又到了香港做生意，這麼幾年二三十億，你說老百姓會不會相信？

賴：我可以拿出證據來的。我廈門那個地二億六千多萬，評估就說十九個億。除掉這個地的事情我才十億。我找銀行貸款三億多。

問：審判還在進行，好像一時還完不了。

賴：可他根本就判不下去。我相信法律最終是會公平的。現在整個福建省的常委、副書記全部都換掉了，被抓的人全部都說成是被我腐蝕掉的。要讓人相信就要讓他們報出來這些人拿了我多少錢？誰幫過我具體什麼忙？不要光憑一句「給國家造成嚴重損失」，就來判。應該說這個官員拿過我多少錢？幫我走過什麼私？才可以。現在有幾百個官員涉案了，應該公開案情，讓大家去評論。即便有人拿了一千萬，如果是別人給的，那就跟我沒關係，不要裝在我頭上。要公開那些案情才行。

問：現在我們很難判斷到底真實情況是怎樣。

賴：這幾個判死刑的，如果是掛在和我有關的，他們就是冤枉的。至於他們和別的案件有沒有關係，我就不敢這麼說了。大陸要整人的話，隨便一點理由就會把你整死的。

問：你是說中國現在以經濟犯罪來整人。

賴：對，這個案子就是最明顯不過的。他們就是把你先抓起來，然後就是二十四小時審問、打。如果真的問出來什麼事，是上邊喜歡的，那他們就立大功了。問不出來就說你是包庇，隨便找一個理由，很簡單，判你十幾年、幾十年，有誰會管。

問：你的岳父、母也被抓了吧？

賴：對呀，我那岳父、岳母，七十歲了，還被抓了。他們從來沒有參與到公司的那些事情。我也打電話問過他們，說：你們連我的岳父、岳母都抓啊！他們說我岳父、岳母對子女教育不好。你說，爲這個就可以抓人嗎？現在我跑到這裡，他們又把我岳父、岳母第二次抓起來，關在哪裡都不知道。後來我也打聽了一下，說他們是包庇罪，包庇什麼？就用這個理由來抓了，你看一個「包庇」就可以了，什麼都不用說了。大陸的法律這種整人的事情很可怕，根本就不用法律來辦事的。在外邊說起來很好聽，法律上第幾條、第幾款，什麼條啊？什麼條我都沒犯。真是不懂到底是哪一條，他們想怎麼說就怎麼說了。

問：因「遠華案」被抓的官員有幾百人了，他們的口供你看到了嗎？

賴：讓他們算算跟我有聯繫的一共有幾個人？誰拿過我多少錢？因爲這樣的事要雙方對證才有用的呀，單是我說也沒用。海內外的觀眾從這些事實來看，也應該明白事情真相。我要求大家關注判決書。福建官員被抓幾百個，這幾百人我賄賂了多少錢？叫他們報出來，這就能證明是不是冤案了。他們如果說官員拿了我的錢，怎樣拿的？也要報給大家聽聽才是。現在的問題是，他們有政治目的，不管什麼人、什麼事就往我這邊裝，只是說「情節特別嚴重，給國家造成重大損失」什麼什麼的。都是通過這幾句話就把人給判了，具體的事情都沒有。那是因爲他們報不出來呀，所以這根本就是冤案。即使有官員腐敗拿了別人的錢，但不要裝在我「遠華」這邊，爲什麼不敢公開審判？爲什麼要搞一級戒備？搞秘密審判？爲什麼案子要辦兩年？而且用了那麼多人？

問：張宗緒（廈門市委副書記、已被捕）的情況怎麼樣？

賴：張宗緒進去以後癱瘓了。

問：他是因爲什麼事情？

賴：沒有，一點沒有。蘇水利（廈門市副市長、已被捕）、趙克明（廈門市副市長、已被捕）、黃德茂（廈門市公安局副局長、已被捕）一點都沒有，任何東西都沒有。趙克明、郭亞玲都是副市長，還有張宗緒，全部都開除黨籍，什麼什麼，全都沒有。趙克明也被判無期徒刑，真的一分錢的關係都沒有，一點事情都沒有。但是我就是想不通，爲什麼個個都要裝在我的遠華公司？

問：現在案子越來越亂了，牽扯人越來越多了。

賴：這是個糊塗案，太糊塗了。這些被判死刑的都該去上訴呀。大陸一般判死刑的，不到二十天就都執行了，而這個案子到現在已經多少個月了，還沒有辦法執行呢。你想想，很多人到市政府門口靜坐，連公司開車的都被抓去判了無期，他的工資最高時也只有五千塊，你說能這麼判嗎？還有兩個被判死刑，緩期兩年，判決書裡我看到有十幾個公司，幾家名字都沒聽說過。

我想，當初要是檢察院、高院的另外一批人出來審，真的只是查走私那樣，我看這些人都不會有事，起碼不會死的。這是上邊的人要一些關鍵人物的重要材料，然後就逼供，有的人還可以談的就放出來，私下解決。有些人辦案已經發財了，你知道嗎？有個叫林x音的，他的妹夫在「四二〇」裡面。他的生意做得多大，爲什麼他可以放出來呢？而別人沒有做什麼的，開車的、打工的、當保安的都要抓去判刑，這不是黑嗎？那個史x剛也做了很多，他在廈門有個倉庫被廈門公安局扣了，是幾千萬，通過說情什麼的，花了錢，已經擺平。他也出來了，沒有事了，還跟專案組他們交上朋友，然後這個人讓「四二〇」的家屬來公司做，給他們高薪，這不是黑嗎？

問：不管怎麼說，已經有不少人被執行死刑了。

賴：據我所知，那裡面有一個叫莊明田的，他的事在裡面是很輕很輕的，才做了幾百萬的生意。他是在境內做買賣的那種人，就是個單純的商人。這樣的人他們也把他抓起來判死刑了，這是非常冤枉的。當然他們也可以這樣判，可是比他大幾十倍、上百倍的爲何不抓呢？幹嗎不判死刑？有的人抓了的，但是他們拿些錢出來，放進專案組的人的腰包裡，就可以把他放出來了。這公平嗎？

廈門走私在全國排不上號

賴：你看，現在專案組的組長何勇又出來講話，好像是立了大功似的，說謊還可以立功。

問：他書面講話的報導我看了。

賴：他一直在說謊，還可以立功。象這種人早晚也得進去，不然沒有道理了，你看著吧。廈門的辦案組又換人了。

問：又換人了？

賴：他們一直都是這樣的，這幾個辦幾個人的案子，然後換另外一批人再辦幾個人的案子，不是同一夥人從頭到尾一直辦下去。他就是不要讓這些辦案的人員也知道得太多，有很多人本來沒什麼事，也給判得那麼重，都是這樣，你明白嗎？所以說，這的確是個冤案。

問：這次「四二〇」換了幾個人？

賴：換了很多，現在來的都是新的。好像我手下的又一個被抓了。從菲律賓抓回去的。

問：在菲律賓被抓回去的？

賴：對，在菲律賓抓的。因爲菲律賓的警察都認錢，抓一個你給多少錢。反正只要他們認爲是我的人都要抓，官比他們小的都可以抓，部級以下的隨便抓，部級以上的不抓。還有，被判無期的那個吳從願（廈門象嶼光亞貿易有限公司的法人代表），原來在廈門公司，許甘露有套房子我借來給他住，他住了這套房子就出毛病了。

問：跟你有點關係的都不安全了。

賴：他說我是拉攏腐敗多少官員。那個葉行長（葉繼諶，工商銀行廈門支行行長）的事情，和我根本就沒有關係，我也沒有給他錢，我都不認識他。他是足球隊俱樂部的副董事長，我是董事長，楊前線也是俱樂部的股東，還有一個是韓國公司的副總經理，也是副董事長，廈門體委的主任也是副董事長，應該還有一個港務局的。我是百分之五十一的股份，但整個球隊都是我捐出來的，我花幾千萬買的這個球隊，雖然我找他貸過一點錢，但都是有東西抵押的，按公司的財務正常辦理的，我都沒有單獨跟他吃過飯，從來沒有，要開董事會，也是由俱樂部通知。

問：「遠華隊」怎麼樣了？

賴：下來了，甲A到甲B了。

問：它現在的財政來源呢？

賴：有一些廣告費，挂誰的名，就誰給錢了。

問：在你之後，又有河北、瀋陽、潮汕等地方出的走私大案，你怎麼看待這些案子？

賴：如果像查廈門港口那樣查，廈門是根本排不上隊的。

問：其他的港口有更大的？

賴：我早就說這句話了，全國的企業公司都是這樣做的。從廣州、寧波、蘭州或者任何哪一個海關、港務局去查，我相信廈門是排不上的。

問：所有海關都一樣這麼做？

賴：比這厲害多了，他們是走私的，可我不是走私，性質不一樣。

問：有什麼證據能確定？比如說某個港口。

賴：我跟他們講過廣州的黃埔啊？

問：什麼事情？

賴：讓他們查一下就淸楚了。我知道當時有兩個關長跟我的一個朋友關係很好，在那邊做了什麼事，都有中紀委的人保護，沒有查。

問：什麼事？你跟「四二〇」的劉曉輝說了嗎？

賴：如果黃埔像廈門這樣查法，廈門不及黃埔四分之一，我敢說。

問：你剛才說中紀委曾插手這件事，是什麼事？

賴：本來有人已經舉報了，中紀委接到後又拿掉了。

問：是什麼時間、什麼人，中紀委如何插手的？

賴：我都跟他們講過，他們要查就查了，不要查就不查了，我再說也沒有用。反正全國到處都是一樣的，查哪裡都是一樣的問題。

加拿大移民官獄中詢問賴水強

在加拿大移民部小組於二〇〇一年三月份，就賴昌星的難民申請案到中國去取證時，賴昌星的大哥賴水強被從廈門送到了北京，接受了加拿大移民部官員長達五個小時的詢問。

問：今天是三月二十四日，星期六，西元兩〇〇一年。現在是兩點零五分。我的名字叫道克伍德。我是來自加拿大的移民官，我想給你看一下我的證件。

答：好的，謝謝！

問：我為加拿大政府工作，我跟中國政府完全沒有關係。在我旁邊這位是劉女士，她是英文和中文的翻譯。

答：誰呀？

（移民官手指翻譯）。

答：噢，是你呀。那我明白了。

問：你聽得懂翻譯的講話嗎？

答：我聽得懂。

問：那麼我們現在讓劉女士宣誓。我們邀請蘇珊・格里格森女士，她是加拿大駐北京大使館的移民官員來進行宣誓程序。

答：誰宣誓？我要不要站起來？（站起來）

（翻譯示意讓賴水強坐下。蘇珊・格里格森帶領翻譯宣誓）。

問：劉女士是加拿大的公民，她和我們一起來到中國，協助我們做翻譯。

答：我明白了。

問：劉女士不是中華人民共和國公民，她與中華人民共和國沒有任何關係。那麼，在這個房間裡還有另外一個沃克頓先生。

（賴水強站起來向錄像機方向鞠了個躬）。

答：你好。

問：他也一樣是從加拿大來的移民官員。

答：噢，移民官員。

問：最後，我們還有吳穎，她是公安部的人員。

答：明白。

問：這整個的面談將被錄影。

答：明白。

問：本次面談所搜集的資料，是用在賴昌星的移民部的聽審時使用。

答：我知道。

問：那麼這次我們問的內容都不是針對你所使用的。

答：知道。

問：你並不需要回答我的問題。
答：嗯。
問：那麼本次錄像帶將會複印一份，交給賴昌星的律師。
答：我清楚。
問：並且也會呈上一份在移民的聽審上使用。
答：嗯。
問：我們並不能夠保證，在這個物證呈上去之後，你所講過的內容不會被公開。所以你在任何時候都可以決定不回答我們的問題。
答：嗯。
問：到目前爲止，我所講的話，你都聽得懂嗎？
答：都懂。
問：你願意回答我的問題嗎？這些問題將在賴先生的移民法庭上使用。
答：我願意。
問：你今天願意聲明你所講的話是事實嗎？
答：現在要宣誓嗎？
問：那我們就請蘇珊女士過來，爲我們進行宣誓這個程序。
（蘇珊·格里格森走到桌子前邊來，帶領賴水強宣誓：你發誓，在這次面談中，你都會講事實。賴舉起右手跟著宣誓：我都會講事實的）。

問：在今天攝像機打開之前，我們有跟你講過話嗎？

答：錄像機之前？講過嘍。

問：我重新問這個問題。在今天這個錄像機開啓之前，我們有跟你講過話嗎？

答：是有講過了。我講過了，我同意，我是同意的。

問：我的意思是，在這個攝像機打開之前，我們是否有和你講過話呢？

答：講過，是有呀，但我不知道你打開沒有。

問：我們剛才跟你講過了，我們的面談都會攝像攝下來。

答：我清楚。

問：所以，在這個攝像機開啓之前，在這個房間裡的人跟你講過話嗎？

答：沒有呀。

問：我有沒有向你做過任何保證，如果你回答我們的問題，和我們合作呢？

答：有呀。

（移民官員疑惑的看著賴水強，輕聲問）

問：那我跟你保證了什麼了呢？

答：今天就是邀請我，向我了解這個事，讓我如實回答；還有就是今天這個要錄像；另外，要提供錄像帶給我三弟的代理律師。

問：那我再問你一次，我有沒有保證你，如果你跟我合作，我給你任何好處呢？

答：沒有。

問：有沒有任何人保證給你好處，如果你跟我合作呢？

答：沒有。

問：那麼，你的家人，有沒有任何人向他們保證，如果你跟我們合作，會給他們什麼好處呢？

答：沒有。

問：你的家人有沒有被恐嚇，你一定要回答我們的問題呢？

答：沒有。

問：中國政府有任何強迫的行爲，要你回答我們的問題的情況嗎？

答：沒有。

問：那麼我們想開始問一下你個人的背景資料。

答：行。

問：可以跟我講你的全名嗎？

答：好。我的全名叫賴水強。

問：請你告訴我，你的出生年、月、日。

答：我出生是在一九四八年一月二十二號，九點五十分。

問：可以跟我講你的出生地嗎？

答：我的出生地是，中華人民共和國，福建省，晉江縣，青陽郡，燒厝村，第二村民小組。

問：能否跟我講一下你的家庭背景？

答：我的家庭背景包括我的父母親嗎？

問：是的。

答：我的父親的全名叫做賴永等。……我再講好嗎？我母親姓王，叫王書良。背景是這樣的，我的祖父是姓王呀，他在三歲的時候被我的太祖父買來的，生下了我的父親叫賴永等，還有一個姑娘叫什麼我忘了。我的母親是在我的父親七歲時，被從孤兒院抱回來的。我的父親七歲，我的母親三歲。他們就一起長大、成才了，然後就結婚了。共生下了八個孩子，我有三個姐姐，一個小妹，三個小弟。男的是我老大。我的家庭情況就是這樣。

辦企業起家，八一年坐「皇冠」

問：可以告訴我們你有什麼企業嗎？

答：有呀。是不是講我個人。我以前是搞汽車配件和毛紡廠配件的，我以前一直是自己搞自己企業，一直到九六年才到廈門。

問：你是從什麼時候開始搞這些企業的？

答：七九年嘛，七九年開始開放改革，可以搞個體了。那時開始辦汽車配件廠、毛紡廠，還辦鞋廠。

問：你的這些企業賺錢嘛？

答：我做汽車配件和毛紡配件是從七九年到九六年，做了十七年。賺了三百五十萬到三百八十萬。我賺了第一筆錢，就在我老家蓋了房子，我的房子是八一年就建了，還有一部小汽車，我們還有四個孩子。生活挺好的，挺好的。

問：你的車子是什麼的？

答：我的車子以前是皇冠牌，自動波，窗子都是自動下來的。我當時還有兩部貨車，後來還有中巴車，是八六年。

問：你還有其它的個人財產嗎？

答：個人財產？包括不包括現在，還是指八十年代？

問：到現在爲止。

答：除了晉江燒厝村的一套房子，在廈門還有兩套房子。一套是八十多萬人民幣，一套是一百五十萬人民幣。

問：是你的企業賺的錢，買的這些房子的嗎？

答：我到目前爲止還差人家的錢。是呀，是呀。

問：你是否能介紹一些遠華公司的事？

答：行呀，行呀。現在可以講了嗎？遠華全名，以前是「廈門遠華電子有限公司」。一九九六年成立的。到九七年就多了一個「廈門遠華國際集團」。是不是要我講廈門遠華公司的具體情況？

問：是，請從一九九六年開始講。

答：好呀。廈門遠華集團是賴昌星的全部資產，全部資產都是他的，我和賴昌標、賴昌圖全部都沒有股份。賴水強也沒有給他打過工，公司也沒有派他做過什麼事，管過什麼。賴昌標和賴昌圖在公司給他主管過什麼事。聽明白了嗎？

問：我聽明白了。所以是個家庭企業，是嗎？

答：對，就是錢是賴昌星他自己的。小弟賴昌標和賴昌圖只是給他打工。我沒有給他打工，我不是給他打工的。他們兩個給他打工屬於高級職員。公司就是這樣，你還有什麼不清楚的，你可以問我。

問：賴昌星是怎麼賺到足夠的錢，來開這樣的一個公司呢？

答：這個我就要全部都實話實說，實事求是嘍。我以前跟中國政府講的也都是事實。賴昌星在七九年的時候，已經在跑生意，到了一九九〇年，已經有了印刷廠、配件廠、雨傘廠了，四五個工廠，五六個工廠了，這些都是事實。我們四兄弟賺錢最厲害的，還是全名叫「福建晉江燒厝紡織廠」。這個工廠在八六、八七、八八，連續三年，被省政府評爲重點能守信用單位。除了這五六個廠子以外，他在福建石獅跟人家合辦了一個全名叫「福建石獅潔燕服裝廠」。我算了一下，他正經生意賺的錢，差不多有五六百萬。賺了五六百萬，他是喜歡賭博，經常去澳門賭，有一次贏了三百多萬。他贏的錢，加上他自己的錢，到九二年，他有一千五百萬。

問：根據我的手錶，現在是差十分鐘到三點，現在是休息的時間了。

答：不休息也可以呀。

問：我們想還是休息一下。

（休息十分鐘）

賴水強指證賴昌星走私

問：你剛才告訴我，賴昌星在九二年的時候，身價是一千五百萬。你可否再跟我講一些他的公司企業上的事呢？

答：可以呀。你是讓我講他九二年以後的事嗎？九二年他就從石獅回到廈門，回來了以後，他就幹了一些中國政府說是走私的事嘛。那麼，在九二年到九四年量比較小。量比較大是在九六、九七年。

問：你說「小量」是什麼意思？

答：是說那些電器生意，像電視機、空調、摩托車呀。那麼比較厲害是在九六年、九七年，香煙嘍，汽車嘍。除了汽車、香煙，還有油的量很大。但是我沒有參與。前一段我在湖南做生意。

問：在這期間，賴昌星有沒有跟你說過他生意上的事情？

答：沒有，他跟我話比較少。

問：那你怎麼知道他的這些走私活動呢？

答：嗯……他有時……我是從其他人那裡聽說的。從九七年開始我有參與。

問：你說，是從別人那裡聽來的，是從什麼人那裡聽來的？

答：當時有……當時……在那個階段，從一九九二年到一九九五年，我確實沒有參與，也沒有看到貨。

問：但是不管怎麼樣講，你的這個兄弟是參與了走私活動，是嗎？

答：是呀。主要就是在石獅辦服裝廠的時候，布料裡裝的是電視機、空調。

問：你怎麼知道這些事的？

答：當時我也是聽晉江縣的一些人講的，我也看到過一些電視機和空調。

問：你在哪裡看到這些電器用品？

答：在晉江。

問：是在倉庫裡邊看到的嗎？

答：呵，對，是在倉庫裡面看到的。
問：你知道倉庫是叫什麼名字嗎？或者倉庫是在哪裡呢？
答：倉庫是這樣嘛，嗯……在雨傘廠裝了一些電視機。
問：這個雨傘廠是在哪裡呢？
答：雨傘廠是在晉江青陽嶺山，八達嶺的嶺字。
問：你看到的電視是很大數量的嗎？
答：我看到幾十台嘍。
問：嗯。
答：他沒有讓我參加這些事，所以我看到的比較少。
問：你知道這些貨物是從哪裡來的嗎？
答：我不清楚。
問：你知道這些貨送到哪裡去嗎？
答：賣到哪裡去？賣給那些青陽做電器生意的。至於這些人賣到哪裡去，我不清楚。
問：你說在一九九六年以後，你就參與了賴昌星的生意嗎？
答：我幫他採購走私香煙。
問：是怎麼做的呢？
答：他這個公司……當時呀，就是香煙過來以後就放到海鑫堆場，是保稅區裡。

問：那時候你跟多少人一起合作呢？
答：七個人。我們有些人到遠華買一些香煙去賣。
問：你是去找你的弟弟去拿這些香煙的，是嗎？
答：我是直接去找我的第二個小弟賴昌標。
問：你參與走私香煙活動是只有一次呢？還是有幾次？
答：我所參與的總共是一萬五千多箱，十七個四十尺的集裝箱。是九六年的八月份，至九八年的七月份。
問：每個集裝箱的煙價值多少錢？
答：香煙是好多種。有三五牌的、萬寶路、希爾頓，不同牌的。「三五牌」的，一條是十包，一條是……一條是七十八塊人民幣。一箱是五十條，價值是三千六到三千八。每一種的價格都不一樣。那麼「總督」和「希爾頓」呢，一箱只有一千多塊錢人民幣。「萬寶路」是三千一百塊左右。
問：那麼每個裝滿香煙的貨櫃能賺多少錢呢？
答：你是問我把煙拿到外省賣，還是走私香煙進來呢？
問：那麼你自己每個集裝箱能賺多少錢呢？
答：如果做成功的話，一個集裝箱拿到上海、南京可以賺到二十五萬。我講的是「萬寶路」和「三五牌」。但是，這些貨物如果半路被中國公安抓走，那麼就賠本，賺不到什麼錢。

問：是怎麼樣運輸的？
答：你是問跟我有關的嗎？
問：對。
答：明白。福建的晉江很多人做鞋，經常拉鞋去上海、南京賣，就混裝，把鞋變成香煙。就是僞報，僞報鞋子或者是裝潢材料。
問：僞報是爲了騙誰？
答：騙中國政府。
問：你有沒有在遠華集團裡面擔任什麼職務？
答：我在遠華裡面沒有承擔任何職務。到九九年的六月份，他們都跑光了，曾明育就叫我代理這個公司，他是我小弟的小舅子。
問：你說他們跑了，是什麼意思？
答：跑了就是，中紀委組織工作組，要來查遠華走私。
問：所以那個時候你就代爲管理賴昌星的公司，是嗎？
答：是呀。
問：走私大活動是怎麼組織的？
答：好呀。遠華集團這個走私香煙呢，原來我是不清楚，案發之後我就清楚了。我講話的意思就是說，當時還沒有出事，出事以後我就清楚了。我講的就是，廈門遠華集團公司勾結其它公司做轉口貿易，其實都是沒有把東西轉出去，把東西卸下來，把空箱轉出去。他的走私是公司走私的犯罪手法，沒有碼頭那些人幫他把空箱放出去，他的走私也做不成。你聽明白了嗎？汽車也是像這樣子。

問：到現在爲止，有多少裝香煙的走私集裝箱進入？

答：公訴機關，中國的檢察院、公訴機關檢控的是，九六年的八月份到九九年的五月份，所進來的香煙大概有三十多億人民幣。我講的是，廈門檢察院起訴檢控我們的。

問：在九九年六月之後，你代管之後，走私香煙進來多少呢？

答：我代理時候，已經案發了，人都跑掉了，已經終止走私了。

問：你本人身爲公司管理人員，都做了些什麼？

答：現在我要倒回來說一下，我們走私香煙，被指控偷逃稅八十八個億。比如「三五牌」，我們獲利四千塊，我們偷逃稅九千塊。中國的香煙規定的稅是百分之兩百，這是國家的專利嘛，所以才會盈利三十多個億，逃稅八十多個億。

問：他們讓你怎麼管理公司呢？

答：也沒有什麼可管了，就是把遠華的財產保護起來，不讓人偷，不讓人搶。

問：我們現在休息一下。

（休息十分鐘）

賴水強：我要勸他回國投案

問：賴昌星的走私到底賺了多少錢？

答：廈門遠華走私案是給國家造成損失很大，但是賺到賴昌星身上只是一點點，這也是事實。有很多人是利用他來賺錢，他們就像老鼠。所以我是很同情他，他其實也沒有賺到什麼錢。再說，他的經濟大權都是掌握在他老婆曾明娜手裡。還有他又有找到一個老婆，被他的老婆曾明娜發現，就一直吵，他也是很遷就她。再加上公司的財務是由莊建群負責，賴昌星自己也管不來這麼多。所以我可以說，遠華公司應該叫「曾華公司」，所有的資金和財務都掌握在曾家人的手中。

問：賴昌星到加拿大的時候，身上有多少錢？

答：他剛跑過去的時候，跟我聯繫了一下，他說，他身上只有兩萬多塊美金過去。我就問他，你怎麼生活，他就說，打幾個電話，靠幾個朋友，這個幾萬，那個幾萬。憑我個人估計，他也應該有點錢，他也在那邊生活了一、兩年了，不然他怎麼生活。

問：他的錢是從哪裡來呢？

答：那就是曾明娜從香港過去時帶一點吧，我也不清楚。

問：你的兄弟除了在香港和中國有銀行帳戶之外，在其它國家還有沒有銀行賬戶？

答：沒有，他以前從來沒有到過其它國家。另外，他的錢一直投資在廈門，他對廈門很喜歡。

問：你是不是需要一點吃的東西，從我的手錶來看，現在是差五分六點了。

答：不用，不用。我要求明天有機會再聊一下。（回頭看了一眼後座的公安人員吳穎）我想念我小弟，如果不殺他的頭，我還是勸説他回來。我小弟這個人對人很好。他沒有文化，小學才讀過兩年。如果你們回到加拿大，可以見到我小弟，是否可以跟政府要求一下，我要通過中國政府跟我小弟通話，我要勸他回國投案。

問：你以前有沒有去過加拿大呢？

答：有。我還有最後一句話，要求加拿大政府幫幫我小弟，救救他一條命。出面跟中國政府講，不要殺他的頭。當時公司犯罪，按照中國的法律，公司犯罪，第一個被告是公司，第二個被告是法人代表，不殺頭的。我也很同情他，晚上想他睡不著覺。（賴水強這時大聲哭起來）

問：你要不要休息一下？

答：（哭著説）不用。他只是個農民，只是個農民嘛，他只受過兩年的教育。我想跟他通個電話，勸説他回來，也可以體現中國不殺他。看他三個小孩多可憐呢，小孩是無辜的呀。他這個人很熱愛中國。他給中國造成損失很大，但是都被人騙光了。

問：你説，你的弟弟給國家造成很大損失，是什麼意思？

答：這個，這個，像這個香煙呢，也是人家的專利權嘛，只有煙草公司才能經營嘛。像汽車呀，也是只有上海呀，才有這個口岸。我們這兩項都是侵犯了人家的專利。所以我要求你們……中國話講『一見面，三分情』嘛，我們今天下午已經工作一兩個鐘頭了，所以同情我一下，能不能代我向加拿大政府求情，跟中國政府說，讓我跟我小弟講講話。我要勸他回來。

問：我必須要告訴你，從我的職責來說，我不能提這樣的建議。但是你現在的要求，都已經錄下來了。我自己不能這樣做，但是你的要求都錄下來了。

答：(衝著翻譯說)他不能這樣做，那我講的話都白講了。

問：你知道不知道，你的弟弟給國家造成多大損失？

答：按他們說的，逃稅要造成三、兩百個億的損失。根據廈門檢察院指控我們偷逃香煙稅就八十八個億。

問：你的弟弟犯的是什麼罪？

答：走私罪。

問；還有其它的罪嗎？

答：沒有了。

問：行賄罪呢？

答：行賄罪……行賄罪應當有。行賄罪……我有見過他和藍甫，藍甫是廈門市副市長，找他借錢，具體的事情我也不知道。

問：是借錢，還是行賄？

答：當時聽他們說，了解到是藍甫要找他借。但是按照中國的法律，找人借錢不還，這個是索賄罪，比受賄還嚴重。

問：你能否把這個副市長的名字再說一邊，讓翻譯有機會給我拼寫出來？

答：行。這個副市長呀，已經判了死刑，一審判處死刑了。

問：你是什麼時候看到你的弟弟和這個副市長在一起？

答：情況是這樣的，中國司法機關通過電話去了解他，他就如實回答了這個問題。還有錄像呢，給我看，給我聽。

問：你說，你看到你弟弟和藍甫在一起，你是親眼看到的嗎？

答：不是我看到，工作組找他去取證，有錄音，工作組拿來給我看。

問：你有沒有來加拿大看望你弟弟？

答：有呀。

一個人對付不了一個國家

問：你都跟他講了什麼話？

答：我跟他講，中國很偉大，它在世界上排第二、三位，呵。你一個人對付不了一個國家(回頭看一眼公安人員吳穎)。我說，這件事情影響很大，你跑不掉的。今年抓不到你，明年也能抓到你。

問：他怎麼回答？

答：我要慢慢告訴你。他說，中國有個河南省的廳長，當時也跑到哪個國家，中國勸他回來，一直表示不殺他，不殺他，結果他回來還是把他殺掉了。

問：你的弟弟有沒有跟你講，他逃跑是由於政治上的原因？

答：有呀，他有講呀。

問：那麼你的弟弟到底有沒有參與政治方面的活動？

答：這一方面我也不清楚。他跟我講過一些，什麼政治呀，鬥爭呀。但是，他跟誰，到底什麼關係，這一點我確實不清楚。

問：你現在也是被關著嗎？

答：我？我？是呀。我是國家體現政策寬大處理。

問：為什麼他們要對你從輕判刑呢？

答：這個……依照中華人民共和國刑法第六十八條、第二款，賴水強是賴昌星的大哥，是走私香煙的主謀，論罪應處死刑，但鑒於有重大立功表現，依法，嗯……依法可以減輕處罰，判處有期徒刑七年。我現在就在服刑了。我為什麼判這麼輕呢，因為我有重大立功表現。我們有「數罪併罰」，也有「數功併獎」我表現突出，所以判我七年徒刑。這個是我們中華人民共和國的法律，是我們全國人大代表舉手通過的，是算數的。

問：能否告訴我們，你是什麼時候被起訴的？

答：行呀。我是二〇〇〇年的九月七號起訴的。九月十八號，廈門中級人民法院開庭審理，一直到二十二號，總共五天，開庭審理。允許我們一個人有一到兩個律師。對我指控的罪名是成立的，我所犯的罪都是事實。有律師給我代理，我要求律師這樣做，我說，我犯罪的事實是清楚的。但是我要求就給我辯論，我立功了。

問：你說這是公開的審判嗎？

答：是呀。旁聽的就有五百多人。我們犯人就有一十九個人，他們有的請兩個律師，這樣就有三十多個律師。

問：旁聽的人是他們的家屬，還是一般的大衆？

答：有被告的家屬，也有其他沒有介入的律師，還有一些有關單位的。因爲這個案子比較大。可是只有五百個位子，只能放這麼多人。

問：有沒有媒體的記者在場呢？

答：有記者在場。但是是哪一方面的，我也不清楚。

問：所以審判在報紙上都有報導嗎？

答：都公開，都公開。對我的處理是依法從寬，因爲我跟他們合作。

問：你的合作是否包括提供給中國調查案件的人員的口供？

答：我？你的意思是我表現主要在哪裡，爲什麼對我這麼寬大，是嗎？

問：在你做口供的時候，你是否有跟調查人員解釋，你所犯的罪是怎麼樣的？

答：是，我對我的犯罪事實如實交待。這是一方面。另一方面，孩子過十八歲的，有牽涉案子的，包括對我小弟、女婿，我有四個外甥，我都勸說他們回來投案。總共一十三個人。

問：你給警察多少份口供呢？

答：總共將近四百多頁。我是秉著實事求是的。你明白嗎？

問：所以你可以看你的口供？

答：是呀。

問：你所説的話，都是自願講的嗎？

答：都是自願的，都是自願的。作爲中國人，作爲一個農民，我做了什麼事情，我都如實地交待，如實地交待。

問：在你提供口供之前，他們有沒有給你精神上，和身體上的壓力讓你提供口供？

答：沒有呀，沒有呀。對我相當好，對我相當好，什麼都沒有。對我們的親人家屬呀，也保護的相當好，沒有像你們説的那樣。按照中國的法律規定，如果犯罪人能夠如實地交待犯罪事實……是這樣的，有的是主動投案，有的是被動投案。我是自己主動的，有自首情節。

問：在你做口供的時候，是否講的都是事實？

答：你是説，我所講的是事實嗎？

問：嗯？

答：我所講的是事實呀。他也不是單從認定我所講的是事實，因爲還有其它同案的人的口供一起來印證，才能證明是事實呀。

問：今天你是否講的都是實話呢？

答：我講的全部都是事實，全部都是事實。我不講假話的，如果我講假話，對我不好。

問：今天的問題都明白嗎？

答：都明白，都明白。

問：你今天跟我講的話當中，有沒有什麼地方要修改的？

答：你們做了紀錄是吧？

問：我們沒有筆錄，但是有錄像帶的紀錄。你可以修改。

答：沒有。

問：那麼我們的面談就終結了，根據我的手錶現在是下午七點零四分。

答：拜拜，拜拜。

抓人的人被抓　被抓的人自殺

在賴昌星及妻子曾明娜於一九九九年八月十三日從香港飛抵加拿大之後，中華人民共和國廈門海關走私犯罪偵察分局，於一九九九年十月二十二日向賴昌星發出逮捕證，簽發人是局長盧遠征；同一個部門於二〇〇〇年二月十九日向賴昌星妻子曾明娜發出逮捕證，簽發人也是局長盧遠征。但是，二〇〇〇年六月二十五日，廈門海關走私犯罪偵察分局局長盧遠征也被逮捕了，之後被判處十年有期徒刑。盧遠征的服刑日期從二〇〇〇年六月十二日起，到二〇一〇年六月十一日止。「福建省廈門市中級人民法院」的章蓋在了判決日期上，中間是黑乎乎的國徽，日期根本沒法看清楚。

另外，在「遠華案」立案調查的兩年時間裡，至少已經有四人自殺死亡。包括：原廈門市副市長石兆彬的太太；湖里保稅區海關關長施銀平；廈門中貿集團一位總經理。另外，今年五十一歲的黃印春，原任中共泉州市委副書記兼泉州師範學院黨委書記。在接獲省委通知，調任省教育廳副廳長的任命後，拒不上任，次日即從辦公樓上跳下自殺身亡。

河南省信陽麻紡織廠
証明仍在使用從賴昌
星處購買的紡織機

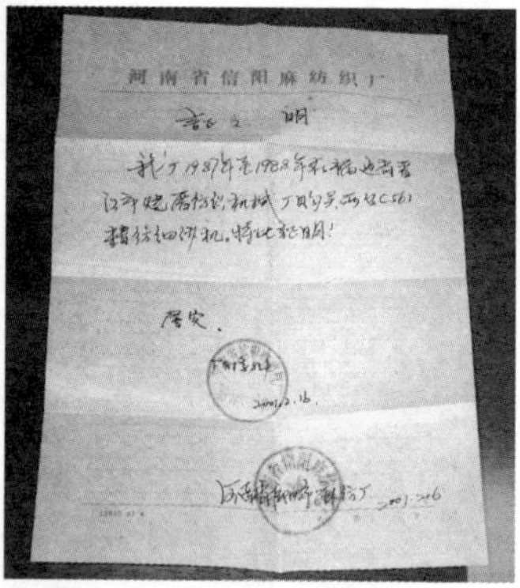

河南一工廠証明購買
賴昌星生產的紡織機

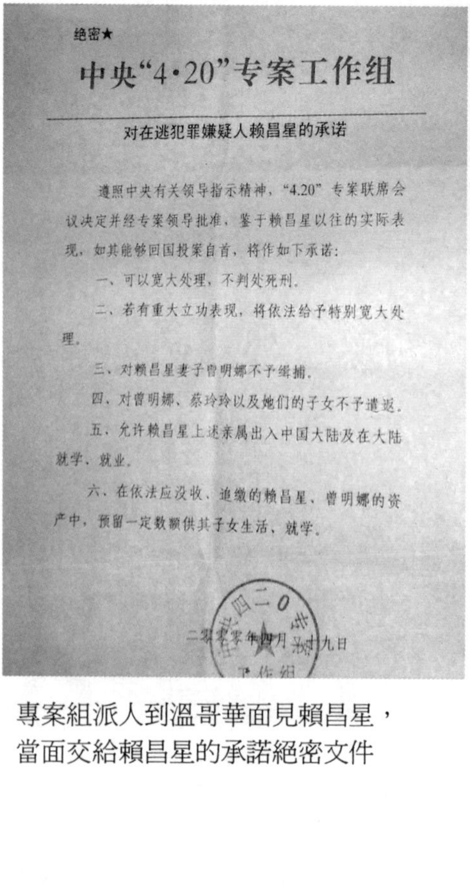

绝密★

中央"4·20"专案工作组

对在逃犯罪嫌疑人赖昌星的承诺

遵照中央有关领导指示精神，"4.20"专案联席会议决定并经专案领导批准，鉴于赖昌星以往的实际表现，如其能够回国投案自首，将作如下承诺：

一、可以宽大处理，不判处死刑。

二、若有重大立功表现，将依法给予特别宽大处理。

三、对赖昌星妻子曾明娜不予缉捕。

四、对曾明娜、蔡玲玲以及她们的子女不予遣返。

五、允许赖昌星上述亲属出入中国大陆及在大陆就学、就业。

六、在依法应没收、追缴的赖昌星、曾明娜的资产中，预留一定数额供其子女生活、就学。

二零零零年四月二十九日

专案組派人到溫哥華面見賴昌星，
當面交給賴昌星的承諾絕密文件

本書作者在賴昌星律師處搜集資料

賴昌星前律師：Mr. Boulton

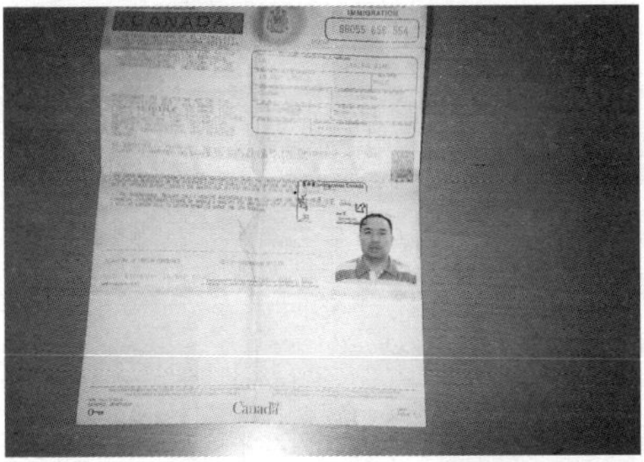

賴昌星的難民申請人身分證

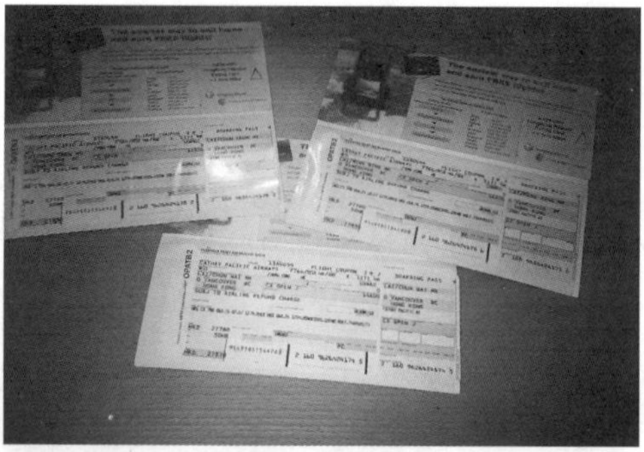

賴昌星及家人於 99 年 8 月 14 日乘國泰航班抵達溫哥華，這是賴昌星子女保存的回程機票

在賴昌星律師處搜集資料

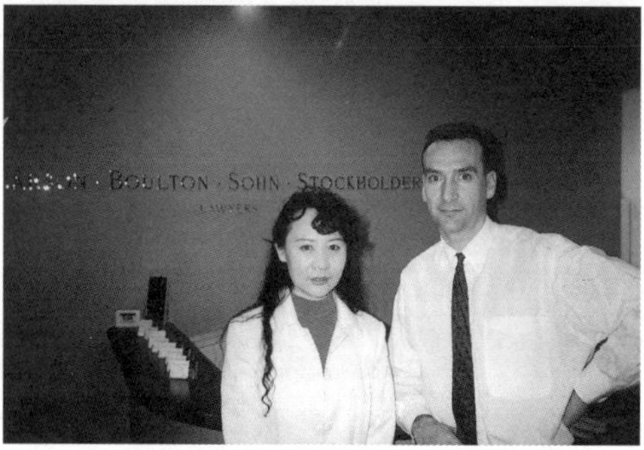

在賴昌星律師辦公室與 Mr. Boulton

九 白手起家的商業奇才

從小窮苦　發憤自強

自從中國政府審理「遠華案」以來，「遠華案」及其首要嫌疑人賴昌星一直是媒體追蹤的焦點。隨著遠華案首要嫌疑人賴昌星向加拿大政府提出的難民申請案的開庭審理，賴昌星，將進一步成爲人們津津樂道的傳奇人物。

問：說說你小時候的生活。

賴：我出生在中國福建省晉江縣青陽燒厝村，一九五八年九月十五日出生。我爸媽那個時候是貧農，家裡我記得是很窮。小時候讀書讀到三年級，小學還沒有畢業就沒辦法讀了。家裡經濟很差，就開始出來去做一些農田，種菜。那時吃都吃不飽，真的是吃不飽。當時我爸爸是當大隊書記，辦了一個食堂，那個時候我還什麼也不懂，爸爸當時還是很聰明，一直爲那些窮人，本身自己也很窮，還去做一些好事。

問：你現在回想起來小的時候的生活，你覺得有什麼對你的成長有深刻的影響？

賴：當時我爸爸一直幫窮人做一些好事，所以我現在也一直學我爸爸這樣做。

問：你是如何開始做生意的？

賴：這樣我就要從頭開始介紹。我父母都是農民嘍，我小學沒有畢業就停了，那時家裡很窮，停了學以後，就和家裡人去種地嘍，大概多久記不起來了。一開始是跟著我哥哥到部隊去挖井，挖了一年多水井。這在當時也算很不錯了，能找到這樣的工程已經是很賺錢了，吃也吃部隊，天天有飯吃嘍，吃的也好了，錢也攢得多了。後來水井挖完以後回家呆了一段時間，然後去泉州挖防空洞，就是去做民工，又做了幾個月，工程做完了，又回來了。那時正好我們大隊有一個農機廠，就鼓勵每個人出去跑點業務，不管誰跑的業務都歸農機廠，但是個人都是自己結算。我就開始在裡面打工，打了一段時間，又趕上一個什麼運動，我記得是七六年，就是要把那些家裡有一點錢的抓進學習班，那工廠就又停了，又沒有事做了。過一段時間，那個運動過去了，我就想，要想辦法做事才行。我就出面集資，約了五個人去買鐵錘等等那些工具，就在這五個人當中的一個人家裡，弄了一個小工廠，做汽車配件呀、修理呀方面的東西，就這樣，一開始就做得很好，都很有錢賺。做了一段時間，我看機械這方面是很有市場，我就自己去申請開了一個紡織機械廠。

問：這是你生意上的第一步？

賴：對，開始做汽車配件上的東西，後來就做些紡織機械配件，這個賺的錢更多，做的人也少。我就開始自己出去跑業務了，我的業務就做得相當的好。

問：這時候是七八，七九年吧？

賴：對，這時差不多七八，七九年。等到八幾年就開始做整部機器了，配件做得很好，已經賺了很多的錢，就開始多方面的發展嘍。那時候，我看到人們開始講究穿了嘛，我也看到服裝應該是有市場，也搞了一個服裝廠，當時也是在福建最大的。

問：這麼說，在八十年代初你的生意就已經初具規模了？

賴：對，後來我手裡有了錢，就把生意範圍擴大了。要看社會上市場怎麼樣嘍。我又開辦了印刷廠、雨傘廠、紙箱廠。那時最賺錢的還是紡織機械廠。一直就這樣做了，很快就在當地出名了，大家都看到我生意做得好。八五年菲律賓的報紙就報導我了。到八九年前我的資產全部也應該有幾千萬了。後來我開始在廈門悅華酒店開全國訂貨會，都非常成功。訂貨會一年兩次，全國的紡織廠都來開會，每個單位都來兩三個，一下子就接待幾百人，住的酒店是悅華酒店，當時算是五星級，相當好的，我全部包下來，一次要花幾十萬。

問：那個時候廈門就挺發達了嗎？

賴：廈門市是中央政府定的全國經濟特區嘛，有優惠條件。這些來開會的人也會到我們晉江去參觀，哪一家企業做得好就有領導去參觀。我廠裡經常都有人來參觀，省裡的領導也好，市裡的也好，誰都來看看。

問：你在當地成了名人了。

賴：我在當地是很早就出名了。他們說，我教育程度不怎麼好，怎麼會把生意做得那麼好。我是只上到小學三年，但是我想，做生意要有生意頭腦，不一定要大學畢業嘛。我以前連普通話都不會講，到了十五六歲，在部隊挖井的時候，人家問我會不會煮飯，我都聽不懂，還被人家笑。那時候，我就拼命地去學，自己跑業務，都是自己做。有一次，我到上海去跑業務，住在一個那種很便宜的招待所，地下室，很多人睡在一個大通鋪上的，那些人笑我說：你說這樣的普通話，也敢到上海來做生意？搞得我很不好意思。我的頭腦很好使的。我公司的那些人有時候考我，我可以記住三百多個人的電話號碼。我紅樓的服務員考過我，他們也很吃驚。我平時接觸那麼多人，有些人的名字我不會寫，不知道是什麼字，但是我聽到一遍就記住了。那時候，慢慢地我就認識了很多人，跟這些人有往來了，他們也都願意跟我來往了。這時，就有朋友建議我到香港去發展。

投資香港房地產，進一步發達

賴：九一年八月七號到了香港，頭二個月根本沒有做事，先瞭解香港。完了以後我就先去買了一套房子，五百萬，在比華利山。安頓下來後，就弄了一間公司，叫美好，是我老婆的名字，美好有限公司。從那時我就開始買房子，我也沒有想到房子漲價漲得這麼厲害。一千萬的房子我出一百萬現金首期就可以買了，其他的向銀行貸款。我當時有錢，有幾千萬，我就買房子做房地產。我還沒有估計漲得那麼快，沒有一年就翻一倍。等於就是當初我只要投入一百萬現金，結果到了一年，這個房子的價值就變成二千萬了。所以那時我賺了很多錢，因爲價錢一翻倍我就賣了。到了九三年八、九月份，我想我自己有三億了。

問：包括國內的生意？

賴：沒有，我在香港賺的錢就有了三個億了。國內的不算。當時我在大陸也有幾千萬了，別人也是覺得很可怕的了。

問：在八幾年時，確實是很大的數額了。

賴：那時候我就很出名了，到了香港又有了那麼多錢，這時，我就決定在香港開設了「遠華公司」。

「遠華」之意：立足中國，走向世界

問：「遠華」這個名字是怎麼起的？

賴：「遠華」這個名字也是我想出來的。當時是「廈門遠華電子有限公司」使用這個名字是最早。那時，我開始做汽車音響，我一開始做，就想做很大，想做國際傾銷。我同時還有申請註冊了一個「美好船務公司」，我的想法就是要走遠洋，要把我自己的產品經銷到世界各地去。所以，我就想到「遠華」這個名字。就這樣，我讓公司的人，設計一個標誌，我說，著名的公司都要有一個標誌。我讓他們用地球來設計，就是要用地球做主要的標誌。我那個「遠華」牌香煙上的地球就是那樣來的。

問：有了自己品牌的標誌。

賴：我那時生產出來的汽車音響就使用了這個標誌，就是用了這個地球的標誌，很好看的。我也想我的汽車音響能全世界去銷，就這樣。但汽車音響做得並不是很好，後來我看到電腦流行了，就改做電腦。

問：「遠華」這兩個字，「遠」字就是走向世界，「華」是立足中國，是這樣嗎？

賴：就是這個想法。當時有叫「遠東」的公司，有叫「華遠」的公司，我這個就叫「遠華」了。

問：「遠華」就是這麼來的？

賴：我在香港做了幾個月就開始很有錢了，心裡就想大的生意了，這時我在大陸的一些關係也越來越熟了，有點名氣了，就有些生意上的人來找我做生意了。我在廈門又搞了二、三個堆場，總共有四個堆場，一個在上海叫「滙豐集裝箱有限公司」，是在海關裡給人家託管貨物的，我覺得這個都很賺錢的。

問：「堆場」的意思是不是用來在碼頭上貯存貨物？

賴：是，因爲很多家運輸公司，天天都會有貨物到，這些運輸公司的貨一到了碼頭，就要先拉到堆場，海關也就在這裡的，然後就請託貨公司託到這來了，要出口的也拉到這裡，海關一驗貨就裝箱了。貨物一裝箱就可以去報關，一個集裝箱櫃，用一個吊機吊下來就要三百塊，再給你吊上去又要三百塊，這樣就可以賺六百塊，給你包運輸又要加多少了。再加上拆箱、裝箱又要多少了。所以這個是很賺錢嘍，一年可以賺幾千萬。

問：你一共有四個堆場。

賴：是，四個，這兩個是正規的堆場，一個在上海，一個在廈門叫海鑫。還有兩個，一個在同安(音)海關驗貨場，如果廈門的公司要有貨拉到同安，就要用我在同安的公司。拉到那一邊就在那裡驗貨，他們要給我錢的。這個是我投資買地建的一個堆場，但不是我一家的，是和同安的一家公司合起來，我出錢，是他們去管理。這就三個啦。還有一個在廈門大橋旁邊，我投資了一千萬，也是搞一個堆場，一個倉庫，然後所有貨物進出都通過這裡啦。這幾個都是比較賺錢的，也不是我跟海關比較熟的關係，就是這幾家公司認為我有能力。我在每個部門都很熟，他們都來找我跟我合資，就這樣做起來了。然後就有幾家公司做轉口生意，沒有本錢就來找我。我就一家合資再一家合資，個個都有合資。

所以說，如果我是做走私的生意，我不必跟碼頭公司做，要走私我跟一家、兩家來做就可以了，這樣方便也安全嘛，幹嘛我要搞這幾十家公司？

問：你這幾個堆場都是先後在哪幾年建立起來的？

賴：海鑫堆場應該是在九七吧，上海那個比較早，是九三、九四年左右。一開始時是幾個大學生一起搞起來的，後來大家合不來，我用了幾百萬收購過來，也幫他們一下。

問：你的生意一直發展順利嗎？

賴：生意做得好主要是靠做人了。不管是當官還是作生意，首先的要做好人，讓大家尊重你，你才有路走。我敢說，我公司百分之八十五以上的員工都不會說我不好，說不定是百分之九十九。我的工人說，我們老闆的字典裡沒有兩個字，就是「懲罰」。我從來沒有懲罰過什麼人。專案組抓了我公司的一個保安，他原來是拳擊教練。他來找我要一份工嘛，我就讓他做一個保安嘍。「遠華案」以後就有人告，說他是我的打手、保鏢嘍，就把他抓進去了。他們問他：賴昌星有沒有叫你去打過人？他說：沒有，我們老闆從來就強調不准打架。我這是真的，不是現在才說這種話，我可以給你他的電話號碼，你親自去採訪他。而且，我很討厭有人在公司裡喝酒。

問：你喜歡喝酒嗎？

賴：從來不喝。

問：滴酒不沾，還是分場合？

賴：很勉強的那種不熟的人，我就陪他喝一點，熟的人在一起，我從來不喝。

問：抽煙嗎？

賴：太厲害了。

中國大陸首個賭牌

問：你的收入除了堆場、房地產，還有什麼？

賴：還有賭場。

問：賭場？在中國合法麼？

賴：我就是拿了一個合法賭牌嘛，「集美號」那個賭船上就有賭牌。

問：就是說賭場在遊船上？

賴：對，是「集美號」，從廈門開往香港的。

問：申請賭牌不容易吧？

賴：對，我也是正當地去申請，但比較難拿了，他們就是說給我一點面子，就是這樣了。這個賭牌還在船上，現在還營業。現在是和何鴻燊(澳門賭王)合作，合作兩三年了。

問：你出事以後，你的很多生意不是都沒收了嗎？這個賭場沒事嗎？

賴：這個賭場是合資的，還有別人。賭場是一個正當的生意嘛。這是中國唯一的一個有博彩這種營業的賭船。

問：什麼時候申請？怎麼拿下來的？大概的過程？

賴：應該是九四年吧，就是以「集美號」遊船的名義去申請的，船本來是廈門三聯公司的。賭牌是我拿來的，船就由我承包下來，然後向廈門市公安局去申請，還有省公安廳也同意，就是王安保當處長的時候，然後又經過公安部治安局的局長批，就是陸志強，現在是海關總署反走私稽查局的局長，現在還是局長。

問：他們給你批的這個執照的經營範圍是什麼？

賴：博彩的。上船的人就可以賭，只要去香港就可以賭，現在是一個月跑一趟廈門，到了廈門港就不可以賭，剩下的二十幾天就全部在香港賭。有百家樂、二十一點、老虎機。可載客九百到一千人，船是很大的。因爲我這個賭場不是在廈門賭，而是從廈門開往香港到公海才可以開始賭。所以說他會批，是用這個理由去申請的。

問：可是廈門到香港那麼近，不經過公海呀？

賴：這個我不懂，反正他們批給我就是了。現在還是這樣的。當時這條船弄出來，何鴻燊還有點意見，這個賭船的總投資是兩億，那時我是大股東。

問：這條賭船的盈利是多少？

賴：我具體也不知道，是我屬下在負責。

問：大概盈利，比如從九四年到九九年五年大概多少錢？

賴：這個不穩定，這個賭船公司後來在菲律賓又開了兩個賭場，也算這個「集美」公司的。

問：其他的股東是什麼人？

賴：其中一個也是被中紀委叫去問話。把他嚇死了，我給他打電話他都不敢接。他還在葡京，他是香港人。原來我是最大的股東，但目前就不是大股東了。

問：現在怎麼了？

賴：現在因爲我出來一年多了，手下又沒有人。但當時跟何鴻燊合作我還在，一起談過合作的事。爲什麼何鴻燊會參股呢？我記得當時是這樣的，因爲已經快九七了，香港要回歸了，那時有一個馬來西亞賭王的船叫「雙子星」的，在香港做的生意很好，搶何鴻燊的客，何就想到要同我們合作這條船。現在用的籌碼都是澳門的籌碼。他說，這個賭船上每個月如果虧錢，何就自己出；如果賺錢就分成，盈的利給我公司百分之二十。究竟這條船每個月的租金是多少我也記不清，好像有幾百萬。

問：你是大股東，那麼何鴻燊投了多少？

賴：當時總投資是兩億，我投了四千萬，當時其他的股份具體是多少我就不清楚了，牌是我拿的。何鴻燊參股沒有幾年，兩三年吧，是九八年投資的。他看到那個「雙子星」在香港那邊生意做得很好，他就著急了，買船也來不及了。就這樣，他沒有出錢，開價就是輸的錢他自己負責，還要租船，租船費他出。其實開賭場肯定賺錢，他懂這個道理，所以他開出的盤很好聽，輸他自己拿，但從來也沒輸過。

問：你們爲什麼同意何鴻燊參股？

賴：名氣不一樣，有何的名氣，客人就會多，籌碼是他的，也由他管理。

問：你在賭船上究竟賺了多少錢？

賴：這個我真不知道，用錢就去拿，都是我手下經營。每年估計幾千萬是肯定的。

問：你還有其他生意嗎？

賴：後來做貿易。我生產的香煙都很賺錢的，「遠華」牌香煙。現在香煙也被停掉了。

問：你最後的幾個生意是什麼？

賴：哎！如果沒有出事，我那個八十八層的樓也該蓋好了。我當時在廈門要蓋一個大型的辦公樓。這個樓我算起來要二十幾個億，但在上海光買塊地皮就要這個數。我跟人家說，在上海買塊好地皮的錢，我就可以在廈門市中心蓋一個八十八層的大樓。這個數在香港連地皮都買不下來的。我是這樣想的，台灣那個李登輝下台後一定要「三通」，那時候這個樓就是廈門的主要標誌，台灣人一過來就要先登上我這個樓，我這個樓就是一個景點，旅遊景點。我在樓頂上可以做成旋轉餐廳，到時候大家都會上去看嘛。我賣一半租一半，肯定是個好的投資。

問：你那塊地現在怎麼樣了？

賴：已經沒用了，廢掉了。那時我請了美國著名的貝克公司給我這棟大樓做建築規劃和設計，我先期四千多萬的設計費全部都付了。我看過那裡的照片了，成了廢墟了。

問：聽說你這棟樓的開工典禮很氣派？有報導說，你請了三千嘉賓，每個人三千元的紅包。

賴：那是在九八年的「廈門招商洽談會」，叫「廈門九八」，也是我的「遠華」中心開工典禮。那一天是有幾千人到，我都不知道怎麼會來那麼多人。然後，我請了一百多人到我紅樓，其中有三十八個副部級以上的幹部，我是替廈門市政府招待他們的，到場的也有當時的福建省省長賀國強(現任重慶市委書記)，原軍情部部長姬勝德。我後來辦了十幾桌酒席，是在我的紅樓辦的。這十幾桌酒席全是鮑魚、魚翅等山珍海味，我特意從香港請來了世界級的名廚楊貫一來做這一餐。我給他們這些人，每人一個禮品包，其中包括：一個索尼數碼照相機，這個在當時是很貴的，我批發來的還要兩千多元一個，還有一把雨傘，是我公司做的，還有一個水晶製的「遠華」八十八層大樓的模型，另外有兩條煙、一盒月餅，是很好的月餅，最後就是一本公司介紹。好像就這些，價值三千多塊。

問：當時很風光呀。

賴：我還在廈門蓋了個四分之三大的天安門城樓，很好看的。

在家鄉另建一座紫禁城

三月十七號，在賴昌星被加拿大難民及移民法庭批准可以在家裡軟禁以後一個星期，我到了他位於溫哥華的家中。他拿出一幅天安門的照片給我看，我還有點摸不著頭腦。他笑笑說：這是我在廈門建的，和真的差不多大小。我仔細看一看，真是逼真，除了天空比北京的明亮、蔚藍，遠處有山巒的影子以外，基本看不出大的差別。他又給我看了故宮的太和殿、乾清宮，頤和園的長廊、十七孔橋等等的照片。後來，我把照片拿回多倫多的家裡給朋友看，朋友說：「北京應該用老賴的天安門的照片去『申奧』，人家一看，北京的天空這麼乾淨，準能過關。」這是笑談。

賴昌星說，他是注意到這些年在中國大陸，大家都蜂擁而上拍歷史題材的電視劇、電影，尤其是以明清爲時代背景的片子特別多。可是，故宮肯定是很難申請進去排戲，而且也肯定很貴，所以他就想到要建了這些以假亂真的天安門、故宮、太合殿、頤和園，讓人們在裡邊排戲，也可以開放讓那些不能去北京的人在裡邊參觀。

有一次，我在和他的律師伯爾頓聊天的時候，他的律師笑著說：「是不是這也是中國領導人不喜歡賴昌星的原因之一？他竟然在他的家鄉另建了一個皇宮。」

頭銜知多少？

賴昌星的頭銜到底有多少，他自己也記不清楚了。我讓他自己數一數，他告訴我，他從廈門湖里區的政協常委開始，以後陸續被選爲廈門市政協委員、泉州市政協委員、南平市政協常委、福州市政協委員、福建省政協委員，還有廈門市榮譽市民、武夷山榮譽市民，還有南平市人大代表。另外，他曾經於九七年被香港評選爲「二十世紀傑出青年」之一。當時還是由香港新任特首董建華、新華社駐香港分社社長周南共同頒發的獎狀。他說：「我只記得這麼多了。當時我的省政協委員也是他們爲我辦的，這些都不是我自己跑去要的，我從來沒有說，非要當個什麼政協委員什麼的。有報紙上說，我爲了拿到這個政協委員的位子，做了什麼事，那些都是胡說八道的。當時那個省政協主席還自己跑到我公司來要給我搞這個，還要給我報到全國政協那裡去呢。」

捐款知多少？

從我決定要撰寫此書，我就對賴昌星說：把你曾經捐建的學校、醫院、老人院等，給我列個名單。另外，你還有哪些捐款，都想一想，告訴我。

到我這本書快要完稿了，我打電話給他，他還是說：記不起來了，真的記不起來了。我只好說：那麼你說個大概的數額吧。他翻來覆去地說了如下一些情況：

捐建希望工程小學共二十所，共出資約四百萬元人民幣；

捐建龍岩地區學校十數所(具體多少所記不清楚了)，共出資約九百萬元人民幣；

捐建「遠華中學」，出資約五百萬元人民幣；

爲家鄉中醫院捐建中醫研究大樓，出資約兩百五十萬元人民幣；

爲廈門集美大學捐助六十萬元人民幣，並在廈門教育局設立的碑上刻有名字；

在家鄉當地設立老人院，規定凡五十九歲以上的老人，每年可以領取三次老人年金，每次一千元，當地有一千餘名老人因此受益，這項慈善捐獻從九四年就開始了；

出資數十萬元，在家鄉建設幼兒園，具體錢數記不清楚了；

捐助中國殘疾人基金會五百萬元；

花費了一百多萬元，在家鄉修建水泥馬路；

出資約一千三百萬元，捐建武夷山地區，南平市政府招待所；

捐助湖北九江水災兩百萬元；

捐助河北張家口地震約一百萬元。在這一部分，賴昌星補充說：那一次我記得特別清楚，當時是春節，我正在北京過年，看到新聞上報導張家口發生了地震，其實張家口我也沒有去過，也沒有認識的人，我只是看到那些人好可憐，就馬上打電話到處找人想幫忙，可是因爲是春節嘛，到處都放假了，北京的車都很忙，我想辦法從山東武警調了十部車，叫他們立即運了十卡車東西過去，用了大概一百萬元。

另外，賴昌星說：是九七年，還是九八年的「公安戰線春節聯歡晚會」是我捐助的。大年初二在人民大會堂，規模很大的，我花了三百五十多萬元。當時羅幹也到場了，我也是那次見了牟新生，跟他熟了。其他的七七八八的我也記不住了。

我問賴昌星，爲什麼捐這些錢出來，是怎麼想的？他說：我一直都很同情窮人，因爲我自己也是窮人出身的。我有了一些錢，我就想盡我的一點能力去幫助那些窮人。比如，我如果看到老人，我會自己給錢他們，不用他們找我要，我會主動給。

賴昌星家，席地而坐

回憶往事

搜集証據

賴昌星在家翻看《私梟》不禁失笑

賴昌星寫道：遠華走私案是中國權力鬥爭的代罪羔羊

在筆者的採訪本上寫字……

十
流亡生涯

據中國官方的報導：福建省公安廳原副廳長、福州市公安局原局長莊如順，利用職務之便，收受賴昌星等人賄賂，折合人民幣五十四•五五萬元；在公安機關緝捕賴昌星的過程中，爲賴昌星通風報信，並指使其外逃，造成嚴重後果，情節特別嚴重，一審被判處死刑，剝奪政治權利終身，並處沒收個人全部財產。

另有報導說：據消息人士透露，莊如順在一審被判死刑後，曾經試圖自殺，自殺未遂後，對涉及遠華案已有悔意，首先揭發福建省委宣傳部長李閩忠在擔任漳州市委書記期間，接受賴昌星賄賂高級房車等。李閩忠在去年十二月被中紀委「四二〇」專案組「雙規」，現已進入司法程序。莊如順每天都寫出數千字揭發材料和思想彙報，涉及包括公安部副部長李紀周、福建省委副書記石兆彬等官員。

據瞭解，高院和專案組仔細研究了莊如順的上訴書後，認爲莊如順在一審判決前已有揭發表現，接受賴昌星賄賂的房車在案發前也已退還，與一審判決的受賄事實有一定出入，但是因爲他爲賴昌星通風報信，罪不可赦。因此，雖可逃過一死，但至少要面臨無期徒刑。

問：你是怎麼決定要逃出來的？

賴：開始我一直都沒有要走，九九年五六月份我還在北京跟蹤我的事，國安部還一直說沒有事，當時他們要保我的報告都寫了，國安部長許永耀也簽了。但是沒有人敢送，他們那時一直拍胸脯說：國家利益第一嘛，走私算什麼？我記得這句話。因爲我爲他們立了那麼多功呀，他們個個都爲此提了幹。要不是我立的那些功，什麼「四二〇」不「四二〇」呀，個個都會進去的。要不然，已經這麼多人進去了，爲什麼國安的沒有抓一個，原因就是在這裡。我告訴過他們，我通過董文華給羅幹遞過一封信，介紹我的這些問題，董文華跟羅幹談了，也被牽連進去。要不是董文華太出名了，恐怕也會被關起來的。

問：後來是什麼原因讓他們決定真地動手呢？

賴：就是擺不平嘛。中間一段時間好像沒有什麼動靜，沒有什麼了，我也不知道爲什麼。反正就好像過去了。六月份他們來查我之後，我就回香港了，讓他們自己去查吧。這一次我是到八月份才再回去。

問：八月初你再次回了廈門，也是最後一次回廈門和中國大陸是嗎？

賴：那一次是我最後一次回廈門了。我那次回去是另外一個渠道回去的。在去之前，我在香港給莊如順打了一個電話。我跟他說：我要出去一兩天，這一兩天我不會跟你聯繫，我沒有辦法跟你聯繫，等我回來再跟你聯繫。當時，我是怕他們會「邊控」，所以我就沒有告訴他。

問：你說是從另外一個渠道進去，是什麼意思？

賴：就是說，我沒有經過海關嘍，我是偷渡進去的，我是經澳門回的廈門。我是自己進去的。天還沒亮，我回到廈門，就又給莊如順打了一個電話，我說：我回來了，已經在廈門了。他說：我就猜你要回來了。我就打一些電話，都是我生意上的一些事情。下午，我還去了我公司一趟。

問：公司？你不怕你被監控嗎？

賴：我到公司也沒有什麼外人看見。我開車到公司門口，一下車就進去了，公司的服務員看見我也很高興，因爲我已經很長時間沒有回來了嘛。他們一看見我，當然是高興了。我就跟公司的服務員說：不要說我回來了。

問：是哪一間公司？是紅樓嗎？

賴：不是紅樓，我沒有回紅樓。我是去了我的新公司「大華景」，被他們稱爲「白樓」的。我在那裡沒有呆很長時間，就回到我的「小華景」，我家裡。後來我才知道，我一到廈門他們就知道了，因爲我一直在打電話，我打了幾個小時的電話，打到澳門談生意上的事。到了夜裡三四點鐘，我小舅打電話來，說：好像出事了，公司來了很多人，在敲門，要搜查。我開始不相信，以爲是來找別人，或者是有人打架還是怎麼的。沒有理，就挂了電話。後來一想，有點不對，就又打電話回去問我小舅。他說：兩間公司都是人，好像不簡單。我就自已從家裡開車出去，到富豪別墅那邊，換了一部普通的車。因爲我的車是一千多萬的，太顯眼了。我開了一部日本車到公司去自己看一下。我一看，公司門口是武警站崗了，已經到處都是人，不對頭了。他們全部叫的是武警，不是公安。

問：公司是被包圍了嗎？你怎麼能夠看到公司到處都是人呢？

賴：沒有包圍，我的公司很大，要包圍，起碼要五十多個人以上。不過他們好像也來了有四十來個。我只是可以看到裡外都有人。這時，我想他們是衝著我來的，我就走開，打了一個電話給莊如順。我是用手機打到他的手機上，因爲那個時候已經很緊張了，我讓他把手機一直開著。

問：這是什麼時間？

賴：淩晨四、五點鐘吧。我說：「怎麼會有這麼多公安來我公司這邊，他們是不是來抓我？」他說：「是。你怎麼走？你出不去了。」我說：「你不要管，我自有辦法。」他又說：「他們沒有通知我。」我說：「那好了，就這樣，不要多講了。」在這之前他從來沒有告訴我，他們要來抓我。我在香港也打過電話給他呀。後來我聽說，那天好像是在半夜一點鐘，上邊讓動手的。

問：你是自己找他核實了這個情況？

賴：對，是我打給他。然後，我又接到另外一個電話，是一個邊防總長來的，他通知我的，當時全國的邊防已經封鎖了。

問：他們既然是衝著你來的，爲什麼沒有抓你？

賴：他們是衝著我來的，我想他們是聽到我的聲音，但是不知道我在哪裡。

問：聽到你打電話，但是不知道你確切的地方，是嗎？

賴：對，因爲我房子很多麼。不過這一點我也懷疑。我這麼想，你看，我打電話打了四五個小時，他們沒有道理查不出來麼，我是用家裡電話打，還不是手提電話。也許他們知道我的範圍，但是不知道我的確定位置。其實我就在自己家裡，而且一直在打電話。

問：你是什麼時候動身離開的？

賴：我回到我的富豪別墅，又打了電話給我的司機(後來這個司機也從香港被抓回去了)，叫他開車到路口等我送我出去。我叫他不要開奔馳車，開一部破車，我猜想路上可能要查我。他來接上我，我們就直接上路了。車到了漳州我就看見路上已經設了卡，有很多警察和全副武裝的武警在檢查。我知道如果是奔馳車，就要被截了，就完了。他們肯定是只查奔馳車，福建車牌，所以，雖然我在廈門有十輛奔馳，我都沒有坐，我是算到了這一點的。

問：一路上沒有什麼事嗎？

賴：沒有，我們在路上還吃午飯呢。

問：在什麼地方吃飯？你不怕被發現嗎？

賴：我會算的。我的這個司機以前是開大巴的，他知道那裡的東西好吃。我們到廣東境內的一個地方停下來吃飯，就在路邊的飯店，我記得我們當時吃的是「魚頭豆腐湯」，這是我喜歡吃的。

問：你當天就回香港了嗎？

賴：沒有，我們開了大約十個小時，到深圳已經六點鐘左右，太晚了，過不去香港那邊了。我就在深圳住了一個晚上。第二天一早，我就坐快艇想辦法過去了。用了四十分鐘。到了香港，大概七點多鐘。我就打電話給莊如順，告訴他我回到香港了。他就說：我還擔心呢，這樣我就放心了。他還說：你還真有一套呀，我沒想到你能走得出去。我就笑笑嘍。

問：莊如順是什麼時候被抓的？

賴：第二天，我到香港第二天他就被抓了。他和楊前線同一天被抓的。然後就開始大規模動手了。我出來以後，他們抓了多少邊防的人，你知道嗎，連浙江那邊都抓了，就是要查出來是誰放我出來的。當時全國所有邊防都「邊控」了。

問：你是怎麼知道這些情況的？

賴：這個不要講了。

問：你什麼時候決定離開香港的？

賴：回到香港的時候，我還什麼都沒有決定。因爲楊前線、莊如順他們被抓了，我不能這樣走嘛！所以我一直都沒有想離開香港的。同一天好像還抓了小杜。

問：小杜？爲什麼事？

賴：小杜，杜清森，是福建省公安廳警令部主任。他們說，是他先拿到了公安部那一張抓我的通知傳真的，然後告訴了莊如順通知我跑的。

問：是什麼事情讓你決定離開的？

賴：我根本就沒想過要離開香港。但是我確實是想讓我的老婆孩子先走。我是一直到接到香港入境處的那個梁錦光的通知，我才決定離開一下。本來我看他們被抓了，我是不想走的，我還想到那邊對付這些事。

問：那你本來打算讓老婆孩子到哪裡去？

賴：我本來打算讓他們先去菲律賓，八月十三號，是禮拜五，我讓他們去菲律賓。他們到機場了，菲律賓航空公司不讓他們買票。因爲是說我太太自己帶了三個孩子，沒有父親陪同，沒有我一起走，他們說不行，必須要我的一封信。

問：需要一封父親的認可信。

賴：對，對，對。我接到大兒子的電話，我跟他說：我心裡很難受，事情變成這樣也沒有辦法。出去在外邊一切要小心。我兒子就跟我說，他說：爸爸，你一定不要怎麼樣，不要去想那些事，不要想不通。怎麼怎麼樣。我聽了這句話，心裡很難受。反正那一天跑來跑去，怎麼都不行。然後他們就只好回來了，說明天再去。

梁錦光指路飛往加拿大

由於賴昌星於二〇〇〇年十一月二十三日在加拿大被捕，於是賴昌星向加拿大申請政治庇護的申請表也因此曝光，其中寫到，他於一九九九年八月十三日，得到香港入境處官員梁錦光通知，北京要逮捕他，因而，於一九九九年八月十四日離開香港，來到加拿大。

對此，香港政府立即於十一月二十九日出面反駁，表示，絕無資料顯示有入境處職員牽涉事件，有關指控毫無根據。發言人並強調，入境處非常重視職員的操守及紀律，維持高度廉潔精神。

此時，香港入境處高級入境事務主任梁錦光已經在二○○○年八月份香港入境處的一場大火中喪生，此事變成死無對證。

香港特區政府入境處官員更指責：「賴昌星對英勇殉職的高級入境事務主任梁錦光的指控是毫無根據的，是惡意的謊言和卑鄙的指控。」入境處並表示已經對事件做出調查，根據記錄顯示，香港入境處在九九年十二月，才收到北京政府指賴昌星當年是通過非法手段獲得香港單程證的通知，因此，梁錦光不可能在八月份就通知賴昌星逃跑。香港入境處的官員並說：「對賴氏指控一名無法爲自己辯護的人感到遺憾，賴氏極端不負責的言論對梁先生的家人構成很大損害，我們對此予以譴責。」

直到三月十四日，香港保安局局長葉劉淑儀仍然重申，賴昌星的說法沒有事實根據，香港沒有任何公務員涉及此事。葉劉淑儀並表示，任何人士如因使用非法取得的旅遊證件（包括單程證）來港，而涉嫌觸犯《入境條例》第四十二條，入境處會作出調查。如有足夠的證據，入境處會提出起訴及安排遣送離港。

不知道香港保安局局長葉劉淑儀所指的「任何人士如因使用非法取得的旅遊證件(包括單程證)來港」，是否包括那些由中國軍情部門、國安部門、公安部門等發出單程證，安排來港「工作」的人士？

但是，賴昌星說：「我爲什麼要拖一個死人出來，這樣對我有什麼好處？我在那種情況下能夠有這條路走，都是靠我平時的做事和爲人一點一點積累起來的。」

問：你說這是八月十三號。

賴：當天他們沒有走成。我當天晚上就接到香港移民局梁錦光的通知。

問：他是用什麼方法通知你的？

賴：那一天，我老婆和孩子沒有走成，晚上大家一起去吃日本餐，還有我老婆的秘書。我看著他們吃，我沒有心情吃，我也不喜歡日本餐。我們正在吃飯，就接到梁錦光老婆的電話。她打到我手提電話上，她說梁錦光叫她打電話給我，後來才知道她不是梁錦光的老婆。她要我和我太太晚上十一點，到香港灣仔一家酒店和梁錦光見面。

問：見到梁錦光了嗎？

賴：我和我太太到那間酒店見他，他還沒有到，我們就到二樓，那裡有椅子，我們就坐下來等。後來梁錦光的女朋友到了。梁錦光的女朋友自己來的，梁錦光沒有來。她說：梁錦光還在開會，還不能過來，他讓我過來跟你們說一下，他今天收到一份文件，說，你和曾明娜來香港的證件是假的，是僞造的，讓他們動手抓你們。這是北京的意思。她就告訴我整個事情。她說，她老公(她一直對我說梁錦光是她老公)今天上班，看到桌子上一個傳真，是北京來的，要香港移民局採取行動。聽到這些我也沒有太吃驚。

問：梁錦光和你很熟嗎？

賴：算是熟，但是我沒有跟他做過什麼的，都是他經常找我。他的這個女朋友叫何麗瑩，是做保險的，他有時帶她來，也和我熟了。香港政府說我說謊什麼的，我就要把這個過程講出來了，不然我也不想說到她。當時這個女的告訴我這些情況，我也有一點緊張。我說：唉，這個事怎麼辦？然後她就說，梁錦光建議我出去躲一下，走遠一點，儘量遠一點。她說，梁錦光讓她告訴我，讓我禮拜一一定要走，他禮拜二要把事情安排下去。

問：你是這時候決定要離開香港到加拿大的嗎？

賴：我想既然這樣，我就先走開一段時間吧。回到旅館我就想了，那一段時間，我要追蹤這個事，打很多電話。我不想打擾家裡人，所以平時我都是住在飯店裡，大概有一兩個月吧。我就想，香港護照能夠到哪裡，也就是美國、加拿大最遠了。那時我還有一個朋友在加拿大，我可以到加拿大，所以就到加拿大了。

問：但是你並沒有等到禮拜一才走，轉天立即就走了，是不是？

賴：那一天和何麗瑩談完，剛走出來，又接到梁錦光的電話。他問我：事情都知道了嗎？我說：知道了。其實他是不是在開會，我也不知道，也有可能是因爲他身邊人多，不方便出來。就先叫他老婆(他自己叫老婆)先跟我講。他後來也過來見了面。

問：是什麼時候？

賴：大概是夜裡十二點左右，不過這在香港是算早的。他就問我：事情你都知道了？我說：「我知道了」。我們沒有談多長時間。

問：在什麼地方？都談了什麼？

賴：路上，就在灣仔那邊出了飯店不遠，在街上路邊見了一下，就簡簡單單說了幾句話。那時沒有時間談了，也沒有心情談什麼了。我想，該說的，他已經通過他的女朋友說了，就行了，大家都心裡明白了。我也不想太多爲難他。我當時還跟他說，我的機票買到哪裡，你們一查不就查出來了嗎？他說：不一定去查。不然你就買兩張機票，一張到菲律賓，另外一張到加拿大。你拿菲律賓的機票過境，坐加拿大的飛機走。

問：你買菲律賓的機票了嗎？外界說你去過菲律賓。

賴：沒有。我太太他們本來是要去菲律賓的。

問：梁錦光自己有家庭嗎？

賴：有，我也是後來到這邊才知道的。原來他一直向我介紹說何麗瑩是他太太，女的也說，這是我老公。後來那個香港入境處著火，梁錦光死了，她太太上電視，我一看不是那個姓何的呀，不是她呀。

問：你看到香港入境處縱火案的消息，知道他去世了。

賴：我到了這邊經常和他聯繫的，經常和他通電話。

問：你到加拿大之後還和他有聯繫？

賴：有呀，他也經常打過來，通常是他的女朋友先打給我，他再拿過去講話。

問：你也知道，在你對外說出了是香港入境處的梁錦光通知你逃走的之後，香港政府反應很大，說你是血口噴人，把事情推到一個死人身上，對他的家人很殘酷。

賴：他們不知道這些真實情況。但是，我看他們也不敢出來對證。我幹嗎要拖個死人出來？對我有什麼好處？我到這邊後，「四二〇」在去年五月份，派人來到加拿大和我見過面之後，我就決定要申請難民了。我申請難民時，我要實事求是嘛！表格要求什麼，我就要塡上去什麼嘍，我要告訴我律師實話嘛，不能欺騙政府嘛。所以那時，我在塡寫表格時就這麼寫的，並不是我在看到他死了之後才這麼說的。我可以說，你們找我的律師問問，我在六月份就把表格遞上去了，那時我就是這麼寫的，他是八月份才出事的嗎。我爲什麼要編一個死人出來呢，這樣對我有什麼好處呢。

問：你現在看，認爲你選擇來加拿大是否是一個正確的選擇？

賴：其實，那時我也不懂得這裡邊人權不人權的，跟本就沒有想到這些。只是想，我不能在那裡等死呀，我得出來躲一躲、避一避，看看情況怎麼樣。我對他們那一套很瞭解的。

問：你是在八月十三號夜裡作出了這個決定？

賴：對，對，對。當時臨時做出的。當時我和梁錦光談完後，我就叫我老婆、孩子他們回家去，我回旅館了。那一段我住在香格里拉飯店，我不想家裡知道太多，給他們增添煩惱麼。我回到旅館也睡不著。不走不行了，我知道，不走就要吃虧了。不走肯定要被他們搞回去了。

問：你是認爲他們會在香港對你動手？

賴：絕對是會動手的，我小姨、司機……很多人，都是從香港抓回去的。我在香港的家也都抄了。

問：你一直相信這一點嗎？

賴：是，是。

問：你走的過程是怎麼樣？

賴：就是八月十三號夜裡知道了梁錦光說的消息，一聽到這個消息，我就馬上決定要走，他說讓我走遠一點，我就選擇了加拿大，我想：加拿大夠遠了吧。

西方生活過不慣

問：你於是立即決定了到加拿大來？

賴：第二天，我到機場去補票，補不到票的。我記得，我坐的就是當天下午一點五十分的飛機，國泰航空公司的，航班號好像是三個八的。我是買的頭等艙，我補的是二萬五的港幣嘛，單程機票。

問：那麼你的太太、孩子他們呢？

賴：一起來的，同一個航班來的。他們先到機場去買票，我太太、三個孩子、老婆的秘書，他們買的是雙程票，他們的機票是怎麼買的，我也不知道了，反正我是單獨自己補了一張票。我買的是單程票。所以到溫哥華進海關時，還被海關盤問了一下。他問我爲什麼買單程票？我說：沒有票了，來回票太貴了，所以我就先買單程票了。他們問我們爲什麼帶了那麼多行李。我們說是來旅遊。其實我們也是要出來一段時間旅遊才回去。

問：你老婆的秘書也一起到了加拿大？

賴：啊，在這裡陪了大概一個月，然後我老婆又跟她吵架，吃醋。這個事太冤枉啦，她們以前一直很好的，在公司時什麼都沒有的，到了這裡不知道怎麼有了這個毛病。這是很冤枉的事，講出來肯定會讓人笑死了。

問：到了溫哥華這邊，是誰接你們的？

賴：鄧亞軍的老婆。鄧亞軍就是那個我在香港就認識的，他叫人偷了香港入境處的文件嘛。

問：你們一直有聯繫？他是什麼時候從香港到加拿大的？

賴：鄧亞軍是山東人，原來是北京警衛局的，三十多歲。後來也是買了單程證到了香港。具體什麼時候到加拿大的不知道。好像是他老婆先辦了加拿大的身份，他九七前後辦的來加拿大。那一天是鄧亞軍他老婆到機場去接我們。鄧亞軍當時不在家，當時加拿大這邊的華人搞了一個什麼「北極行」的活動，他正好去了北極。

問：我記得那個活動，新聞上有報導。他也去了？

賴：他正好是去了北極嘛。那一天，我們到了機場，見沒有人來接，我們就打了一個電話給他家了，他老婆還在家裡沒有出來，她就說：我馬上過來，馬上過來，不要走開。然後她就來把我們接到她家裡了。到了家，她就立即打電話給鄧亞軍，鄧亞軍就跟她說，要好好招待我們什麼的。他要過幾天回來。後來過了十來天他才回來的。電視裡還報導了他們去北極的事。

問：剛到加拿大時，對這裡的生活習慣嗎？

賴：我剛一到了這邊，還真的感覺很奇怪，因爲我以前從來沒有到過這種和中國那邊有時差的地方過。我只到過菲律賓兩次，到過新加坡一次，其他地方我從來都沒去過。我平時生活都是經常在澳門、香港、大陸，就是這樣。我從那邊上飛機時是下午，到了溫哥華之後又是下午，經過了十多個小時的飛行，怎麼還是下午，感覺很奇怪，也不習慣。再有，到了這邊到處都是英文了，看不懂，看起來就覺得怪怪的。

問：生活一下子不一樣了？

賴：我們一到溫哥華就去了鄧亞軍家裡，他家是住在溫哥華西區五十七街一二三八號——那個房子後來是我家了，是住在Richmond那邊嘛。晚上他太太請我們到中餐館去吃飯，吃的是廣東菜，可是感覺就是跟香港的不一樣，就是感覺怪怪的。剛到時，我睡也睡不著，心裡惦記那個事，不能光是等呀。可是這邊和大陸有時差，我就只好白天睡覺，晚上就起來跟大陸通電話。有時整個晚上，整個晚上就在門口轉來轉去，一直就跟大陸那邊打電話，後來隔壁的鄰居就跟鄧亞軍說，你們家裡來的那是什麼人？整天的和別人在電話上吵架。當時我就是一直跟那邊的人談這個事，鄧亞軍就叫我小聲一點。因爲我對這邊一點都不適應，整天就呆在家裡，沒有什麼事情做，也不知道那邊的事情會怎麼樣。頭一兩個月，就呆在家裡，租錄影帶來看，租那些什麼電視劇來看，然後就每天跟蹤「四二〇」這個事，和我手下聯繫。

問：你一直和國內的朋友有聯繫？

賴：怎麼沒有？都有的。我也有和其他地方的朋友聯繫，我一來就買了幾個電話，我還跟李小勇(李鵬之子)聯繫，他在新加坡，不敢回國。

與李鵬之子交情的傳奇和事實

關於賴昌星和李小勇的關係，筆者聽朋友說起過一段類似於江湖演義式的故事。

賴昌星這個人爲人大方，這是許多人都知道的。話說賴昌星一直想認識李小勇，但是一直沒有合適的機會。一次，在香港機場的候機室，李小勇和太太葉小燕兩口子坐在那裡等飛機，賴昌星也正巧在附近，就過來說：勇哥，你認識我嗎？李小勇說：我不認識。賴昌星說：

我是福建賴昌星。李小勇就說：聽說過。賴昌星接著說：咦？嫂子今天臉色這麼差？李小勇這個人在外邊雖然混，但是最疼他老婆。所以一聽賴昌星這麼說，當時就想發脾氣。可是賴說完就轉身走了。過了一會，他兩個手提著最上等的燕窩，二萬元一斤的，兩手提滿了，都快拿不動了，起碼有二三十斤，送了上來。笑呵呵的說：一點小意思，給嫂子補補。上了飛往北京的飛機，賴昌星坐頭等艙，李小勇夫婦坐公務艙。剛上去不一會兒，空姐就過來跟李小勇講：你是李先生吧，你的朋友賴先生請你們到頭等艙休息。

我的這位朋友感慨地說：我到現在都不知道賴昌星是怎樣搞定空姐的，可以把李小勇兩口子從商務艙調到頭等艙去坐。如果是在機場補票，那不奇怪。可都飛到空中了，他能把人弄到頭等艙去坐，這就是賴昌星了。

到了北京，李小勇說：明天一塊吃個飯吧。第二天吃飯時賴昌星說：勇哥，聽說你在「燕莎」附近買了套房？有兩百平米嗎？李小勇說：有兩百多。第三天，賴昌星又打來電話說：勇哥你下來一下。李小勇一下來就看見兩個卡車等在那裡，賴昌星指著說，家具和電器都替你買好了。

筆者就這些傳聞在賴昌星家裡採訪他時，向他求證。

問：是不是你有一次在飛機上遇見李小勇和他太太，他們是在公務艙，而你是在頭等艙。然後你就搞定空姐，把他們送到頭等艙了？

賴：這種事是經常的，但不會是李小勇。李小勇還用我給他那麼做嗎？對不對？

問：你是不是第一次見李小勇，就拿了幾十萬元的燕窩給他的太太？

賴：那要很大包的，我哪有那麼傻。我是跟小勇還有他老婆喝過茶，和李小勇怎麼認識的我都忘了，想不起來了，因爲時間太久了。送燕窩最多也只有兩包而已。

問：我聽說，李小勇在北京「燕莎購物中心」附近買了一套房子，兩百多平方米。你知道了以後，就送了一整套的家具、電器，有這回事嗎？

賴：不是這樣的，我只有送過他一個電視機，是五十幾寸的那種，當時有錢都買不到的。我北京的房子也是他介紹的。

問：你說李小勇不敢回國，可他現在經常往回跑啊？

賴：不知道，是他自己那麼告訴我的。他跟他老爸說是在新加坡學英語，可能實際上他大部份時間是在國內的。

問：還有跟什麼人聯絡？

賴：那時我在加拿大就只有鄧亞軍一個朋友。

國安特務鄧亞軍趁火打劫

問：鄧亞軍情況怎麼樣？他在加拿大這邊也做這些事嗎？

賴：他就是這樣一個人來的，我不是跟你講了嗎？找一點這樣的事情做，到處騙吃騙喝。

問：後來你買下了他的房子？

賴：房子是他的房子，可是他的房子的錢是我給他買的。那時我還在香港，他先到了加拿大，他騙我，他跟我說，他買了一套房子，還欠銀行五十幾萬加幣，這邊有人一直告他，不讓他出境，他回不去香港什麼的。當時我這個人是比較直爽的人了，我也根本就沒想到他是這種人。他求我幫他，我就分兩次幫了他。當時我給他的錢，就是通過香港移民局偷文件的那個陳良轉給他的，陳良在香港移民局裡管檔案。陳良一直和鄧亞軍關係很好的。我把錢匯到這邊，他拿這個錢去買的房子，可能向銀行也借了一些。我從香港到加拿大之前給他打電話，他不在嘛，當時我是臨時決定要到加拿大，這之前他不知道嘛。我跟陳良要了他老婆的電話，他老婆說好了要接我們的。然後我們就到了他家裡，馬上就跟鄧亞軍通上電話了，他叫他老婆一定要好好接待我們，他當時不知道我們是什麼事出來。他以為我們肯定帶來很多錢的。他回來就告訴我，他的房子還差銀行幾十萬，銀行一直告他們，他沒有辦法什麼的。我就說：你想我怎麼幫你？他說：我把房子賣給你。我們剛來正好也需要房子住，我就說：就這樣。他說他的房子是一百四十萬買的，他一百三十萬賣給我。其實後來才知道他是一百一十萬買的。

問：這中間他賺了二十萬加幣？

賴：他對我說，他欠我的五十萬加幣我可以從裡邊扣，又一邊叫我一定替他頂一下。我當時剛剛過來，手上還有一點錢嘍，也就沒有跟他過多計較了，我就把買房子的錢一百三十萬全數轉給他，也沒有把我的五十萬從中間扣出來。我當時想，總是朋友一場，來到這裡還要他幫些忙。可是後來我感覺他變得越來越不對頭了，我就開始懷疑他在計算我。有一次，在酒店裡，他就想好了要來敲詐我的錢了。當時我們正喝酒，我這個人平時不怎麼喝酒的，有生疏的朋友我才陪一下，那一段時間心情很壞，就有時跟他一起喝一點解悶。那天，我們在酒店裡喝酒，他接到一個電話，就很大聲說：哎呀！潘局長，你好！你好！你現在在哪裡？啊，啊，啊。他就有意和對方講普通話給我聽。

問：哪一個潘局長？

賴：公安部的潘局長，還有一個最高檢察院的叫李建的。他就有時候裝作接到這樣的電話，和電話上的人說，「你在美國那邊呀，啊，要到這邊來了，好，好，來吧，我可以接待，沒有問題」，什麼什麼的。挂了電話他就跟我說：「阿星呀，你也聽到了，是潘局長打電話過來了，他們是帶著任務要過來找你的。上邊給他們批了九個人到美國、加拿大來找你的」。後來，他又說潘局長他們哪天就到，然後他就在我面前接電話，好像是附近酒店打過來的電話，就說：「啊，潘局長，你好！嗷，你人已經到了，好，好。」他放下電話就叫我出錢他去接待。其實對方根本不是什麼潘局長呀，李健呀。都是什麼人我也不知道，反正都是他自己搗鬼的。

問：你是怎麼發現是他搗鬼呢？

賴：我有一段時間已經在想，他是要敲詐我的錢，我感覺出來了。我知道他有一天會出這樣的招數了，他會出這一招的，我是知道的，他這樣的人就是會這一套的。後來，他就經常跟我說，他剛剛和誰通過電話，爲我說好話了，又告訴我一些他打聽到的消息，等等。後來，我自己也在報紙上看到他說的那些事。他以爲我在加拿大是個傻瓜，連報紙也不看嘛，英文我不會看，難道中文我也不會看嗎？有一次，我剛剛跟盧遠征（廈門海關走私犯罪偵察分局局長）的兒子通過電話，然後見到他，他對我說：「最高檢察院的李健給我打了電話，告訴我，盧遠征已經給抓了，要判。」我剛剛和盧遠征的兒子放下電話呀，他兒子說，還好好的麼。我就趕緊打電話過去再問一下。他兒子說：沒有的事，沒有這樣的事。那時盧遠征確實還沒有事。我就起了疑心。果然，那一天我就在報紙上看到了這條消息。我發現，他經常在報紙上看到什麼消息，和遠華案有關的消息啦，一些和公安、檢察院有關的消息啦，他就說，是李健啦，潘局長啦，或者是什麼什麼人打電話過來告訴他的。然後我就在報紙上找得到。

問：他是每天拿報紙上的消息來騙你的錢。

賴：這個人真是不可以這樣做。他就把報紙上的消息給我，好像是在給我到處找情報，挺辛苦的，然後就跟我要錢。現在我要是能夠見到他都還要罵他，做人不能這樣的嘛。

問：這個鄧亞軍還在溫哥華嗎？

賴：在，他不敢來見我，他把那個房子賣給我了，不久我就出事了麼，我搬進公寓才沒有幾天就出事了，就給移民局抓了。當時，警察看見我們的行李都放在家裡，沒有打開，以爲我們隨時要走路了，就以爲我們會潛逃什麼的。在法庭上移民局也是這麼說的。

鄧亞軍現在住在哪裡我也不知道，但是應該不難找到的。我還有他的電話，他也不接我的電話了。他不敢見我嘛。他還欠我不少錢麼，他不敢接我的電話，留言給他，他也不回。現在他還在溫哥華這邊，我要找他要錢，他很怕我。其實，我不想說這一些，但是這個人太過份了。他看我現在有麻煩就這樣，你看，連香港那個姓陳的，陳良的電話都換掉了。

問：鄧亞軍現在在做什麼呢？你知道嗎？

賴：不知道。不過他也不會做些什麼正經事情，他就是到處騙吃騙喝的。他走到哪裡也是只會做那些事，就是給共產黨做點事，靠給共產黨搞點小情報，背後搗點鬼，賺點錢。是沒有什麼本事的人。所以我把這個事情才會說出來，我一說出來他就會怕，因爲他欠我的錢，我要要回來。雖然我沒有辦法找到他，但是加拿大警察可以找到他。香港那個姓陳的，偷香港入境處文件的那個叫陳良的，一直跟他是死黨，現在也找不到了。鄧亞軍要是來跟我見面，我還會好好跟他講，現在是他要我這樣，是他逼我這樣做。

問：他是香港的永久居民嗎？

賴：他自己說是永久居民，他一直說是安全部派駐香港的自己人嘛。我也不知道他什麼時候到香港的。他在加拿大應該還是拿中國護照，應該快入籍了，好像是投資移民來的。

問：他哪一年來的？

賴：不知道。我認識他時他老婆已經來加拿大了。他原來在國內時跟原來八局的劉局長關係很好。

問：加拿大移民局的代表在有關你的拘押聆訊中，說你到賭場去豪賭。

賴：他們怎麼會有這樣的說法，就是因爲我整天等那邊的消息，很煩，也沒有地方去，也沒有朋友。後來就跟我在這裡認識的人去賭場，一次，我在 HollidAy Inn 的賭場，我是玩二十一點贏了四萬塊。我讓一個人去給我換錢，我每次讓他拿五千塊去換，連續換了七次。

問：引起賭場注意了？

賴：賭場就以爲我打二十一點，是會算牌的，就以爲我是靠這個贏的。後來就找了個理由不讓我進這個賭場了。其實當時我是運氣好，來運氣的時候不能走的。他們就奇怪了，爲什麼我自己不去換錢，其實，他去幫我換，也是要登記我的名字，是一樣的。他們只是懷疑，是那個老闆太小氣了。

問：移民部是怎麼知道的？

賴：「四二〇」專案組的劉曉輝他們來時，我跟他們聊天說，這裡的賭場我不能進，我都是到美國那邊去玩。我只是不想跟他們說實話。後來這些人就提供給了這裡移民部。移民部大概就跟蹤我了。

和專案組越洋聯絡

問：「四二〇」專案組是怎麼跟你聯繫上的？

賴：他們在派人過來之前就一直跟我有聯繫。

問：是你先主動跟他們聯繫的，還是他們先跟你聯繫的？

賴：我沒有主動跟他們聯繫，我一直跟家裡頭有聯繫，剛開始一出來我都是和家裡人聯繫的。我一直是跟我大哥有聯繫，我都會打電話回去問一下怎麼樣了。其實我大哥對我公司的事情什麼也不懂的，一點什麼都不懂，我可以這樣說。

問：你是九九年八月十四號到這裡，你在這裡住了好一段了之後才決定申報難民的，一年左右吧？

賴：十個月。就是「四二〇」專案組他們來了之後嘛，我跟他們見過面之後，我看他們騙得太厲害了，沒有實話，都是騙人的。什麼也沒有，承諾都不會兌現的，這一點我已經很清楚了，在跟他們談話過程中這種感覺越來越清楚，我就知道我不能回去了，我就決定申請難民嘍。

問：實際上你從來沒有和那邊斷聯繫吧？

賴：沒有，沒有斷過。反正一來到這邊，我就先買了兩個手提電話，是美國電話號碼。

問：爲什麼你要買美國電話呢？而且還買了兩個電話？

賴：因爲我也是比較聰明的人，我不要他們知道我在那裡。因爲如果我要跟他們那邊通電話的話，我肯定我的電話是會被監視的，會給他們發現號碼。所以我先用一個美國電話，他們就以爲我是在美國嘍。他們跟我聯繫時也不問我在哪裡，他們從來也沒有問過。

問；你和你的家裡人、手下、朋友等等都一直有聯繫，是吧？

賴：有，一直有聯繫，開始我剛到這邊時，那邊的一些人都敢和我聯繫，後來就越來越嚴重，越來越不敢和我聯繫了。

問：那你是什麼時候直接跟「四二〇」聯繫上的？

賴：什麼時候跟「四二〇」聯繫上的？讓我算一下，應該是一、二月份吧。轉過年來，就是二〇〇〇年了。我跟他們打了一段時間的交道，我看他們說了很多假話，你知道嗎？我自已發現很多問題，最開始是他們「四二〇」通過我大哥跟我聯繫的。他們告訴我大哥說：「這個案子聽來的事情和查到的事情完全是兩回事。」這是他們親口說的，我相信他們的這句話完全是真的。你明白嗎？就是說，來查之前，他們想象到的，和聽別人舉報的呀什麼的，都是太誇張了。可是查下去完全是兩回事，當時的計劃是以爲我是什麼、什麼，走私大王嘛，還有和黑社會有關什麼的嘛。結果發現查下去完全不是這樣的。然後他們也沒有辦法交差了，就整天在我大哥家裡頭，天天都有三、四個人去他家裡，就整天呆在我大哥家裡，問東問西的。我大哥很老實的，就跟他們慢慢聊嘍。

問：他們是通過你大哥和你聯繫上的吧？

賴：對。「四二〇」的一個負責人，他叫我阿星嘍，他讓我大哥告訴我，叫我跟他聯繫。他還跟我哥哥說，他不會把別人的血來弄在他身上，他就這麼說，「不會讓別人的血染到他的身上」，就是說他不會害人了。我大哥就告訴我，這個人很好，真明白呀，這才是爲官的，什麼什麼的，他說了一大堆。我就問了我的弟弟，又問了我的侄子，他們都說：這個人應該是個好人吧，應該是要幫忙的那種吧。我大哥留下他的電話給我，我想了想就跟他聯繫了。我打個電話給他，是他的秘書接的，我說：我是賴昌星，要找劉處長。他就接過去了。我說：劉處長嗎？他說：你阿星呀。然後就開始一直談。他還說他爸和母親是怎麼樣說他是個好人，怎麼怎麼樣。他就講了一套啦，說他也是七月初七生的了，另外那個姓陳的，也是七月初七生的了，真是巧呀，這樣是有緣分了。總之說了一大堆呀，說了一大堆都不相干的話，我也不懂為什麼。

問：大概是跟你套近乎。

賴：當然就是要勸我回去了。他跟我說：這個事情不會怎麼樣的，不會對你怎麼樣的。他說：「阿星呀，你應該回來了。阿星呀，你在那邊也不習慣，何必呢，你知道嗎？現在最擔心你的人，就是我們專案組了。」怎麼怎麼的，說了一大堆。他們每次跟我講電話期間，電池都要換好幾次。

各方都想抓人邀功

問：從那以後你們就經常通電話嗎？

賴：我也有電話給他，有時他也裝得挺無所謂的，好像不想打給我。有時一段時間我也不打給他。哎，這些都是他裝出來的，好像他們不急著找我回去。後來我把我的電話號碼留給他的時候，他們就知道我的電話是美國的電話，那時以爲我在美國吧。過了不久，安全部的鄧處長通過在澳門開賭場的一個老闆，又通過我以前的一個手下，說要轉告我一個好消息，讓我打電話給他。這個鄧處長就是國安部八局原來的處長，那時就是我給他提供很多東西，他就提到了副局長麼。他現在是副局長了。我看到電話我就知道是誰了。我就打過去，我說：「嗨，老鄧。」他說：「哈，你呀。」他說：「孫局長叫你打個電話給他。」孫局長也是八局的。我就打個電話給他說：「孫局長你找我？」他說：「是，有個事我告訴你一下，但是同意不同意是你的事。我先把事情告訴你。」他說：「我們邱局長……」邱局長就是八局的正局長邱進，還兼任部長助理。他說：「我們邱局長最近要調到那個『四二〇』去當專案組的副主任，他想跟你在新加坡見個面，看你同不同意，同意不同意你都不要對外說。邱局長想叫我先反映一些情況給你。」他還說：「反正我們大家都是自已人，有一些事情我們能幫你，外邊的人幫不上的。邱局長想見你，一方面是想幫你，另一方面是看看你能不能告訴我們一些事情。」我聽他這麼說，心裡就有點懷疑，覺得不太對頭。

問：這是什麼時間？

賴：這個應該是二〇〇〇年二月份左右吧。

問：你給他答覆了嗎？

賴：我當時一直以爲快結案了嘛！我還一直算，覺得到二月份該結案了呀。二月份都已經快過春節了麼。當時我只是自己這樣感覺，覺得要過年了，這個事也該完了，拖了很長時間了。聽了他的電話，我就想：國安局的這個邱局長要調到「四二〇」，我怎麼一點也不知道？怎麼還要調查？我有點不相信。當然，我也沒想到這個案子拖得那麼長。然後，我就打個電話問我大哥，我說：他們「四二〇」是不是又要變動、要換人？我大哥說：「沒有聽說有這回事。」我就打個電話問劉曉輝，這是我主動跟劉曉輝聯繫的。我不是隨意的，我是想了一下，想證實一下他們是不是又在騙我。我跟劉曉輝說：「你們那邊是不是最近要過來一個新的副主任哪？」他說：「沒有，誰跟你說的？」我說：「有人打電話給我，告訴我這件事，沒有就算了。」然後，他就一直追問我，給我來電話的那個人是誰，我不告訴他，最後我也沒有告訴他是誰。其實我接到八局的電話，當時我就懷疑到他們只是要想把我弄回去。這當然是上面的意思。他們幾次就是騙我，要把我抓回去，他們就是覺得怎麼騙我都可以。

中國警方知會加拿大

中國警方於二〇〇〇年六月四日，向加拿大皇家騎警駐北京代表發出一封「知會」信函。信是這樣寫的：

抬頭：關於賴昌星有關情況事

內文：加拿大皇家騎警駐北京聯絡官：

國際刑警中國中心局謹向加拿大皇家騎警駐北京聯絡官致意並謹就賴昌星有關情況通報如下：

中國福建省居民賴昌星，又名蔡昌星，男，一九五八年十月二十七日生（賴昌星在這裡指出，文件把他的生日也搞錯了），一九九一年八月七日持騙取的證件從中國內地到香港定居。該證件已被中國主管機關吊銷，其赴香港定居的資格也被取消。鑒此，其所持有的香港居民身份證和中國香港特別行政區護照也應是無效的。

賴昌星在中國內地涉嫌嚴重走私犯罪（有關詳情見附件）。

據悉，賴昌星於一九九九年八月份持中國香港特別行政區護照前往加拿大後滯留至今。

國際刑警中國中心局再次向加拿大皇家騎警駐北京聯絡官致意。

二〇〇〇年六月四日

專案組絕密文件做出六條承諾

這個時候，中國「遠華案四二〇專案組」的三名辦案人員正在加拿大的溫哥華市和賴昌星討價還價，要求賴昌星主動回國協助辦案。保證賴昌星和妻子曾明娜及其子女和親屬的香港身份證件全部歸還，並可以繼續使用。三名辦案人員並交給賴昌星一份蓋了「中央四二〇專案工作組」大紅公章的絕密文件，絕密文件上第一行是：對在逃犯罪嫌疑人賴昌星的承諾。

承諾共六項，包括：

一、可以寬大處理，不判處死刑。
二、若有重大立功表現，將依法給予特別寬大處理。
三、對賴昌星妻子曾明娜不予拘捕。
四、對曾明娜、蔡玲玲以及她們的子女不予遣返。
五、允許賴昌星上述親屬出入中國大陸及在大陸就學、就業。
六、在依法應沒收、追繳的賴昌星、曾明娜的資產中，預留一定數額供其子女生活、就學。

賴昌星說，劉曉輝對他講：我們要你回去，不是經濟上的事情，是中國的一場大政治看上了你。

「四二〇」冒險來加勸誘回國

問：你的意思是他們不能把你騙回國，就想把你騙到東南亞去？
賴：對，我就這樣懷疑嘍。把我騙到東南亞就能夠從那裡把我抓回去了。很多人都是這樣抓回去的。

問：等於是到了東南亞就是他們說了算了。

賴：對呀。從那以後劉曉輝就經常跟我有聯繫了。他打電話過來有時候問這問那，好像對我還挺關心嘍，什麼什麼的，經常一打電話就說一大堆，說的都是很好聽的。他們去年五月份來這邊時，我就順口說：你的那個行李包很好看。他就立即把那個行李包就送給我了，這個行李包現在還在我家裡。

問：你同意在加拿大跟他們見面？

賴：對，我自已原來一直認爲這個事就快完了、就快完了。等到聽完八局局長的那個電話，我就想了，如果事情是像他們一直說的「要完了」，那麼爲什麼還要費那麼大功夫騙我回去呢？我給劉曉輝打電話時，我答應劉曉輝，我說：「我會回去的，我不會不回去的，我一直在外邊幹嗎？但是我回去，我要等你們查淸楚了再回去。」我們經常在電話裡爭論。第一個電話裡，我就跟他說：「我根本就沒什麼事，怎麼會變成了這樣？」我說：「這樣很不公道的，我很不滿意。」他說：「你不是有錯？」我說：「我是有一點錯，也不是一點錯都沒有。」他說：「你不是有錯，你是犯罪。」他說我很兇。

問：這是你第一次和他通電話？

賴：一上來他好兇呢。他說：你沒犯罪，你爲什麼要跑。我說：你遇到一個喝醉了酒的人打你，你會不會跑？你是不是也要先走開看一看，你會就站在那裡讓人打嗎？我就這樣對他說，你知道，我也很氣呀。他說：你知道你害了多少女孩子去作妓女？

問：這是什麼意思？

賴：他就在電話裡跟我說，你知道有多少多少女工下崗了，這些女工下了崗找不到工作就去作妓女了。我說：你爲什麼要跟我說這些，爲什麼？他就說，是因爲我走私才害得那些工廠呀、油田呀都停了、破產了，所以就有這麼多人下崗了。那些女的沒辦法找到工作就去做妓女了。他要我負這個責任。我說：那現在還有沒有下崗的？他說：有。我說：那我現在都沒有做了，怎麼還有下崗的？他說我這樣說不對。他還說，他很恨我，很恨我。我說：你恨我什麼？他說，他舅舅，還有他兩個什麼人就是在大慶油田工作的，因爲停產，沒辦法就到北京來找他，叫他安排工作。

問：劉曉輝是個東北人？

賴：他老家應該在東北吧，你看！他說他恨我。

問：挺有正義感的。

賴：你說，這樣講還有什麼道理？我說：你們這樣查我，什麼事都怪在我的身上，這是不公平的。我說：你們在廈門的公路上見到車就攔下來，就登記，看到好車就叫停下來，看是不是合法手續進來的，如果有問題就算到我「遠華」頭上。我說：你應該在北京、上海看看那些滿街跑的奔馳車是什麼手續的，你這樣才公道麼，你不能這樣陷害我。

問：這個劉曉輝在四二〇專案組裡是什麼角色？

賴：他是追捕組的組長，他可以直接通老闆的。他還說，我太會來事了，真會說話。其實他這個人也很會說話。

問：他多大年紀？

賴：比我小，三十來歲，東北人，人長得挺帥的，挺高的。

問：就是這個劉曉輝帶人到加拿大來見你的，是嗎？他是什麼背景？

賴：他原來是公安部裡管大案、要案的，我記得他好像是五局的吧，那時應該是一個處長，這次他辦這個案子，他也可以提幹了麼，我猜他應該是副局長了吧，我可以這樣說。

問：當時是三個人帶你的大哥來的，是吧？另外兩個人是誰？

賴：一個姓蔡的，蔡建新，是福建省公安廳的，懂英文；一個姓陳，陳桓盛，是海關總署調查局的，管走私的。

問：他們是什麼時候提出要來的？

賴：他們一直要來，一直要來。有一次，是五月十九號，他們那邊飛機票都買好了，又感冒發燒推了。

問：劉曉輝是一直在電話裡和你商量來加拿大的事。

賴：對，一直在電話裡商量。他說，他過來要帶我回去。我就跟他說：你如果要帶我回去，你就不必來了。他說，怕我自己回去太冒險怎麼怎麼。

問：他的意思是要保護你回去？

賴：他就是這個意思嘍。他一直說，要到這邊來，是爲了要保護我回去，他很擔心我。這是他們講的。

問：他擔心你什麼？

賴：他們擔心我的安全嘍。他說，有很多腐敗官員如果知道我在這裡，就會派人來這邊殺我。我一天沒有回去，他們就還不會有事，如果有一天我回去，他們隨時都會有事。所以他們就不會讓我活著回去。他還告訴我，那邊的一些會議是怎麼樣開，都有誰，都有些什麼講話啦，還念筆錄給我聽。說有人不會讓我活，要是我活著回去了，他們就馬上要從位子上下去了，有人有這種情況。然後他就是說，要來加拿大保護我，怕他們的人先來把我殺掉。

問：他有沒有透露過，比如說，你要是回去的話，是哪些官員可能會因此而倒楣呢？

賴：他不敢這樣說呀，他一直都沒有說過什麼人的名字，比如說，他們到底要哪一個的材料。他是希望我回去，回去就好辦了麼。他就是叫我大哥問過我一句，說有個公安廳的副廳長姓傅的，問我跟他有沒有什麼關係。我想，可能是他和這個人有什麼過節吧，因爲我想他們主要是要一些高層領導的事情。但是他不敢直說，這個人聰明得要命。

賴昌星保證「四二〇」的安全

問：他等於是從四、五月份的時候就跟你商量，要過來。

賴：對，很早就商量了，來之前有一、兩個月吧。我看他們一定要來，我就說：你們來，一定要見我的律師，在律師樓裡面見面。他說：不用吧，我們只是私下去看你的，是朋友關係，不一定要驚動律師。

問：你爲什麼堅持要他們見你的律師，那時你已經有了代表律師了嗎？

賴：有律師。我到加拿大，一進來給我的簽證是七個月的，到二〇〇〇年三月就到期了，我要延簽證麼，我就托我的司機的老婆幫我在報紙上找的，就是現在的律師。我在二月份把簽證延好了，延了六個月，就是半年嘍。這樣到八月份就又要到期嘍。所以，因爲我平時跟劉曉輝通了電話，我就想我要對加拿大的事情多懂一點，我也要看看我還有什麼路可以走麼。我就先找了律師，通過這邊的人，先問了一些律師當地的情況，包括申請這個難民是怎麼回事，我確實是在他們來之前就先問過這些事情，但是我還沒有決定，沒有決定，下不了這個決定。如果要是早決定了，我早就報了，怎麼會拖到六月份才報呢？但是他們一走了以後，我就決定了。那時他們打電話來說要過來，我就說，你們要見我的律師。

問：但是他不想見？

賴：他說不可以，其他方式都可以。他說：我們這次去不是公務，只是當作朋友來探訪你們的，你要叫多少個人陪著，你覺得怎麼比較保險都可以，我們都同意，但是就不要見律師了。我想，他一直是怕我報警。

問：他怕你報警，是怕驚動這邊政府？

賴：他們到這邊抓人談事，他當然怕，他就怕這邊知道可能會抓他們去坐牢。我說：這個你放心，我會保證你們的安全，我是說到做到。

問：他們定了五月三十一號來。

賴：對，他們是五月三十一號來的。這之前，我跟他們說好了，我說：如果你們來要叫我回去，就不要來，要來了，這句話就別說。他說：好。他又說，如果我不能回去，就寫一個書面的材料讓他們帶回去也可以。總之，他們想來見見我，來聊聊天。

問：你跟他們見了幾次面，過程怎麼樣？

賴：第一次見面就是在酒店，他們轉了兩個酒店我還沒跟他們見，然後第三個酒店我才跟他們見的。

問：就是說他們住的酒店前後換了三次。

賴：最後一次是我給他們換的。

問：你爲什麼要幫他們換酒店？

賴：因爲前邊的我知道那裡居住的條件很差，我就給他們換得好一點的，換好一點的。換好了之後，原來那邊是他們自己退房，這邊我先訂了兩天，我以爲他們住一、兩天就可以走了麼，就給他們定了兩個晚上。我哪裡想到會拉得那麼長呀，他們來了呆了十四天吶。

問：那麼「四二〇」的絕密文件是怎麼回事？

賴：就是這樣了，他們說這是給我的條件嘛。他們說，他們關心的不是我生意上的事，不是生意上的那些事情，這個還沒來之前就這樣跟我說過了，就說根本就不是有關生意上的，讓我不要太擔心了。說是大陸政治上的什麼什麼事。劉曉輝和我一見面，他就說：你了不起呀，按說一個賴昌星算什麼，隨時要抓都應該可以，但是現在要抓你還要經過政治局常委研究。我說：你也不要這樣客氣。

問：他認爲他們爲什麼會出這份文件？

賴：從上面蓋的公章和他們的說話就可以看出許多問題。就是要逼我出來替他們辦事，如果我不跟他們做事，他們就說我是違法。如果我配合他們做事，就什麼都沒事了。他們顯見也是非常小心的，都是經過開會研究的。比如說，會不會讓我抓住他們的尾巴？你看，「四二〇」給我的文件上說：根據我的一貫表現。也就是我以前的立功表現，指的是我以前爲國家做的那些事。如果從第五條來說，就是涉及證件問題了。那好，他們說我的證件是假的，我家裡人他們的證件跟我是一樣的，如果我是假的，那他們的也是假的。也就是說，如果我能跟他們合作，我的這個證件就成真的了，是不是？第三條說，如果我回去，他們就不抓我太太。如果是平等的話，爲什麼我不回去，他們就要抓我太太？

問：其他幾條你怎麼看？

賴：第四條，對曾明娜、蔡玲玲以及他們的子女不予遣返——就是不必從香港遣返中國大陸了。就是這個意思嘍，不然是什麼？因爲她是在香港。在這上面也沒有說過我犯過什麼罪，只是要我回去配合他們。我認爲這就是他們的圈套。根本就沒理由判楊前線死刑，先把他給判了，看看還能不能弄出東西來。我還沒有到位，以後還會不會有什麼後台把案子翻過來，那他們就完蛋了。他們有可能擔心這一點，然後就找個台階下，不然說我走私走得那麼大，連一個海關關長都不用死啊？對下面可以交待嘛。他這個人是一個非常好的幹部。我跟他們也說得很清楚，我說，你們抓錯了。這些就要配套的嘛。假如我在他們的手裡，他們的案子就可以做得很圓滿了。不然我會報出裡面的一些事情來，他們就沒辦法了。

問：那麼你一共見過他們幾面呢？

賴：他們在這邊呆了兩個禮拜，我見他們兩、三天後我就走掉了，就不跟他們聯繫了，我就走開了。見是見了好幾面。

問：三面、四面？

賴：有啦，應該不止吧。

問：就是在兩三天之內？

賴：是呀，那兩天，天天吃飯時間都是跟他們在一起吃飯了。

問：就是說，在兩三天的時間裡，你總是和他們在一起的。那麼你哥哥呢？

賴：我哥哥也是和他們在一起，我給他們租了兩套房子，我沒有跟他們住，我回家住，反正他也知道我家住在那裡，我相信他們是知道的了。原來有一個人，就是我太太的那個秘書嘛，在這邊是跟我們一段時間的。這個人回去，在香港也被他們抓了回去，什麼事情都告訴他們了。

問：所以你這邊的情況都知道了。

賴：差不多嘍。他們在這邊說：我們也不想到你家裡去打擾。然後他們就給我三個兒子每人兩百元。但是這邊的房租什麼七七八八都是我給的麼，最後他就算了五千塊給我了。

問：就是他們在這邊的吃住都是你付的。

賴：我付了就算了，結果他們要走了就留點錢給我了，就留下五千塊給我了。但是後來我就不想跟他們見面了。對了，他還跟我照了一張像，照那張像時我都懂得他爲什麼，他需要照我一張像嘛，我也不是傻子，懂嗎？我都不敢說你給我一張。他那天就說：來，我們照一張像，留作紀念，當時我記得是我大哥坐這邊，他坐中間，哎，我大哥坐那邊，他坐這邊，我坐中間了，對，是我坐中間了。

問：那其他兩個人呢？另外兩個人在相片裡邊嗎？

賴：沒有，沒有，另外兩個人沒有一起照。我們就在酒店沙發上，究竟是他在中間，還是我在中間我也想不起來了。然後就這樣照起來了，我就給我大哥說，他照這張像就是要回去交差了。

中國的一場大政治看上了你

問：他最後一次跟你談話的時候說了什麼？

賴：你是說在這邊，還是他們回去以後？

問：在這邊的最後一次談話。

賴：在這邊走之前，他當然就是做我的工作了。他說，中國現在怎麼腐敗，這樣不行呀，講這一套了。還說，中國不能留這種人禍害國家怎麼怎麼了，還說我這個走私生意算什麼，主要是國家利益第一，走私算什麼，這也是他說的，他還說過這種話。

問；你認爲他是不是真的相信你捲入了走私生意，確實是要你出面來揭露一些後台。

賴：其實跟生意一點關係都沒有，主要是要找我後邊的官員，看有沒有幫我做過什麼事。他們的主要目的在這邊。找出什麼大的幹部，他們就可以立功提幹，就是這個意思。

問：他是否真的相信你確實走私，確實是想把你後邊的後台揪出來？還是說，他實際上不是爲了查走私，而就是想從政治上要搞倒一批人。

賴：就是要從政治上搞倒一批人。他們就是用走私來壓我麼。他們認爲從我這裡可能會挖出很多東西來。他腦子就是這樣想的。我知道何勇就是這樣想的。他們就是要挖出我後台的老闆。

問：劉曉輝曾經對你說過，他很恨你，是因爲他相信你走私。那麼，你認爲，他是因爲相信你走私，相信你後面有人支持你走私，所以他確實要把這樣的人挖出來；還是他根本不管你是否走私，只是知道有誰是你的朋友，想借這個事情把這些人拉出來。你覺得是哪一種？

賴：他就是要挖出我後邊的老闆，他們所知道的跟我認識的這些人。因爲他們對我的生意根本一點興趣都沒有，一點都沒有。我跟他們講，你這個事情不能這樣做，我的生意是怎麼怎麼樣，他們根本不要聽。他跟我說：我們要你回去不是生意上的事，讓你回去配合，是中國的一場大的政治看上了你。

「四二〇」無功而返，賴昌星申報難民

問：四二〇的劉曉輝他們離開了加拿大之後，和你還有聯繫嗎？

賴：對，有聯繫。他們回去了一段時間，就又跟我電話聯繫了。他問我爲什麼後來不和他見面了。我說，我太太身體不舒服，我臨時不想見了，我太煩了，就這樣告訴他的。

問：你是怎麼作出要申報難民的這個決定的？

賴：是他們來了這邊和我談過之後。我看他們說的東西，跟我自己打聽的消息都不一樣。我知道我的事情解釋不清楚的，他們不會聽我說，他們在騙我。他們要我在政治上配合，我怎麼做？我知道這個事情不會那麼容易弄清楚了，我不能回去了。

問：他們是二〇〇〇年五月三十一日到的，六月十四號走的，是十四天嗎？

賴：應該是六月十四號走的，他們到期了就走了。

問；那麼你是哪一天申報難民的？

賴：就是六月份，我看到他們來了又是在騙我回去，讓我回去配合他們，我就知道我不

能回去了。我就報了難民了。

問：具體是哪一天？

賴：六月八號。我是六月一號、二號、三號，連續見了他們三天，後來我就不想見了嘛。我就幹自己的事了。

問：申報過程順利嗎？

賴：我知道的是一直都很順的。後來遞交個人情況資料表好像是十月。

問：你在申報難民的過程當中有沒有什麼思想鬥爭？猶豫呀，舉棋不定呀？你當時知不知道你這一步邁出去以後是什麼？

賴：我看也沒有什麼了，決定了就這樣了。特別是我一直都在看大陸對這事的做法，我看了大陸的那些秘密審判真的是很恐怖，看了覺得很殘忍。被抓的那些人，我也去瞭解過，打電話去問了，他們有的說，打得很厲害。我想，他們不止是要問我，就是要先把我整到有事，然後再來威脅我，來和我交換條件，逼得我提供一些當官的情況給他們。

問：你就是在這種情況下決定提出難民申請的嗎？那麼，你想過沒有，你向加拿大提出了難民申請之後，實際上也意味著你回不去了？

賴：我知道回不去了。

問：不想回去了嗎？

賴：不想回去了。因爲我什麼都放棄了。當時劉曉輝他們跟我談的時候，說叫我回去，我說：我是要回去的，但是，我要等到你們查清楚了再回去。他說：我們已經查得差不多清楚了。可是，他們還在秘密審判，還在判刑。我說：這樣讓我回去對那些被抓的人我交不了差嘛。因爲你們做事太不公道，我要揹黑鍋呀。我還給劉曉輝他們提供很多事情，比如專案組他們打人呀七七八八的事情。我說：我一回去了，如果再有什麼人有事，那麼大家就會把事情都怪在我的身上，說我是膽小鬼，怕死，回來配合你們的工作。這樣真的就會有很多人來怪我了。他說：你可以這樣，就裝做是我們把你抓回去的，不是你自己來投案自首的。我說：這個我做不下去。我還跟他說：實在不行，我就去台灣，或者到處流浪去了，只有這兩條路。他說：你應該知道，台灣你是不可能去的。

公安部長賈春旺在加拿大的神秘行程？

中國公安部長賈春旺在二〇〇〇年七月初，曾經對加拿大進行過一次訪問，加拿大移民部的發言人證實，賈春旺是應加拿大移民部長卡普蘭女士的邀請，於七月五日到七月七日對加拿大進行訪問的。訪問的目的是與加拿大政府商討兩國合作打擊偷渡活動的問題。當時，於一九九九年夏天分別乘坐四艘破舊貨船，偷渡到加拿大溫哥華的大約六百名中國福建偷渡者，正被拘押在溫哥華的監獄中。加拿大希望盡快把他們遣返回中國，而中國方面則遲遲沒有向加拿大提供這些人的旅行證件。因此，外界一般認爲，賈春旺這次訪問加拿大是同遣返這些偷渡者的問題有關。但是，曾經有加拿大的媒體報導說，賈春旺是在七月一日或者是二日，就已經抵達了溫哥華。從他抵達，直到七月五日他在加拿大公開露面的這一段時間，沒有人知道他的行蹤。但是，有知情人士透露，賈春旺在這幾天內曾經秘密會晤了賴昌星。

筆者到溫哥華採訪賴昌星時，當面向他求證此事，但是，賴昌星矢口否認曾經和賈春旺秘密會晤。按照賴昌星的敘述，賈春旺是整李紀周的幕後策劃人，而他的妻子、兒子又都同賴昌星熟悉，而且還有金錢上的關係。

賈春旺神秘抵達加拿大的時間，正是「四二〇」勸說賴昌星回國，無功而返之後。以賈春旺的公安部長身份，如果他同賴昌星會晤，應該站在中國官方的立場上，勸說賴昌星回國投案自首。但由於他的家人同賴昌星有金錢關係，他應該並不希望賴昌星真的回國，因爲賴昌星一旦回國，很可能會供出這一情況，從而危及他的地位。

賴昌星於六月份向加拿大政府提出了難民申請，得到加拿大移民部原則上接受申請的答覆後，於十月二十四日塡寫了個人情況資料表。賴昌星在個人情況資料表中，關於家庭成員一欄裡，塡寫了十三個人的情況，包括：妻子曾明娜、大兒子賴俊偉、二兒子賴明明、女兒賴珍珍、小兒子賴文東；小兒子賴文東是賴昌星的女朋友蔡玲玲所生。關於這部分情況，賴昌星不願意多談。「四二〇」專案組在加拿大交給賴昌星的絕密文件中，其中第四條寫道：「對曾明娜、蔡玲玲以及她們的子女不予遣返」。這一點可以從側面證明，專案組已經掌握了賴昌星這位女朋友的情況。在家庭成員表中還包括：賴昌星的父親賴永等、母親王住治、大姐賴蓮治、二姐賴好、大哥賴水強、三姐賴秋菊、二哥賴昌標、四弟賴昌圖。

賴昌星在難民申請理由陳述中，提到最初是福建國家安全廳的一位陳處長，建議他到香港去發展，在香港給國安部設立一個工作點；提到「遠華集團」的設立和後來生意的發展；提到在香港被台灣的特工看上，並因此而受中國國安部門的重用，成爲中國國安部的在冊人員；提到他爲中國國家安全部搜集的台灣情報，以及葉炳南事件。他並說明，他之所以要向加拿大尋求政治庇護，最初是因爲中國公安部部長賈春旺，和原公安部副部長李紀周之間的鬥爭，使得他被捲入其中。

賴昌星並在陳述中指明，香港入境處高級官員梁錦光，於九九年八月十三號通知他，北京要逮捕他，讓他離開香港走遠一點。他於是同家人一道，於八月十四號即離開香港抵達加拿大溫哥華。

賴昌星在難民申請表中並透露，在他離開香港之後，梁錦光奉命以使用假身份證件爲由，逮捕了生活在香港的曾明娜的姐姐曾淑蘭和兩名子女，並把他們遞解到廣州，然後在那裡關押了曾淑蘭約一個月，後來又在廈門關押了五個月。賴昌星寫到，他曾經打電話給梁錦光，問他爲什麼要逮捕曾明娜的姐妹。梁錦光說，這是北京的意思，他也沒有辦法。賴昌星並敘述，他問梁錦光什麼時候他才可以回去?梁錦光告訴賴昌星:你什麼時候都可以回來，但是，你回來後，也許你就永遠也走不了了。

遠華案各種審問筆錄

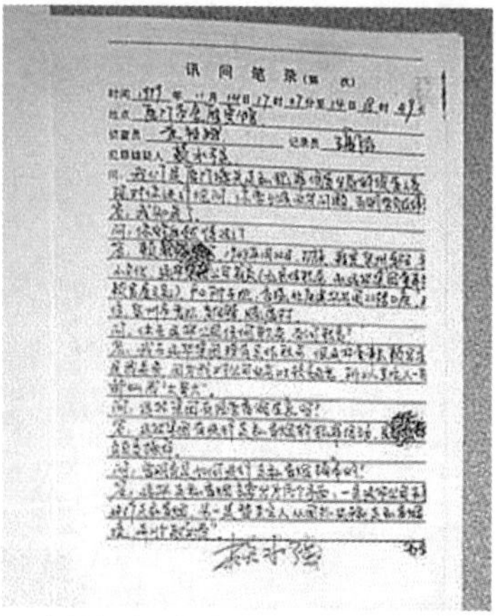
讯问笔录（第 次）

賴昌星哥哥賴水強審問筆錄

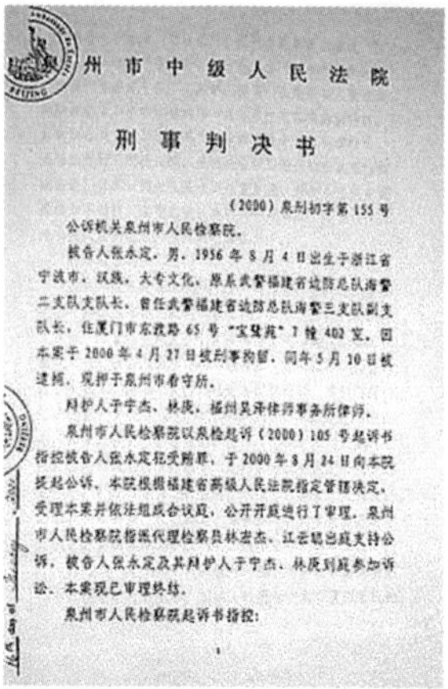
州市中级人民法院

刑事判决书

（2000）泉刑初字第155号

公诉机关泉州市人民检察院。

被告人张永定，男，1956年8月4日出生于浙江省宁波市，汉族，大专文化，原系武警福建省边防总队海警二支队支队长，曾任武警福建省边防总队海警三支队副支队长，住厦门市东渡路65号“宝慧苑”7幢402室。因本案于2000年4月27日被刑事拘留，同年5月10日被逮捕，现押于泉州市看守所。

辩护人于宁杰、林庆，福州昊泽律师事务所律师。

泉州市人民检察院以泉检起诉（2000）105号起诉书指控被告人张永定犯受贿罪，于2000年8月24日向本院提起公诉。本院根据福建省高级人民法院指定管辖决定，受理本案并依法组成合议庭，公开开庭进行了审理。泉州市人民检察院指派代理检察员林宏杰、江云铭出庭支持公诉，被告人张永定及其辩护人于宁杰、林庆到庭参加诉讼。本案现已审理终结。

泉州市人民检察院起诉书指控：

1

泉州市中級人民法院對武警福建省邊防總隊海警二支隊隊長張永定的判決書

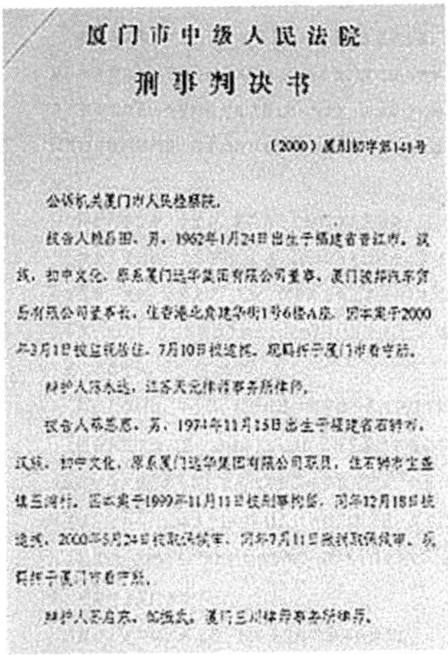

厦门市中级人民法院

刑事判决书

（2000）厦刑初字第141号

公诉机关厦门市人民检察院。

被告人赖昌图，男，1962年1月24日出生于福建省晋江市，汉族，初中文化，原系厦门远华集团有限公司董事、厦门波邦汽车贸易有限公司董事长，住香港北角建华街1号6楼A座。因本案于2000年3月1日被监视居住，7月10日被逮捕。现羁押于厦门市看守所。

辩护人陈永达，江苏天元律师事务所律师。

被告人蔡惠愿，男，1974年11月15日出生于福建省石狮市，汉族，初中文化，原系厦门远华集团有限公司职员，住石狮市宝盖镇三河村。因本案于1999年11月11日被刑事拘留，同年12月18日被逮捕，2000年5月24日被取保候审，同年7月11日被撤销取保候审，现羁押于厦门市看守所。

辩护人郑启东、邹振武，厦门三川律师事务所律师。

廈門市中級人民法院判決書

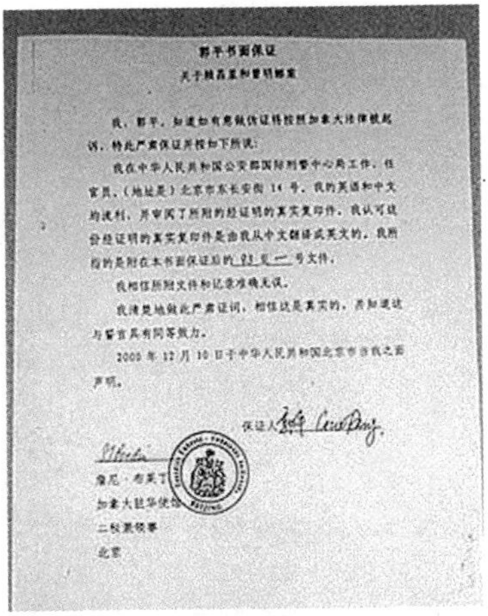

郭平书面保证

关于赖昌星刑警明鉴

我，郭平，知道如有蓄意伪证将按照加拿大法律被起诉，特此严肃保证并检如下所说：

我在中华人民共和国公安部国际刑警中心局工作，任官员，（地址是）北京市东长安街14号。我的英语和中文均流利，并审阅了所附的经证明的真实复印件。我认可这份经证明的真实复印件是由我从中文翻译成英文的。我所指的是附在本书面保证后的93页一号文件。

我相信所附文件和记录准确无误。

我清楚地做此严肃证词，相信这是真实的，并知道这与誓言具有同等效力。

2000年12月10日于中华人民共和国北京市当我之面声明。

保证人郭平 Guo Ping

加拿大驻华使馆

二秘兼领事

北京

中國公安部國際刑警中心局郭平向加拿大使館的書面保證書

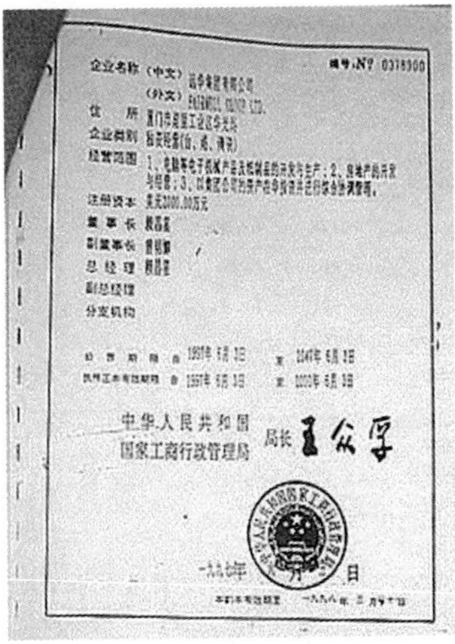

编号：NY 0318300

企业名称（中文）远华集团有限公司

（外文）

住所 厦门市湖里工业区华光路

企业类别 独资经营（台、港、澳资）

经营范围 1、电脑等电子机械产品及模制品的开发与生产；2、房地产的开发与经营；3、以兼营合资的资产经营项目并进行综合协调管理。

注册资本 美元3000.00万元

董事长 赖昌星

副董事长

总经理 赖昌星

副总经理

分支机构

经营期限 自1997年6月3日 至2047年6月3日

执照正本有效期限 自1997年6月3日 至2002年6月3日

中华人民共和国

国家工商行政管理局 局长 王众孚

一九九七年 月 日

中國工商管理局局長王眾孚發出的遠華營業執照

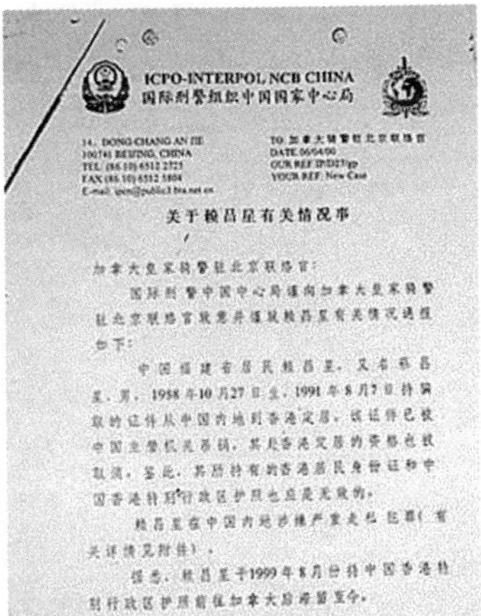

ICPO-INTERPOL NCB CHINA

国际刑警组织中国国家中心局

14, DONG CHANG AN JIE
100741 BEIJING, CHINA
TEL (86 10) 6512 2721
FAX (86 10) 6512 5804

TO：加拿大骑警驻北京联络官
DATE 06/04/00
YOUR REF: New Case

关于赖昌星有关情况事

加拿大皇家骑警驻北京联络官：

国际刑警中国中心局谨向加拿大皇家骑警驻北京联络官致意并谨就赖昌星有关情况通报如下：

中国福建省居民赖昌星，又名赖昌星，男，1958年10月27日生，1991年8月7日持骗取的证件从中国内地到香港定居，该证件已被中国主管机关吊销，其在香港定居的资格也被取消，鉴此，其所持有的香港居民身份证和中国香港特别行政区护照也应是无效的。

赖昌星在中国内地涉嫌严重走私犯罪（有关详情见附件）。

据悉，赖昌星于1999年8月份持中国香港特别行政区护照前往加拿大后滞留至今。

國際刑警組織中國國家中心局給加拿大騎警北京聯絡官的信件

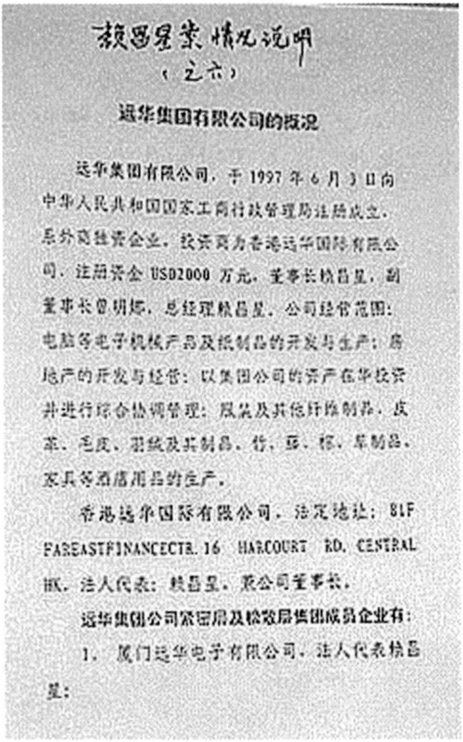

赖昌星案情况说明

（之六）

远华集团有限公司的概况

远华集团有限公司，于1997年6月3日向中华人民共和国国家工商行政管理局注册成立，系外商独资企业，投资商为香港远华国际有限公司，注册资金USD2000万元，董事长赖昌星，副董事长曾明娜，总经理赖昌星。公司经营范围：电脑等电子机械产品及纸制品的开发与生产；房地产的开发与经营；以集团公司的资产在华投资并进行综合协调管理；服装及其他纤维制品，皮革、毛皮、羽绒及其制品，竹、藤、棕、草制品，家具等酒店用品的生产。

香港远华国际有限公司，法定地址：81F FAREASTFINANCECTR. 16 HARCOURT RD. CENTRAL HK，法人代表：赖昌星，系公司董事长。

远华集团公司紧密层及松散层集团成员企业有：

1、厦门远华电子有限公司，法人代表赖昌星；

中國官方向加拿大提供的賴昌星案情況說明

赖昌星案情况说明

（之五）

可能为赖昌星作证的在逃人员

可能爲賴昌星作證的在逃人員名單

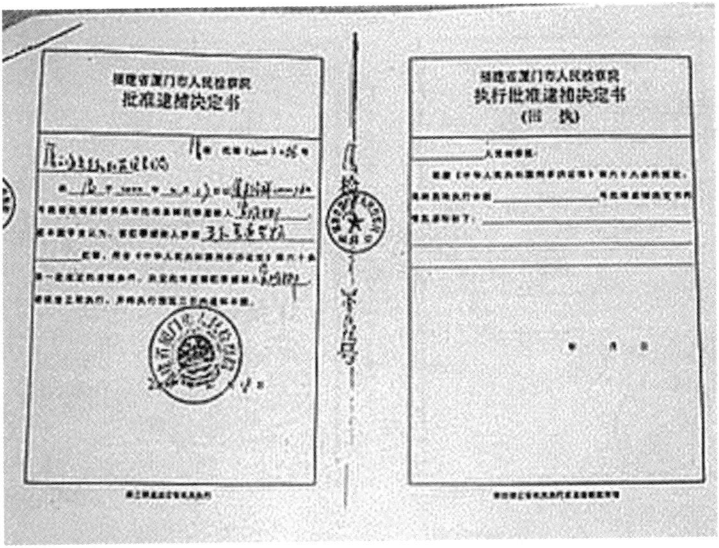
福建省厦门市人民检察院
批准逮捕决定书

福建省厦门市人民检察院
执行批准逮捕决定书
(回执)

中國當局簽發的賴昌星妻子曾明娜逮捕證

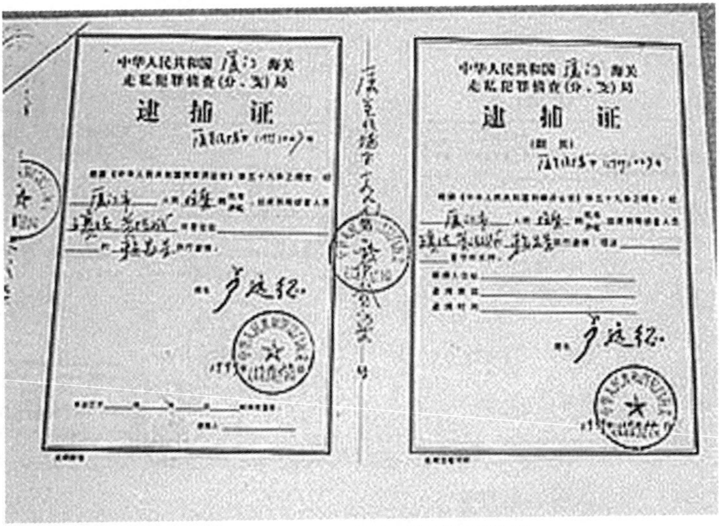
中华人民共和国厦门海关
走私犯罪侦查(分、支)局
逮捕证

中华人民共和国厦门海关
走私犯罪侦查(分、支)局
逮捕证
(回执)

中國當局簽發的賴昌星逮捕證

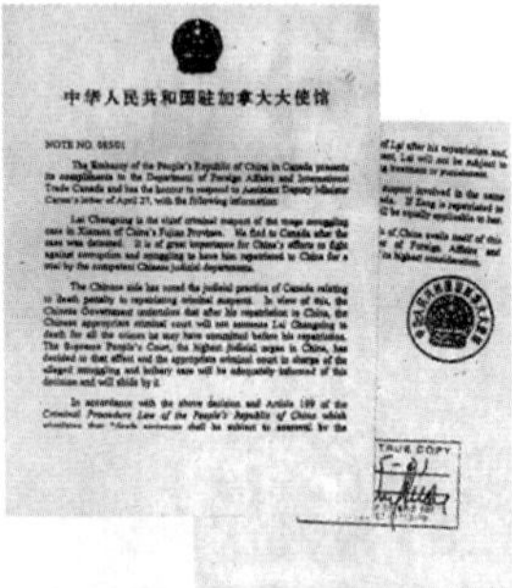

中华人民共和国驻加拿大大使馆

TRUE COPY

中國當局簽發的針對
賴昌星一案的保證書

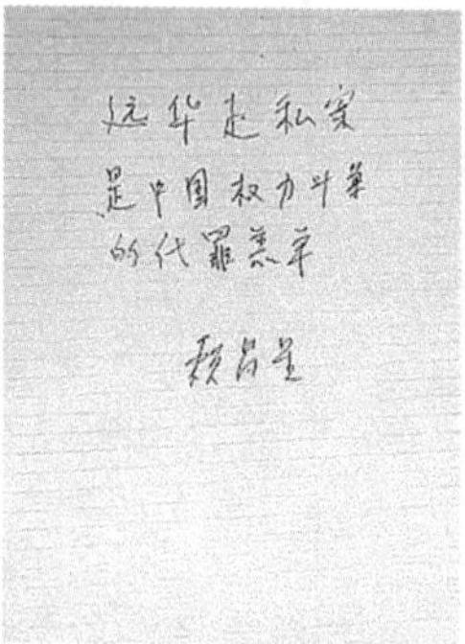

远华走私案
是中国权力斗争
的代罪羔羊

赖昌星

賴昌星手跡

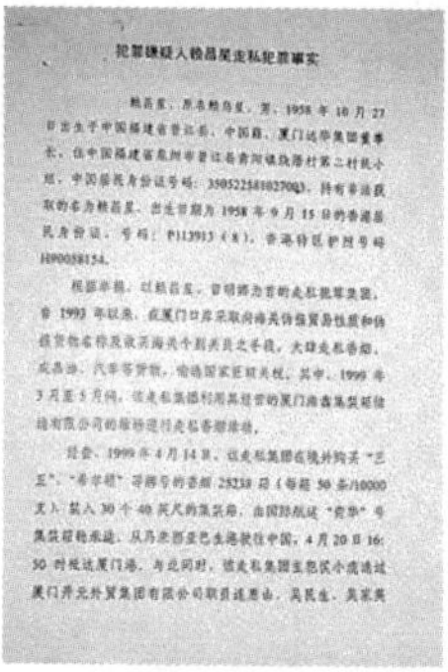

中國官方提供的
賴昌星犯罪材料

中紀委遠華案專案小組(四二０)在開會　(多維社)

十一 賴昌星加國入獄，朱鎔基誓言引渡

賭場桌前客，忽變階下囚

二○○○年十一月二十三日，在加拿大多倫多附近的「尼亞加拉大瀑布賭場」旁的希爾頓酒店的一六六五號房間裡，賴昌星正在憂心忡忡地觀看中國官方的有關楊前線、莊如順被判死刑的新聞錄像帶。新聞錄像帶是從新聞節目上錄下來的，賴昌星使用的是自己帶的錄像機，這段新聞他已經看過好幾遍了。這一天，賴昌星沒有什麼心情到賭場裡邊去賭了，他要好好想一想整個事情到底怎麼辦？他向加拿大政府提出難民申請也已經有半年了，不知道什麼時候才能出席聆訊？不知道能不能贏？孩子們怎麼辦？國內的審判還在進行，回是回不去了。

下午三點左右，忽然聽到重重的敲門聲。賴昌星打開門，見是兩位四十歲上下的婦女，看起來是酒店的管理人員，他很納悶。賴昌星連聽帶猜明白了，兩位女士只是來看看房間是否打掃過了，然後就出去了。後來賴昌星回憶道：大概是下邊的警察看我一整天沒有下來過，等得不耐煩了，叫人上來看看。不然為什麼需要兩個人一起上來？而且敲門敲得那麼重。

下午四點多鐘，賴昌星覺得有點餓了，他走下來，想到酒店附近的一個小中餐館「蓮花」去吃點東西。剛一走出酒店的大門，賴昌星立即被兩個人從兩邊擠住了。賴昌星後來說：「我還以爲是路走不開，他們擠到我。」這時，其中一個人亮出一個皮質證章，對賴昌星說：我們是警察。賴昌星隨著警察來到幾步以外的停車場，周圍已經有五六個人圍過來。警察要求賴昌星把手放在車上，不要動。賴昌星沒有打算反抗。警察當中一個人用中文問道：「是賴先生嗎？你身上有沒有武器？」賴昌星說：「沒有。」這個人又說：「我現在宣佈逮捕你。你可以打電話給你的律師，也可以打電話給你的家人。」

很快，賴昌星被送到了尼亞加拉大瀑布區的警察局。

到了警察局，賴昌星說：「我要打電話。」說中文的警察說：「不可以。」賴昌星說：「你剛才不是宣佈說我可以打電話嗎？」警察們商量了一下，說：「你打吧。」賴昌星立即打電話給阿標，阿標是在溫哥華認識的朋友，一直給賴昌星當司機，時常陪賴昌星到賭場玩。阿標這時已經從賭場裡出來了。阿標說，他剛剛接到律師的電話，律師通知他，賴昌星太太曾明娜已經在溫哥華被捕。賴昌星知道麻煩了。

警察要帶賴昌星回酒店去拿東西，但是賴昌星不肯。警察問爲什麼？賴昌星說：這樣太難看了。

幾個小時以後，賴昌星被帶到了多倫多市中心拘留中心。在路上，賴昌星對押解他的警察說：你們不知道，我是被中國的政治搞得這麼慘。你們不知道，我爲國家做了多少事？但是，沒有人回答他的話。賴昌星並詢問，逮捕令是什麼時候簽出的？對方說，是二十號簽出的。

賴昌星被關押在多倫多一個晚上之後，第二天就被押到溫哥華。賴昌星帶著手銬，由三個人陪同，其中一個女的是華人，「姓潘，人很好。」賴昌星說。一到溫哥華，賴昌星立即被送進拘留所，他要求馬上見律師。

自從被捕那刻開始，他最擔心的就是幾個孩子，心裡很難受。覺得沒有把孩子安排好，沒有留什麼錢給他們。他說：「他們一抓我，我就明白這是中國大陸在搞鬼，因爲我在加拿大沒有做錯什麼。」

律師：他並沒有違反移民法

賴昌星在加拿大被捕的同時，加拿大駐中國大使館移民官員蘇珊・格里格森（Sus An Gregson）女士在北京首先披露了這一消息。消息稱，賴昌星和妻子曾明娜是因爲違反加拿大移民法的有關規定而被捕。消息一經披露，正在新加坡出席東盟會議的中國總理朱鎔基立即表示，將盡一切努力要求加拿大把賴昌星遣返回中國受審。

按照加拿大難民法的有關規定，難民申請人受到加拿大人權憲章的保護，他們在等待難民法庭的聆訊期間，可以享有充分的自由；但同時，加拿大移民部如果認爲難民申請人不會出席難民聆訊，也有權對申請人實施拘押。但在拘押期間，每隔三十天就需要舉行復核聆訊，確定是否有必要繼續對難民申請人進行拘押。

賴昌星夫婦是在十一月二十八日，在溫哥華第一次出席難民法庭的復核聆訊，這也是他自被捕以來首次露面，因此吸引了大量媒體的關注。大批記者等候在法庭門外，希望採訪到這位富有傳奇色彩的人物。當天上午九點，身穿囚衣的賴昌星夫婦，被從監獄帶到法庭。但是，移民部拒絕讓他們與媒體見面，法庭的警衛一再阻止記者拍照，並一度同記者發生爭執。然而，仍有媒體拍到了賴昌星夫婦穿過走廊，進入法庭的情景。

這次法庭聆訊是閉門舉行的。

賴昌星的代表律師伯爾頓介紹說，移民部的官員在法庭上強調，賴昌星夫婦是受到中國政府通緝的重大刑事罪案的嫌疑犯。他爲了避免在難民申請失敗後被遣返回中國，很可能會在等待聆訊之間，潛逃失蹤，因而有必要對他們實施拘押。但伯爾頓則向法庭指出，賴昌星夫婦有錢，也有合法的旅行證件，他們如果想逃走的話，在被警方逮捕之前，有的是機會可以逃走。而且，賴昌星在加拿大沒有犯罪，也沒有犯罪傾向，對加拿大的公共安全並不構成威脅。因此對他們夫婦的拘押是沒有道理的。

加拿大難民法庭的女裁判官戴克，在經過一個星期的考慮之後，於十二月五號，裁定移民部拘押賴昌星夫婦的理由成立，並因此拒絕了賴昌星夫婦要求保釋的請求。賴昌星夫婦隨即向加拿大聯邦法院提出了上訴，但是，加拿大聯邦法院在十二月十八號做出裁決，駁回了賴昌星夫婦的上訴，維持原判。

十二月二十一號，加拿大難民法庭就賴昌星夫婦的拘押舉行第二次復核聆訊。

在這次聆訊中，賴昌星夫婦的代表律師德瑞·拉森改變策略，指責移民部逮捕賴昌星的理由缺乏法律依據。他指出，移民部是以違反移民法爲由授權警方逮捕賴昌星的，但是賴昌星夫婦是在九九年八月持有香港護照入境，按照加中兩國的領事協議，持香港護照入境的人，可以享有免簽證的待遇，並可以在加拿大合法居留不超過六個月。賴昌星夫婦在入境時得到了七個月的簽證，他們在簽證期滿之前，向加拿大移民部提出了延長簽證的申請，並在二〇〇〇年三月獲得移民部的批准，延長了六個月的簽證。同時，賴昌星夫婦在二〇〇〇年六月，就已經提出了難民申請，成爲在加拿大合法居留的難民申請人。直到警方於十一月逮捕他，在這整個過程中，賴昌星夫婦並沒有違反加拿大移民法中的任何條款。

德瑞·拉森律師指出，就在加拿大警方逮捕賴昌星夫婦的同時，加拿大駐北京大使館首先向外界公佈了賴昌星被捕的消息。這說明加中兩國政府在逮捕賴昌星的問題上，早有默契。而加中兩國官方的私下交易，使得賴昌星受到了不公正的待遇，因此要求法庭立即釋放賴昌星夫婦。

但是，移民部方面似乎早有準備，他們避免就賴昌星如何違反移民法的問題做出解釋，而是要求加拿大皇家騎警的代表出面作證，說是賴昌星在加拿大期間，曾經與加拿大的亞洲黑社會組織大圈幫、三和會的成員接觸。警方正在對此展開調查，因此有必要對賴昌星夫婦實施拘押。

難民裁判官在經過八天的反復考慮之後，再次拒絕了賴昌星夫婦的保釋申請。裁判官的理由是，賴昌星夫婦在提出難民申請時，拒絕交出他們所持有的香港護照。裁判官認爲，這說明賴昌星夫婦作了隨時潛逃的準備。

二〇〇一年一月二十三號、二十四號兩天，加拿大難民法庭就賴昌星夫婦的拘押舉行了第三次復核聆訊。

在聆訊中，賴昌星夫婦的代表律師，改變了以往的策略，不再要求法庭釋放賴昌星夫婦，而是要求法庭批准以軟禁的方式，取代對賴昌星夫婦的拘押，並提出軟禁期間對他們的監視費用，由賴昌星本人支付。伯爾頓律師向法庭提交了一份計劃。按照這份計劃，賴昌星回到家中之後，由一家著名的保安公司對他們實行二十四小時的監控。保安公司除了設置攝像機，監視賴昌星夫婦的行動之外，並派出保安人員守候在賴昌星的家中。伯爾頓律師並且舉出一名受到泰國政府通緝的泰國銀行家爲例，說明賴昌星有理由受到同樣的待遇。這名銀行家在加拿大被抓獲後，被准許以軟禁的方式取代拘押。

二月二號，加拿大難民法庭的裁判官泰斯勒終於批准賴昌星和妻子曾明娜有條件軟禁。

裁判官在裁決書中，一共提出了九項條件，其中包括：保安公司必須保證至少有一名保安人員，另外還有一名翻譯，全天二十四小時在現場，監視賴昌星夫婦的行動；用於監視的攝像機能夠看到房間的各個角落；除了會見律師、找醫生看病、到法庭之外，賴昌星夫婦不得外出；他的所有電話也都被錄音監聽；賴昌星自己需要每個星期向保安公司支付兩萬加元的監視費用。裁決書表示，一旦九項條件得到滿足，賴昌星夫婦可以立即出獄。

但是，加拿大移民部立即就這一裁決向加拿大聯邦法院提出了上訴。移民部聲稱，賴昌星和加拿大的亞裔黑社會組織有聯繫，如果他們離開了有嚴密保安措施的監獄，隨時可以在黑社會組織的協助下潛逃失蹤。

就在這期間，加拿大聯邦最高法院的九位大法官，在二月十五日，就美國方面要求加拿大把兩名殺人嫌疑人引渡到美國受審的問題，一致做出了一項裁決。裁決說，由於加拿大是一個沒有死刑的國家，加拿大的法律禁止把人引渡、或者遣返到可能會被判處死刑的國家。只有在美國方面保證不會把兩名嫌疑犯判處死刑的情況下，加拿大才能夠把他們引渡給美國。

針對這一判決，賴昌星表現出興奮的心情。

賴：他們這樣判，我認爲對我的這個案子是非常有好處的。

問：你怎麼看？

賴：我當然很高興了。中國和美國來比，美國是全世界都承認他們的法律是公平的，但是中國的法律是不能得到公正的判決的。有了這個例子，我相信這邊的法律能給我一個公正的判決，應當不會把我送回去受迫害吧。

加拿大總理：我們會按自己的法律處理

當時正在中國訪問的加拿大總理克雷蒂安，二月十七日在回答記者就遣返賴昌星一事所提的問題時，明確表示：中國領導人在同他的會談中，確實提出了希望加拿大遣返賴昌星的要求。但他向中國官方所作的答覆是：賴昌星已經在加拿大提出了難民申請，加拿大必須按照自己的法律處理這一案件；聯邦最高法院就是否把兩名殺人嫌疑犯遣返到美國去的裁決，對賴昌星是否應被遣返，也有法律約束力。也就是說，只有在中國保證不會把賴昌星判處死刑的情況下，加拿大才會考慮把他遣返回中國。

這是加拿大總理自從賴昌星在加拿大被捕以來，首次就他的問題做出的明確表態。仍在監獄中等待回家接受軟禁的賴昌星聞訊後，欣喜若狂。

賴：我聽到這個消息很高興。我自己想了一個晚上，我是這樣想，加拿大總理去要講人權，這個是名正言順的，加拿大的法律是這樣的，國家公理也是這樣的，他肯定要這樣說出去的。假如中國要跟他私下交易，我看他也不敢答應，假如他答應了，中國就抓了他的把柄，將來中國就會說你也沒有人權，所以加拿大總理也不會這樣做，對不對？

問：如果你被送回去會怎麼樣？

賴：中國我是很熟悉的，我在大陸長大，對中國還是很瞭解的。我相信中國他什麼都會做得出來。我看到報紙上說法輪功的在監獄裡被打死的也有一百多人。而且，我也有跟那些在遠華案子裡的，被打得剩半條命放出來的人通過電話，他們都不敢說，只說不讓睡覺，幾個人問完再來換幾個人問。他們就是要把我弄回去殺人滅口。我知道，如果我要回去，也要等我的法律程序走不通，沒有拿到我的難民申請，才會走到這一步。現在加拿大總理有這一句話，我也安心一點，加拿大總理這句話應該不會是個圈套吧。

問：應該不會。

賴：我回去就會死的，沒有人不相信這一點，大家都知道的。他們如果說我回去不會死，這是不可能的，這是騙人的。我又沒有做錯什麼，我應該有一條生路。不過，加拿大總理這麼講了，他們就有可能有對策了，先說不判我死刑，把我弄回去再說，他們做得出來的。

坐牢日子不難熬

問：現在你雖然是在加拿大，但是你是住在監獄裡。你是怎麼樣看待這裡的法律制度的？

賴：我要是說給大陸的人聽，很可能會沒有人相信的。這裡真正是以法律來辦事的，中國的也叫法律，這裡也叫法律，但完全是兩回事，不一樣的。在這裡，你只要一天沒有被法官判罪，大家看你都是一樣的人，包括那些警察，看我們都是一樣的。沒有什麼打呀什麼的，只是行動上的限制，你不能出到外面。你需要什麼你可以寫要求，他們就會給你辦得好好的。

問：監獄裡面的人對你的態度怎麼樣？

賴：都挺好的，很關心我。這裡面的人經常來問我有沒有什麼需要的，他們都很客氣。

問：可能這裡監獄條件和中國的就不一樣了。

賴：完全不一樣了。你象如果在大陸，平時連見你都見不到，更不用說別的了，還會說讓你隨便打電話？都是會被警察打，被逼供。在這邊你就是犯錯了，警察都不會直接來問你的，都是由你的律師直接對話就可以了，也不會兇你什麼的。

問：你適應這裡嗎？每天的生活是怎麼過的？

賴：這裡就是吃的不太習慣，我本來就不吃牛肉，魚也不吃沒有鱗的，只有雞肉我可以吃。但這裡還有兩個中國人和我在一起，我們就可以一起煮中國餐了。再一個就是語言不通，無法交流。

問：還可以自己做飯？

賴：對。

問：你能不能說說每天在裡面生活的情況？

賴：每天早上七點鐘起床，打打電話，出去抽煙，談談話。到九點又進去了。十點鐘又可以出來了。基本上每天都是這樣。十二點鐘再進去，二點鐘出來做一個小時的運動。

問：你說進來和出去是什麼意思？

賴：就是說到時候就進房間裡面。關在裡面，出來就是到大廳裡面。外面就是一個大廳，有電視看，可以打電話。在房間裡沒有電話打。一般早上七點我是不起床的，睡到十點鐘，有時要給大陸或香港打電話才起床。然後煮些東西吃，到十二點又進去可以睡兩個小時，出來後可以做運動，打籃球或者排球，有時是做健身運動，每天都是一小時，有很多健身器材可以隨便用。

問：睡覺之前有什麼自己的安排嗎？

賴：自己沒有什麼安排的，有時打撲克，看看電視，說笑。

問：有報紙嗎？

賴：報紙有，你可以自己訂的。我自己訂了中文報紙。

問：電話可以隨便打嗎？

賴：是的，可以隨便打。打到哪裡都不管，要自己付錢的。

問：電話有錄音嗎？

賴：有，應當是有的，我認爲是有的。這個反正都是正常的，沒有什麼啦。我本身也沒有做錯什麼，也不會去做對不起誰的事。給小孩子打打，關心關心，有時覺得悶了就打給朋友聊聊天。還有我對這個案子很關心，我當然要打聽了。因爲我心裡一直很不平衡，我覺得實在是太黑暗了，他們爲了自己升官，不顧人家的死活，害了多少人。

問：你現在可以隨時與孩子聯繫是嗎？

賴：對，可以。這裡面有醫院，每天藥車都進來三次，問你有什麼不舒服，需要不需要吃藥。好像還有個住院部。

問：是不是必須要按照這裡的作息時間呢？

賴：讓你按時進去，但出來不一定，到時候你可以不出來，那你就繼續睡覺嘍。
問：這裡有多少中國人？
賴：你指的是犯人？幾十個，應該是三四十人，大家都不在一起，每星期有一個教堂，都是中國人的，大家就可以見面了。
問：你是單人房間嗎？
賴：我是單人房間，也有雙人房。我要求單人房就給我單人房了。
問：這裡獄方的態度怎麼樣？
賴：很好，這裡人我覺得很好。友好、講道理，只要不違規就不管你的，比較尊重人。

世上只有家裡好

三月九日上午，加拿大難民法庭的裁判官泰斯勒簽署了一份裁決書，裁決書認爲，法庭所委託的保安公司已經滿足了法庭早些時候提出的條件，因此批准賴昌星及妻子曾明娜立即出獄，返回他們位於溫哥華，伯納比的家中接受軟禁。

當地時間中午十二點左右，賴昌星夫婦分別從兩所不同的監獄，回到自己的家中，從而結束了長達一百多天的監獄生涯。

與此同時，賴昌星的代表律師同加拿大的難民法庭初步商定，賴昌星和妻子曾明娜的難民聆訊於五月二十九日開始舉行。

我在賴昌星被釋放第二天和他通了電話。

問：怎麼樣？到家裡感覺如何？
賴：到家當然感覺很好了，好很多。
問：小孩子高興了？
賴：對。
問：你會做飯給他們吃嗎？
賴：有啊。
問：平常是你做還是你太太做？
賴：是我啊，他們說我做得好吃。
問：你太太怎樣？
賴：總之好很多，壓力還是很大。
問：對，我在監獄裡看到她是很焦慮。
賴：壓力還是很大的。這兩天休息一下，保安不讓我接受採訪。
問：保安公司說你在幾天以後可以接受採訪？
賴：大概一個星期以後。我看到有二十幾個記者在下面。我沒有走大門，每個門口都有人，還帶著照相機走來走去，我沒有讓他們看到。

問：你和你太太是同時出來的？

賴：她早一點。

問：幾點鐘到的家？

賴：十二點到家的。我看到報紙登的，福建省省長講了，有記者問他遠華案的情況。他說遠華案已經全部查清楚了。現在只剩下一些尾巴。另外就說我公司應該破產。還有朱鎔基說我是貸款二百多億，跑掉了。就是說我欠銀行二百億，所以說要讓我公司破產，要沒收那些公司去拍賣。你說有這樣說話的嗎？福建有人叫朋友傳話給我，他告訴我的，他說大概已經要結束了。就是說該抓的已經抓了，該判的已經判了，可能會放棄我，有這樣一種說法。因爲抓不抓也不是他的事。反正他把這些消息告訴我的朋友，讓朋友轉告我，就這個意思。

信口開河的《私梟》

賴：我昨天晚上打電話給《亞洲周刊》王健民，他還在看那本書，叫《私梟》。

問：《私梟》我也看了。

賴：裡面根本就是胡說八道。裡面只有那些關於我們家鄉的差不多就是那樣。其他都是他們亂編出來的。說我什麼在深圳看到一個歌星，我就去歌廳泡。我從來在深圳都沒有去過歌廳，怎麼會送一萬塊錢的花籃進去？還說她不要，最後送了六十萬的，簡直就是胡說八道。

問：書上還說你看上了一個女演員，說你指著外面一座公寓說，這個就是送給你了，然後她就跟你好了。

賴：沒有這回事的，根本就沒有那種事。他們現在就是要讓人家覺得我是個什麼樣的壞人，他們就得逞了。反正他們可以亂寫的。我可以告他的是不是？我要找一個香港那邊的律師告他，太離譜了。

抓到賴昌星　救了方勇

出獄之後，賴昌星開始為出席難民法庭的聆訊而進行準備。

這時，加拿大移民部派出了一個小組，前往中國去搜集中國指控賴昌星的證據，並得到了中國方面的大力配合。十幾天後，移民部小組帶著一大堆收穫返回加拿大。

他們除了得到了中國政府的准許，在監獄裡對李紀周進行了訪談，對賴昌星大哥賴水強進行了訪談。還有賴昌星在與劉曉輝通電話時被劉偷偷錄的音，另外還有中國國家安全部出具的一張證明，說明賴昌星不是國安部的人，但是，證明上沒有人簽字，也沒有蓋章。

賴昌星非常氣憤。他說：這些人竟然能做得這麼絕。我為他們做了那麼多事，現在他們說我不是他們的人。當年是他們頒給我三等功的，證書、證章都在他們手裡。

賴昌星立即和國內的關係聯繫，找到原來在公司裡工作過的一些人，這些人在賴昌星的律師派駐中國的代表那裡，出具了一份證詞，說明他們在爲賴昌星工作期間，曾經在賴昌星的辦公室裡看到過他的三等功的證書和證章。

證據當中還包括，移民部的官員得到了一份六分鐘的錄像帶，是中國警方在監獄中錄製的。被問話的人叫方勇，是一個涉嫌挪用公款的貪污犯，曾經逃到加拿大，後來因爲違反交通規則被加拿大警方扣查，結果發現他是一個中國政府的通緝犯。於是，在加拿大得到中國保證不判處他死刑的前提下，將方勇交給了中國政府。

錄像帶中只能看到方勇的頭部特寫，面前是監獄的幾根鐵欄杆。

問：你叫什麼名字？

答：方勇。

問：怎麼寫？

答：方便的方，勇敢的勇。

問：今年幾歲？

答：三十八歲。

問：哪一年出生的？

答：一九六四年十二月十四日。

問：你因爲什麼原因被判刑？

答：因爲貪污罪被判刑。

問：判處什麼刑罰？

答：一審被判死刑。後來被省高級人民法院改判無期徒刑。

問：什麼時候被判處死刑的？

答：是二〇〇〇年六月八號被判處死刑的。

問：什麼時候改判的？

答：二〇〇〇年的十二月十一號改判的。

問：改判了多長時間？今天是幾號？

答：今天是……七號吧。

（這時，鏡頭背後有一個低沈、陰狠的聲音提醒說：三月六號。）

問：今天是哪一年的幾月幾號？

（方勇向攝像機的側面看了一眼）

答：今天是二〇〇一年的三月六號。

問：算一算多長時間了，改判無期了。

答：兩個月二十五天。

問：那就將近三個月了。

答：對。
問：判決已經生效了？
答：生效了。
問：現在已經在服刑了？
答：對。
問：你對自己的判決如何看法？
答：本來自己是判死刑的，後來改判無期以後，感謝政府給我一次重新做人的機會。
問：你現在改造是不是安心？
答：安心。
問：你的案子是什麼時候案發的？
答：一九九〇年八月底。
問：你是因爲……
答：貪污。
問：貪污涉金額多少？
答：一百六十六萬。
問：貪污什麼單位的？
答：交通銀行。

問：寧波交通銀行？

答：對。

問：是公款嗎？

答：對，公款。

問：後來案發以後你怎麼辦？

答：案發以後害怕法律制裁，通過非正常手段潛逃到加拿大。

問：什麼時候逃到加拿大的？

答：一九九一年十月份。

問：後來呢？

答：一九九九年十月二十三號，因爲交通違章，被加拿大警方逮捕了，發現我是通緝犯，就把我交給中國警方了。

（這時方勇涉圖抬起右手來搔頭髮，他的左手也被帶起，可以清楚看見方勇手上戴著手銬）

問：加拿大那邊有沒有法院的判決？

答：有。他們判我非法居留罪，判我驅逐出境。

問：驅逐出境？

答：對。

問：何時交給中國警方的？

答：二〇〇〇年的一月七號。
問：二〇〇〇年一月七號加拿大警方移交給中國司法機關？
答：對。
問；什麼時候判刑的？
答：二〇〇〇年的六月八號，被寧波市中級人民法院一審判處死刑。
問：講下去。
答：二〇〇〇年十二月十一號，被省高級人民法院改判無期徒刑。
問：你現在服刑期間生活如何？
答：生活……還可以。
問：環境如何？
答：也可以。
問：工作人員待你怎麼樣？
答：很好。
問：你有何感想？
答：感謝政府給我一次重新做人的機會。我會在以後的改造生活過程中嚴格要求自己，爭取減刑。
問：還有什麼嗎？

答：沒有了。
問：以上說的是事實嗎？
答：是。

中國駐加拿大大使館發出承諾書

中國駐加拿大大使館於二〇〇一年五月份向加拿大移民部發出一封信函，保證在賴昌星被加拿大遣返回中國後，中國將不會判處他死刑。

中華人民共和國駐加拿大大使館
（通知號：〇一年〇八五）

中華人民共和國駐加拿大大使館謹向加拿大外交暨國際貿易部致意，並榮幸地對副部長助理CARON四月二十七日的來信做出如下答覆：

賴昌星是中國福建廈門特大走私案的首要嫌疑人。他於案發後逃到加拿大。把他遣返回中國，接受司法審判，對於中國打擊腐敗及走私活動的努力極爲重要。

中國方面注意到加拿大有關遣返犯罪嫌疑人所涉及的死刑問題的法律規定。有鑒於此，中國政府保證：在賴昌星遣返回中國之後，中國的有關刑事法庭將不會根據他在遣返前所犯的罪行，把他判處死刑。中國的最高司法機構，最高人民法院已經做出這項決定。同時，負責審理走私、行賄案件的有關法庭也將被告知這一決定，並將遵照執行。

根據上述決定，以及《中華人民共和國刑法》第一九九條的規定，「死刑必須報請最高人民法院批准」，有關的刑事法庭將不會判處他死刑，即使判處了死刑，也不會得到最高人民法院的批准。因此，如果他被遣返回中國，在任何情況下，都不會被處決。

同時，中國也是聯合國《反酷刑虐待及非人道處罰公約》的簽約國。根據中國有關法律的規定，在賴昌星被遣返回中國後的法庭調查期間，以及他如被定罪之後在監獄服刑期間，他將不會受到酷刑虐待或其他不人道的對待或處罰。

賴昌星的妻子曾明娜也是同一案件的涉案嫌疑人之一。她同賴昌星一道逃到了加拿大。如果曾明娜被遣返回中國，上述的承諾也同樣適用於她。

中國大使館值此機會再次向加拿大外交暨國際貿易部鄭重承諾上述考慮。

中華人民共和國駐加拿大大使館　（蓋章）

賴昌星得知這一消息後說：我早就知道他們會這樣做。

賴：「遠華案」真的是冤枉案，他們爲了達到目的，就要殺人滅口。如果是能把我引渡回去的話，什麼承諾他們都可以做出來。他們爲了做得圓滿，我也想得出他們應該會做出這種承諾，把我引渡回去，說不會怎麼樣我，然後在裡面叫犯人打也好，他們自己打也好，最後說你自殺也行，他們這種事都會做的出來啊。

問：你不相信他們的承諾，是嗎？

賴：其實承諾不判死刑，引渡也是幾年以後的事。到我難民拿不到，什麼都輸了才會到這一步。當然承諾總比不承諾好。

問：你剛才擔心的是中國先承諾不判死刑，先把你弄回去再說，是這個意思嘛？

賴：是，他們一定會這麼做的，反正一回去先把你幹掉，不正面把你幹掉也會說你自殺了，他們什麼都會編得出來，因爲他得爲這個事情做個圓滿的結束啊。我回去了之後，外界就再也聽不到我的聲音了，不會像是在這裡這樣的嘛，這裡什麼都是公開的，犯人也可以接受採訪。在中國，一進去就完了，沒有人知道嘛。我也有信心，只要加拿大的移民局不要受中國政府的欺騙，我相信我是可以拿到難民身份的，我有信心，我也相信加拿大的法律是公平的。

在到賴昌星家中採訪時，曾明娜向筆者透露，其實，她在九九年初已經著手申請加拿大的投資移民身份了。當時，她是通過在香港的一家移民顧問公司進行的，他們一家逃到加拿大時，正在等待加拿大移民部方面的答覆，可惜只差一步。

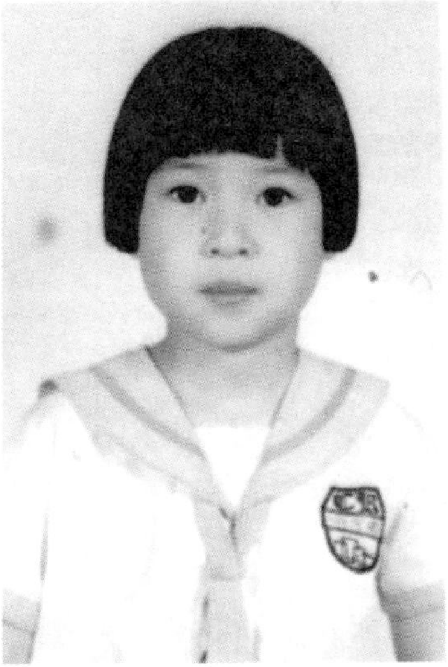

賴昌星女兒

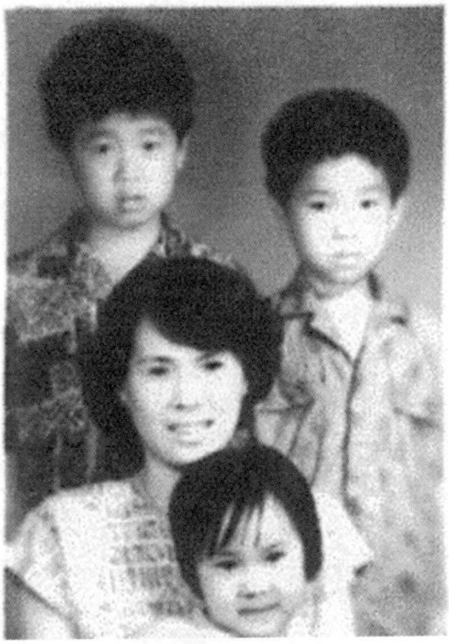

賴昌星妻子和子女

賴昌星青少年時代之一

賴昌星青少年時代之二

賴昌星青少年時代首次到北京

不是結語

二〇〇一年七月三日，加拿大移民及難民法庭開庭審理賴昌星和妻子曾明娜的難民申請案。沒有人會否認，這是加拿大的難民法庭所遇到的最棘手、最難判斷的一樁申請案，這可能也是加拿大自從簽署了日內瓦難民公約以來所遇到的最複雜的難民申請案。

賴昌星，這名被視爲中共建政以來的最大走私案——廈門遠華案——的首要嫌疑犯，必須要讓法官相信，「遠華走私案是中國權力鬥爭的代罪羔羊」。它不過是中國的一部分當權者爲打擊另一部分當權者而製造出來的一個大案。而他本人，則不幸成爲這個所謂特大走私案中的犧牲品。對於法庭來說，則必須要瞭解中國的政治體制——那是一種有著數千年傳統、根深蒂固、盤根錯節——許多人即使在這個體制下生活了一輩子，也無法真正瞭解的一種制度，因爲所有這些運作本身，在中國都被視爲是最高級的國家機密。

但是，賴昌星，一個中國福建省晉江地區的普通農民，而且他只有小學三年的文化程度，卻曾經遊刃有餘地在這個制度中上下穿梭、八方聯絡，上至中國的最高領導人，下至各省、市（地）、縣、鄉的各級官員，以及軍、警、憲、特各方要員，都成爲他社會關係中的重要環節。搞垮一個賴昌星，進而就能搞倒一批人。換句話說，如果要搞掉這批人中的任何人，都會有人想到要先搞掉賴昌星，於是，這裡就出現了一張中國官場的派系分佈圖，圖上列出的名字，都是當今在中國政界、軍界舉足輕重的大人物。他們之間有著縱向、橫向、斜向的各種重疊、交錯的關係，而加拿大的法庭必須瞭解這些關係。否則他們不可能，也無法判斷賴昌星是否屬於日內瓦難民公約所規定的政治難民的範疇。

採訪賴昌星和寫作此書，前後用了不到三個月的時間。十分倉促。除了兩次在溫哥華的監獄裡，一次在賴昌星的家裡的三次當面採訪之外，大部分的內容是由數十次電話訪談連接起來的，所以錄音整理十分繁複。訪談從一開始並沒有一個確定的思路，因爲那時我根本不知道除了中國官方的報道之外還有什麼。我只能追蹤賴昌星的思路，去追問、去挖掘、去反復求證。賴昌星口音重，說話聲音非常沙啞。書中涉及了大量的人物、事件、地點等名稱，都需要一點一點的對照。書中難免有錯漏、誤筆之處。只有請讀者原諒。

在寫作此書的過程當中，心情一直非常沈重。

八十年代中期，當我還在中國國內某個雜誌社工作時，接連發生的幾個事件深深的震撼了我。我記得有一次，我們的雜誌社爲北京的一家著名企業的廠長做了人物專訪，因爲這家企業經營得很好，企業被評選爲當年的優秀企業，廠長也被評選爲優秀企業家。但是，當我們的採訪剛剛寫好，雜誌樣本送交給印刷廠，還沒有來得及印刷出版，這位全國優秀企業家就已經成爲全國十大經濟罪犯之一，被投進了監獄。這個事件給我巨大的衝擊，使我意識到，在中國現有的制度下，沒有一個所謂的企業家是可以掌握自己命運的，在不斷變換、動盪不穩的經濟政策下，他們根本無法把握自己的前途。

當年，中國經濟改革開放的「總設計師」鄧小平提出「摸著石頭過河」，要讓一部分人先富起來。

中國的經濟改革開放已經二十年過去了。在這二十年當中，有多少當年的優秀的企業家、管理者成爲階下囚，替死鬼；有多少當初的經濟改革理論家或被棄如敝屣，或亡命天涯？

所以，中國需要實行「經濟改革開放」政策，是因爲，中國的權力核心需要在理論上爲了「讓一部分人先富起來」立論創說；並且，在實踐上爲了「讓一部分人先富起來」鋪路架橋。那些幫著立論創說的一代經濟學家，多少人已經成爲被自己的立論背棄的苦命人？多少人已經成爲被自己的學說遠遠拋在經濟大潮後面的邊緣人？而那些在經濟改革開放的實踐中幫著鋪路架橋的實踐家們，就真的成了鋪路的泥沙，架橋的石塊。

到如今，幾乎是由屍骨鋪設了一條「讓一部分人先富起來」的康莊大道。

多年來，這條道上早就被冤魂擠滿了。

如果你注定了是鋪路的石子，不管你這塊石頭有多麼大，曾經被派過多麼大的用場，而你最終的命運還是要被牢牢的嵌入地下，並被從上面疾駛而過的「先富起來的一部分人」的車輪，無情地碾過、壓碎。

賴昌星就是這樣一塊石頭。

那些曾經風光一時，瞬即黯然失色，或在黑牢裡苦思冥想，或早已成了冤鬼的一批批「優秀企業家」、「出色的經營管理者」們，都是這樣的石頭。

「廈門遠華特大走私案」從立案調查到現在，已經有兩年多的時間了。二十多人被判死刑，八個人被槍決，四個人自殺。還不知會如何結束。

在寫作此書的過程當中，也有親屬、朋友好心相勸，熱心警告：不要爲走私犯說話，不要招人罵，不要被賴昌星利用。

我，只想爲我知道的事實說話。招人罵的事情早就做了不少，而且難免會一直做下去。這一點倒無所謂，自認有一顆清醒的良心可以做標準；萬一我被賴昌星利用了，我人微言輕，爲害不大，如果中國政府願意，則很容易馬上讓真正的遠華案真相大白於天下；而一旦一個政權要是被少數人利用了，那才是所有人的厄運。

在這本書結稿時，賴昌星和妻子曾明娜的難民申請尙沒有結論，沒有人能夠預見他們的前景究竟如何。在我最後一次就書中的細節向賴昌星核實時，他再一次叮囑我，他所談到的一些事件的細節，及所涉及的一些人物的名字，都不要寫進書中，因爲這些人大部分都是他的朋友，而且多數人都還在中國，甚至有的還身居要職。賴昌星說：我不想害人。他們抓人都抓瘋了，凡是跟我有來往的人，都可能被牽連進去。

我在定稿時，曾經試圖按照賴昌星的意見，把他特別提到的那些人名和細節刪去。但結果發現，這樣一來，書中所涉及的許多重大事件的線索就模糊不清了；一些問題的前因後果變得無法解釋；也使得筆者希望披露真相的寫作初衷大受影響。因此，經反復考慮，我還是無法完全按照賴昌星的意思去做，只能盡量地作了一些刪減。

我知道，我也許永遠也無法揭露出所謂「遠華案」的全部真相，但是，我相信我確實掌握了一部分真相，我願意把這一部分真相呈現給讀者。

在這本書的寫作即將進入尾聲之時，有媒體報道了我寫作這本書的消息。在這之後，我陸續收到了一些令人困惑的電話：打電話來的，有生人，有熟人；有知道名字的，也有匿名的。有些電話是許多年沒有聯繫過的人打來的。有的人，我知道他們在這裡是為中國政府的特殊部門工作的。他們都對我書中所涉及的內容表示關心。其中有人聲稱，是替朋友就這本書的出版與我聯繫，會出別的出版社價錢的三倍，但要先看看書稿；有人說，受人之託要在書正式出版之前買個「先睹為快」的機會；更有人要出百萬美金，買這本書永不出版的「版權」。

我一一謝過，拒絕了。

接著，我在國內的親屬遇到了麻煩，被單位領導找去談話，領導要求他們給我打電話，說要想盡一切辦法阻止我出書。並說，此事涉及國家利益，非同小可。

我很難過，無言以對。

在最初萌生寫作此書的念頭時，我就本著一個：探索真相、披露真相、維護真相的簡單想法。我想，我可以做到這一點。我知道，因爲我在加拿大不在中國，我才有探索、披露、維護真相這樣的權利。我非常珍視我的這一權利，不會放棄。

本書人物簡介

（以書中出現先後爲序）

一

江澤民　中國國家主席、中共中央總書記、中共中央軍委主席

羅　幹　中共中央政治局委員、書記處書記、國務委員

何　勇　中共中央紀律檢查委員會副書記、國家監察部部長、「四二〇」專案組組長

賈慶林　中共中央政治局委員、中共北京市市委書記，原福建省委書記

朱鎔基　中共中央政治局常委、國務院總理

王漢斌　原全國人大常委會副委員長

彭佩雲　現任全國人大常委會副委員長、王漢斌之妻

孔克凡　賴昌星的司機之一，有軍方背景

鄧小平　原中共中央總書記、軍委主席、中共元老

喬　石　原中共中央政治局常委、原全國人大常委會委員長
遲浩田　中央軍委副主席、國防部長
劉華清　原中共中央政治局常委、原中央軍委副主席
李嵐清　中共中央政治局委員、國務院副總理
李鐵映　現任中共中央政治局委員、中國社會科學院院長
阿沛・阿旺晉美　現任全國人大常委會副委員長
劉　江　原農業部部長
賈庭安　江澤民辦公室主任
王治坪　江澤民妻子
許甘露　原公安部出入境管理局局長，涉案在押
李　偉　朱鎔基的機要秘書
胡錦濤　中國國家副主席、中共中央軍委副主席、政治局常委、中共中央黨校校長
李　鵬　原國務院總理，現全國人大常委會委員長
陳希同　原中共中央政治局委員、原北京市委書記，已被判刑
尉健行　中共中央政治局常委、中紀委書記
林幼芳　賈慶林之妻
朱小華　原中國人民銀行副行長、原光大集團董事長

李劍閣　原中國證劵會副主席，現任國務院體改辦副主任
婁繼偉　原貴州省副省長，現任國家財政部副部長
周小川　原中國建設銀行行長，現任中國證劵會主席
劉錫永　福建商人
朱牛牛　原三十一軍副軍長之子，遠華案舉報人
曾慶紅　中共中央政治局候補委員、原中央辦公廳主任、現任中央組織部部長
吳　儀　中共中央政治局候補委員、國務委員
董文華　中國著名女歌唱家、總政歌舞團演員
賈春旺　現任公安部部長，原國安部部長
姬勝德　原解放軍總參二部部長、中共元老姬鵬飛之子，因涉案在押
張　震　原中共中央軍委副主席
王兆國　全國政協副主席、中共中央統戰部部長
鄒家華　原國務院副總理
傅全有　現任解放軍總參謀長
石兆彬　原福建省委副書記，涉案在押
陳廣根　賈慶林原秘書
譚維克　賈慶林原秘書、原福建漳州市委副書記，現任北京市委副秘書長、政研室主任

李紀周　原公安部副部長、原國務院打擊走私小組副組長，現在押
洪永世　中共廈門市市委書記
溫家寶　中共中央政治局委員、國務院副總理
趙紫陽　原中共中央總書記，至今已被軟禁十二年
朱　琳　李鵬之妻
沈太福　原長城公司總裁，已判處死刑
李效時　原國家科委副主任，已判二十年徒刑
高昌禮　原司法部部長，現被免職

二

楊前線　原廈門海關關長，涉案被判死刑未執行，在押
劉曉莉　劉華清的女兒
徐念沙　海軍嵩海公司人員，劉曉莉的丈夫
盧嘉錫　原全國人大常委會副委員長
劉超英　劉華清的女兒、總參二部五局上校副局長，曾涉嫌美國政治獻金案
熊光楷　解放軍副總參謀長
姬鵬飛　中共元老，原外交部部長

陳小同　陳希同之子，已被判刑
李小勇　李鵬之子
牟新生　「四二〇」專案組主要負責人之一，二〇〇一年六月升任海關總署署長
陶駟駒　原公安部部長
張　強　原李紀周秘書
李莎娜　李紀周女朋友
許明良　原全國政協委員，涉案被判三年
姚志勝　原全國政協委員，後出逃
楊改清　走私犯，現在押
秦錦釗　被「雙規」的走私人員
何　陽(音)　經營進口香煙的商人
鄧六金　中共元老曾山之妻、曾慶紅的母親
張良基　原北京市公安局局長

三

陳水扁　臺灣現任總統
辛　旗　中國兩岸問題學者、總參二部的「秀才」

傅　軍　廣東省人民政府第五辦公室政委、原廣州軍區人事處處長
張　嶽　現任北京市公安局副局長、主管政保
張萬年　中共中央政治局委員、中共中央軍委副主席
李長春　中共中央政治局委員、現任中共廣東省委書記
鄭　莉　劉華清的兒媳
劉復之　原公安部部長、最高檢察院院長
淩　雲　國安部首任部長
羅瑞卿　中共建政後首任公安部部長、原解放軍總參謀長
劉洪林　劉復之的女兒
蔡昌星　賴昌星在申辦香港的單程證時所用的名字
洪水樹　福建省公安廳工作人員、原福建富元公司的老闆
洪錦忠　洪水樹被派往香港後用的名字
吳海玄　原全國政協委員，後出逃
梁廣大　原珠海市委書記兼市長，現廣東省委常委
朱　峰　李小勇在香港用的名字
戴相龍　現任中國人民銀行行長
葉劍英　原中共中央副主席、十大元帥之一，中共元老

葉選寧　原解放軍總政聯絡部部長、葉劍英的二兒子，現任全國人大常委會委員

岳　峰　葉選寧對外用的名字

鄧　榕　中國人民對外友好協會副會長、總政聯絡部研究員，鄧小平的女兒

梁洪昌　原解放軍總政秘書長，現任總政聯絡部部長

莊如順　原福建省公安廳副廳長兼福州市公安局局長，涉案被判死刑未執行，在押

陳守山　原臺灣警備司令

王永慶　臺灣臺塑董事長

童洪林　解放軍南京軍區特別工作人員

鄧亞軍　國安部在加拿大的工作人員

陳　良　香港入境處工作人員

李柱銘　香港民主黨主席

梁錦光　香港入境處負責人之一，已殉職

王復中　廣東省安全廳副廳長

林金棟　新華社香港分社工作人員

胡　仙　原香港星島集團主席、原香港「閩僑會館」館長

陳漢華　原國民黨駐香港的地下工作人員

鄭安國　原臺灣旅行社香港分社社長

薛如齡　國民黨駐香港特別工作人員
劉曉慶　中國著名女演員
宋楚瑜　臺灣親民党主席
葉炳南　原臺灣駐香港諜報站站長，已被大陸拘押
劉連昆　原解放軍總後勤部軍械部部長、少將，已被處決
李登輝　臺灣前總統
邵正中　原解放軍總後勤部軍械部局長、上校，已被處決
姚嘉珍　臺灣居民、劉連昆特務案涉案人員之一，現在押於北京
沈昌麗　原解放軍軍醫、劉連昆特務案涉案人員之一，邵正中的情婦，後逃往西班牙
沈小麗　沈昌麗的化名
李　前　解放軍記者
許永躍　原陳雲秘書，現任國安部部長
陳　雲　原中共中央顧問委員會主任，中共元老
陳忠義　雙面情報販子
陳　石　國安部負責新疆某廳主任
邱　進　國安部八局局長

四

朱建國　朱牛牛的哥哥

劉紀忠　遠華公司人員、朱建國的朋友

朱安利　朱牛牛的化名

陳光輝　原廈門開元外貿集團董事長，涉案，在逃

韓壽平　山東省政府駐澳門的南光公司經理

劉　豐　原廈門市副市長、涉案，在押

吳大潮　總政聯絡部的部門負責人

趙學敏　原福州市委書記，涉案，在押

魏　鵬　北京軍區企業局工作人員、楊前線的小舅子

陳永健　原廈門石油公司經理，涉案，在押

王樂毅　原海關總署副署長，涉案，在押

接培勇　原廈門海關副關長，涉案，被判二十年

于志海　九州公司經理，涉案，在押

趙一昌　原朱牛牛的老闆，九州公司經理

李本剛　「四二〇」專案組主要成員、中紀委二室主任

劉　京　原海關總署副署長、二〇〇一年六月起任公安部副部長

孫文建　「四二〇」專案組成員、中紀委二室副主任
張國勝　海關總署調查局負責人之一（應爲「章國勝」，內文來不及作更改，敬希見諒）
劉龍生　賴昌星的下屬之一

五

梁耀華　香港汽車走私犯、在押
白景富　公安部副部長
石　斌　李紀周案辦案人員
谷　牧　原國務院副總理
劉利遠　原武警邊防局局長，谷牧之子
蘇珊・格里格森　加拿大駐北京大使館工作人員
道克伍德　加拿大移民部官員
吳　穎　中國女公安人員
程辛聯　李紀周之妻
李　倩　李紀周的女兒，現居美國
俞　雷　原公安部副部長
劉　延　李紀周太太的生意夥伴

馮海龍　海南邊防局局長
孫忠誠　最高檢察院工作人員
王書和　最高檢察院工作人員
嚴誠真　最高檢察院工作人員
張小洋　解放軍總參三部部長，張震之子
張思卿　原最高檢察院檢察長，現任全國政協副主席

六

曾明娜　賴昌星妻子
張德生　上海錦江飯店禮品部經理
謝東風　賴昌星朋友
劉魯夏　賴昌星的公司某工作人員的哥哥
張志民　受遠華案牽連的香港人
劉曉輝　「四二〇」專案組主要工作人員
錢日昌　中海集團總經理，涉案，在押
陸志強　原海關總署走私犯罪偵察局局長
洪　欣　香港影星

施文頂　原福建石獅市公安局局長
王家輝　原海關工作人員

七

徐敬波　福建省檢察院工作人員
曾　斌　福建省檢察院工作人員
周　兵　楊前線的情婦
周　玲　周兵的姐姐
周　燕　周兵的妹妹
洪國番　賴昌星的司機之一
張　琳　楊前線的妻子，被審訊後癱瘓
藍　甫　原廈門市副市長，涉案被判死緩
接培功　涉案人員、接培勇的弟弟，已被處決
姜　昆　中國著名相聲演員
米南揚　中國著名書法家
王可象　原廈門市公安局外聯處處長，涉案，被判死緩
王金挺　香港聯發貿易有限公司經理，已被處決

接培利　接培勇的弟弟

八

侯小虎　遠華副總經理，涉案，在逃
卓文輝　涉案在押
周華齡　涉案在押
侯占武　涉案在押
吳家英　涉案在押
賴水強　賴昌星的大哥，涉案，被判七年
賴文峰　賴昌星的侄子、賴水強之子，涉案，在逃
陳永健　涉案人員
曾明育　曾明娜之弟，涉案在逃
陳昭忠　涉案人員
陳國俊　涉案人員
鞏　俐　中國著名電影女演員
黃和祥　英美煙草公司中國部經理，鞏俐的丈夫
謝英武　特貿公司工作人員，涉案

蔡雙敏　香港超記貿易有限公司經理，涉案
謝百超　蔡雙敏的丈夫
洪清源　香港商人
蔡秀平　洪清源的妻子
張東明　檢察院工作人員
楊建偉　檢察院工作人員
焦德高　檢察院工作人員
周建志　香港商人
陳振超　香港商人
吳宇波　原廈門海關營運科科長，已被處決
莊銘田　涉案人員，已被處決
蔡海鵬　原廈門海關走私稽查處處長，涉案，被判十五年
李寶民　原象嶼為華公司人員，涉案，已被處決
張永定　福建武警海警二支隊隊長，涉案，被判無期徒刑
任　軍　原遠華副總經理、朱牛牛的朋友，涉案人員
王松明　涉案人員
賴昌圖　賴昌星之弟、遠華公司董事，涉案，被判十五年

陳文遠　賴昌星的大姐之子，涉案，被判死刑
黃克臻　賴水強的女婿，涉案，被判死刑，緩期執行
曾明鐵　曾明娜的弟弟，涉案，被判十年
賴文曲　賴昌星之二哥賴昌標之子，涉案
張東明　檢察院工作人員
劉于龍　檢察院工作人員
楊鈺瑩　中國著名玉女歌星，賴文峰的女朋友
張廣新　檢察院工作人員
林志兵　檢察院工作人員
張宗緒　原廈門市委副書記，涉案，被雙開（開除黨籍、公職），現爲無業人員
蘇水利　原廈門市副市長，涉案，被雙開，現爲一家台資企業雇用
趙克明　原廈門市副市長，涉案，被雙開，在押
黃德茂　原廈門市公安局副局長，涉案，在押
郭曉菱　原廈門市市委常委，涉案，在押
吳從願　原廈門象嶼光貿易有限公司經理，被判無期
葉季諶　原工商銀行廈門分行行長，已被處決
盧遠征　原廈門海關走私犯罪偵察分局局長，賴昌星和曾明娜等人逮捕證的簽發人，涉

黃印春　原中共福建泉州市委副書記，已自殺

施銀平　原廈門湖裡保稅區海關關長，已自殺

案，被判十年

九

何鴻燊　澳門賭業大王

王保安　福建省公安廳副處長

林X音　福建商人，涉案

史X剛　福建商人，涉案

賀國強　原福建省省長，現任重慶市委書記

楊貫一　香港世界級名廚

陳明義　原福建省委書記，現任福建省政協主席

宋德福　原國家人事部部長，現任福建省委書記

伯爾頓　原賴昌星在加拿大的律師

董建華　香港特區行政長官

周　南　原新華社香港分社社長

十

李閩忠　原福建省委宣傳部部長，涉案，在押

杜青森　福建省公安廳警令部主任，涉案，在押

葉劉淑儀　香港保安局局長

何麗瑩　梁錦光的女朋友

葉曉燕　李小勇的妻子、中共元老葉挺之孫女

李　建　最高檢察院工作人員

蔡玲玲　賴昌星的情婦

蔡建新　福建省公安廳工作人員

陳桓盛　海關總署調查局工作人員

十一

王健民　香港《亞洲周刊》記者

方　勇　逃往加拿大的中國貪汙犯，被引渡回中國後判處死刑，後改爲死緩

鳴謝

多維新聞社(www.chinesenewsnet.com)為本書提供大量照片，特致誠摯謝意！

《眞相》系列(21)　　總策劃：何　頻

書　　名：「遠華案」黑幕
作　　者：盛　雪
發 行 人：何　頻
責任編輯：吳天偉
封面設計：謝靈芝
校　　對：林小貴
出　　版：明鏡出版社
明 鏡 網：www.mirrorbooks.com
電子郵件：admin@mirrorbooks.com
編 輯 部：P. O. Box 366, Carle Place, NY11514-0366, U. S. A.
電話:(516)338-6976　傳眞: (516)338-6982
香港聯絡處：香港郵政總局5281信箱
電話 (852)2547-5615 傳眞: (852)2559-3813
總 發 行：明鏡有限公司
香港皇后大道西335-339號708室
電話: (852)2547-5615 傳眞 (852)2559-3813
台灣總發行：三友圖書有限公司
台北中和市中山路二段327巷11弄17號5F
電話: (8862)2240-5600 傳眞: (8862)2240-9284
美國西部總發行：長青文化公司 EVERGREEN BOOKS
760W.GARVEY AVE MONTERY PARK, CA 91754 U. S.A.
電話:(626)281-3622　傳眞: (626)284-1571
美國東部總發行：世界書局 WJ Bookstore Inc.
141-07 20th Ave. Whitestone, NY 11357, U. S.A.
電話 (718) 746-8889　傳眞: (718)747-1562
新加坡總發行：大衆書局
Blk 231 Bain St. #04-23/33 Bras Basah Complex Singapore 0718
國際統一書號：ISBN 962-8744-46-1
定　價：HK$111
版　次：2001 年 7 月第一版　2001 年 7 月第二版
2001 年 7 月第三版　2001 年 7 月第四版
2001 年 7 月第五版　2001 年 7 月第六版
2001 年 8 月第七版

明鏡出版社

郵購書目

(一) 中國局勢系列

序號	書　名	作者/編者	香港平郵 HKD	海外空郵 USD
1.	鹿死誰手	何頻 高新	80	18
2.	解放軍武器裝備	林長盛	110	22
3.	解放軍攻打台灣	何頻	120	22
4.	解除中國危機	陳子明 王軍濤	111	22
5.	中共“太子黨”(上下册)	何頻 高新	168	30
6.	中國第一家族	高新 何頻	99	20
7.	江澤民面臨的挑戰	王紹光 何頻 吳國光 高新	105	21
8.	鄧小平之後的中國	何頻	110	22
9.	江澤民的幕僚	高新	96	20
10.	致中南海密札	何新	128	24
11.	中國復興的動力	楊雪野	105	21
12.	中國導彈及其戰略	趙雲山	128	25
13.	北京地下「萬言書」（售完）	石柳子	95	20
14.	中國跨世紀大方略	陳子明 王軍濤	83	19
15.	新三國演義：中港台政局	吳國光	75	17
16.	趙紫陽最後的機會	袁會章	98	21
17.	關鍵問題	唐逸鴻	96	21
18.	中國的陷阱	何清漣	107	21
19.	鄧小平的遺產 江澤民的困境	麥杰思(著) 袁希正(譯)	98	21
20.	中國下一步怎樣走	黎萍	87	19
21.	靜悄悄的革命—中國當代市民社會	李凡	107	21
22.	憲政中國	諸葛慕群	65	16
23.	江澤民的權謀	石沙	99	21
24.	溶解權力—逐層遞選制	王力雄	93	20
25.	降伏「廣東幫」	高新	99	21
26.	中國老百姓的權利	諸葛慕群	98	21
27.	中國需要什麼權的政府	諸葛慕群	118	22

(二) 掌權者系列

序號	書　名	作者/編者	香港平郵 HKD	海外空郵 USD
1.	中國新諸侯	何頻	98	20
2.	中國政府領導者	何頻	115	22
3.	解放軍現役將領名錄	何頻	89	19
4.	中共最高決策層	何頻	95	20

5.	江澤民的權力之路	高新	105	23
6.	跨世紀接班人胡錦濤	任知初	97	20
7.	中共最高決策層(修訂版)	中國局勢分析中心	98	21
8.	中南海七巨頭	伊銘	99	21
9.	誰領導中國	高新 何頻	125	24
10.	朱鎔基的內閣	寧鄉漢 文思詠	108	23
11.	鐵面宰相朱鎔基大傳	高新 何頻	106	23
12.	中國情報系統	艾夫提麥爾德(著) 李豔(譯)	77	18
13.	江澤民傳	杜林(著) 楊鳴鏑(譯)	105	23
14.	中國黨政軍中央領導層	高新	95	20

(三) 眞相系列

序號	書 名	作者 / 編者	香港平郵 HKD	海外空郵 USD
1.	眞假毛澤東	趙無眠	100	20
2.	文革大字報精選	譚放 趙無眠	145	26
3.	紅衛兵與嬉皮士	任知初	83	18
4.	文革大年表	趙無眠	113	22
5.	中國大逆轉	華民	125	24
6.	天安門	卡瑪 高富貴	100	20
7.	胡耀邦下台的背景	王若水	115	23
8.	眞假周恩來	趙無眠	96	20
9.	從華國鋒下台到胡耀邦下台	胡績偉	99	20
10.	天葬：西藏的命運	王力雄	123	24
11.	天安門之爭	封從德	107	22
12.	許家屯回憶與隨想錄	許家屯	100	21
13.	789集中營	曉涵 米雅	101	21
14.	陰謀與虔誠：西藏騷亂的來龍去脈	徐明旭	109	22
15.	中國勞改營紀實(新鬼，舊鬼)	司馬晉 安徒生(著) 梁至正 奚蒙(譯)	93	20
16.	美國間諜在中國	余茂春(著) 李豔波(譯)	105	22
17.	百年功罪	趙無眠	99	20
18.	毛澤東與康生： 鬥爭哲學大師與整人專家	巴彥泰	75	17
19.	毛澤東執政春秋	單少傑	135	26
20.	中國「六四」眞相	張良	180	45
21.	「遠華案」黑幕	盛雪	111	22

(四) 世界觀系列

序號	書 名	作者 / 編者	香港平郵 HKD	海外空郵 USD
1.	中國如何面對西方	蕭旁	79	18
2.	日本如何面對中國	夏冰	95	20
3.	日本新陰謀	天元	107	22
4.	美國重新發現的中國	謝翔	80	18

5.	江澤民西遊記	時鑒 胡楠	95	20
6.	菲德爾·卡斯特羅： 二十世紀最後的革命家	程映虹	109	22
7.	俄國新總統普京傳 —從克格勃到葉利欽的接班人	何亮亮	80	18

(五) 浮華世界系列

序號	書　名	作者/編者	香港平郵 HKD	海外空郵 USD
1.	推動美國二十五雙手	柳食野 季思聰	80	18
2.	糊塗學	李夢悟	92	20
3.	美國商務法律引導	張辛欣(譯)	88	20
4.	情義無價	劉丹紅	105	23
5.	中國怪狀	伊銘	85	20
6.	古玩談舊聞	陳重遠	129	24
7.	文物話春秋	陳重遠	125	24
8.	不朽的謊言	賈鴻彬	109	23
9.	摧毀亞洲：索羅斯風暴	季思聰 丁中柱	88	20
10.	美加簽證移民引導	奚蒙	96	21
11.	「鐵達尼號」的漂浮與沈没	季思聰 季思亮	77	18
12.	中國當代民謠	陸非琅	76	18
13.	總統情色報告	理察德·泰格	77	18
14.	婦女解放的神話	安·休利特(著)馬莉 張昌耀(譯)	99	20
15.	葛林斯潘傳	季思聰 季思亮	84	19
16.	法輪功創始人李洪志評傳	張微晴 喬公	95	20
17.	投資理財高招	林平	98	21
18.	偷渡美國	陳國霖（著） 李艷波（譯）	89	20
19.	網上股票之喜悅	趙璽德 湯詩墨	88	20
20.	西藏是我家—扎西次仁自傳	楊和晉(譯)	95	20

(六) 超級女人系列

序號	書　名	作者/編者	香港平郵 HKD	海外空郵 USD
1.	白宮武則天希拉蕊	史敏 梁芬	69	16
2.	黛安娜走出童話	陳越	75	17
3.	黃金時段的無冕女王	季思聰	78	18
4.	尋找梅娘	張泉	113	22

(七) 金牌系列

序號	書　名	作者/編者	香港平郵 HKD	海外空郵 USD
1.	NBA十大好漢	王游宇	70	16
2.	世界網壇十大風流	王游宇	78	17

3.	拳王，拳王—從阿里到泰森	王游宇	78	17

(八) 大家小說系列

序號	書　名	作者/編者	香港平郵 HKD	海外空郵 USD
1.	白雪紅塵	閻眞	108	21
2.	黃禍(修訂版)	保密	140	26
3.	務虛筆記	史鐵生	115	22
4.	上海小姐	張翎	96	20
5.	天誅	利蘭錦	79	17
6.	塵埃落定	阿來	105	21
7.	嫁得西風	李彥	97	20
8.	中南海最後的鬥爭	李劼	99	20
9.	公元二〇二〇：兩岸大統一	北方劍	98	20

(九) 文化情理系列

序號	書　名	作者/編者	香港平郵 HKD	海外空郵 USD
1.	沉默的大多數	王小波	109	21
2.	公平報復	馬悲鳴 賀文	94	20
3.	廢話的力量	趙無眠	94	20
4.	一面之詞	胡平	55	14
5.	鋼絲上的中國	鄢烈山	96	20
6.	中國當代學者散文選	周國平	108	21
7.	黃翔禁毀詩選	黃翔	65	16
8.	中國人看中國人	高伐林	84	18
9.	王丹獄中家書	王丹	76	17
10.	王丹觀點	王丹	80	18
11.	中國西部孤旅	鄒藍	94	20
12.	網上筆戰	不平	75	17
13.	歷史潮流—社會民主主義	劉國凱	75	17
14.	高行健評說	伊沙	90	20

(十) 發現香港系列

序號	書　名	作者/編者	香港平郵 HKD	海外空郵 USD
1.	董建華的特別顧問	李曉莊	78	17
2.	北京如何控制香港	何頻 高新	97	20

（十一）新聞背景系列

序號	書　名	作者/編者	香港平郵HKD	海外空郵USD
1.	北京政治突圍	中國局勢分析中心	60	15
2.	放逐魏京生	中國局勢分析中心	60	15
3.	朱鎔基面臨的風險	中國局勢分析中心	60	15
4.	北京早春的交鋒	中國局勢分析中心	60	15
5.	朱鎔基化解危機之道	季思聰 季思亮	60	15
6.	測試江澤民	中國局勢分析中心	80	17
7.	審判陳希同	季偉	60	15
8.	中國能否守住最後的堤壩？	中國局勢分析中心	60	15
9.	重返西藏	時鑒 縱月森	60	15
10.	江澤民變法	白沙洲	89	19

（十二）新鮮人類系列

序號	書　名	作者/編者	香港平郵HKD	海外空郵USD
1.	美國頂尖大學	高歌	98	21
2.	東邊日出西邊雨 —美國讀書紀實	高歌	100	22

（十三）特別推薦

序號	書　名	作者/編者	香港平郵HKD	海外空郵USD
1.	中共“太子黨”(英譯本)	何頻 高新	90	19
2.	亞特蘭大百年奧運	王游宇	85	17